我心目中的祖国，内省而不疚，无愧于人。

我堪能暴呈她的一切困恼纷扰，因为我未尝放弃我的希望。

中国乃伟大过于她的微渺的国家，无须乎他们的粉饰。

她将调整她自己，一如过去历史上所昭示吾人者。

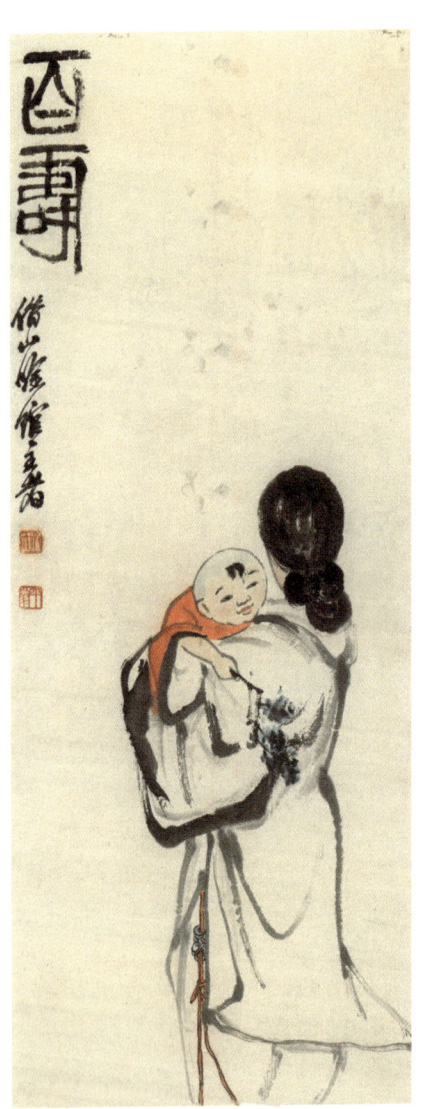

中国人爱好此生命，爱好此尘世，无意舍弃此现实的生命而追求渺茫的天堂。他们爱悦此生命，虽此生命是如此惨愁，却又如此美丽，在这个生命中，快乐的时刻是无上的瑰宝，因为它是不肯久留的过客。

中国人具有特殊爱好自然的性情,
赋予诗以继续不断的生命。
这种情绪充溢于心灵而流露于文学。
他教导中国人爱悦花鸟,
此种情绪比其他民族的一般民众都来得普遍流行。

中国艺术的特性，可由平静与和谐判别出来，
而平静和谐出自中国艺术家的心底。
中国艺术家是这么一种典型的人，他们的天性安静和平，
不受社会的桎梏，不受黄金的引诱，
他们的精神深深地沉浸于山水和其他自然的现象之间。

中国人人都有他自己的幽默,因为他们常常欢喜说说笑话,那种幽默是刚性的幽默,基于人生的诙谐的观感。

人生真正的目的，中国人用一种单纯而显明的态度决定了，它存在于乐天知命以享受朴素的生活，尤其是家庭生活与和谐的社会关系。

中国文中的「德行」一语，使吾人浮现出一个性情温和而圆熟的人物的印象，他处于任何环境，能保持一颗镇定的心，清楚地了解自己，亦清楚地了解别人。

中国实为现世界中一最大之"不可思议"，
是一大迷惘之因素，缘由倒并非仅仅因为她的年龄之高大与境域之辽广。
中国在现存国家中年龄最高，而且保持着赓续一贯的固有文化；
她挟有世界最多的人口；
她曾经是雄视全球的强大帝国，是异民族的战胜者，
她贡献给世界几个重要发明；
她涵育有完全自己的生活智慧，自己固有的文学与哲学；
在艺术的境界中，当别个民族方拍翅学飞的时候，她已经振翮高翔了。

林语堂

著

黄嘉德 译

吾国与吾民
My Country and My People

目录
Contents

赛珍珠序

自序

上部：基本要素

导　言

第一章　中国人民
- 一　南方与北方　/ 013
- 二　退化　/ 020
- 三　新血统之混入　/ 024
- 四　文化之巩固作用　/ 028
- 五　民族的童年　/ 033

第二章　中国人之德行
- 一　圆熟　/ 036
- 二　忍耐　/ 039
- 三　无可无不可　/ 041
- 四　老猾俏皮　/ 044
- 五　和平　/ 049

六　知足 / 053

　　七　幽默 / 057

　　八　保守性 / 062

第三章　中国人的心灵

　　一　智慧 / 065

　　二　女性型 / 068

　　三　缺乏科学精神 / 072

　　四　逻辑 / 074

　　五　直觉 / 077

　　六　拟想 / 079

第四章　人生之理想

　　一　中国的人文主义 / 084

　　二　宗教 / 087

　　三　中庸之道 / 092

　　四　道教 / 098

　　五　佛教 / 104

下部：生活

导　言

第五章　妇女生活
　　一　女性之从属地位 / 116
　　二　家庭和婚姻 / 122
　　三　理想中的女性 / 127
　　四　我们的女子教育 / 131
　　五　恋爱和求婚 / 133
　　六　妓女与妾 / 136
　　七　缠足的习俗 / 142
　　八　解放运动 / 146

第六章　社会生活和政治生活
　　一　公共精神的缺乏 / 149
　　二　家族制度 / 153
　　三　徇私舞弊和礼俗 / 158
　　四　特权与平等 / 162
　　五　社会阶级 / 165
　　六　阳性型的三位一体 / 168
　　七　阴性型的三位一体 / 170
　　八　乡属制度 / 177
　　九　"贤能政府" / 179

第七章　文学生活

一　文学之特性　/ 186
二　语言与思想　/ 188
三　学术　/ 193
四　学府制度　/ 197
五　散文　/ 201
六　文学与政治　/ 204
七　文学革命　/ 207
八　诗　/ 209
九　戏剧　/ 225
十　小说　/ 234
十一　西洋文学之影响　/ 243

第八章　艺术家生活

一　艺术家　/ 251
二　中国书法　/ 254
三　绘画　/ 260
四　建筑　/ 273

第九章　生活的艺术

一　日常的娱乐　/ 282
二　居室与庭园　/ 288
三　饮食　/ 293
四　人生的归宿　/ 301

赛珍珠序

中国近来有一种新的倾向，这是一个重要的运动，就是青年学者底对于本国的热心探讨。上一世代，他们的父老中之前进分子，对于本国底现状，已骚然怀触望。他们受了环境的激动，憬然自觉；中国倘墨守历来底故辙，真不足以当危险而带挑战性的西方现代文明之敌手。我的所谓现代文明，指政治的倒不如指经济的、教育的和军事的变动底重要。这一辈父老，当代中国青年底父执，是真正的革命分子。他们推翻了专制统治权，他们用不可思议的速度更易了教育制度，他们用不屈不挠的精神，计划并建立了现代的共和政体。皇帝统治下底守旧政府从未能如此迅速以完成这样伟大的变革在这样伟大的一个国家！

现代的中国知识青年，就生长于这个大变革的社会环境里头，那时父兄们吸收了孔教的学说，习诵着孔教经书而却举叛旗以反抗之。于是新时代各种学说乘时而兴，纷纭杂糅，几乎扯碎了青年们底脆弱的心灵。他们被灌输一些科学知识，又被灌输一些耶稣教义，又被灌输一些无神论，又被灌输一些自由恋爱，又来一些共产主义，又来一些西洋哲学，又来一些现代军国主义，实实在在什么都灌输一些。侧身于顽固而守旧的大众之间，青年知识分子却受了各种极端的教育。精神上和物质上一样，中国乃被动地铸下了一大漏洞，做一个譬喻来说，他们乃从旧式的公路阶段一跃而到了航空时代。这个漏洞未免太大了，心智之力不足以补苴之。他们的灵魂乃迷惘而错失于这种矛盾里面了。

这个缺陷的第一结果是产生一批青年，男女二性都包括在内，但主要的是男性，他们老老实实不知道怎样自存于自己的国家里头，或生存于他们的国家所滞留着的一个时代中，他们大部分系留学外洋，以致忘却了他们自己的民族底实际。这些游移不定的青年，自然很容易接受许多革命领袖的宣传，认为所谓中国之落伍，乃出于外国的政治和物质底势力伸入之缘故，中国底守旧，却把世界拿来做了替罪羔羊。倘不承认中国自身前进之迟缓，那很容易大声疾呼：倘非外国的侵略，中国在物质条件上早已跟列强并驾齐驱了呢。

这样的结果，便是一种新的革命情绪。后来果真解脱了两桩束缚，那是治外法权和协定关税。可是解脱以后没有明显的变迁足以表明改革底良果。事实了然，向之为弱点者依然为弱点，而此等弱点又生而存在于人民底观念中。举例以明之，一个革命领袖往往当他地位一旦巩固，即变成保守而腐败起来，不殊于旧式的官僚，别种史实，其情形亦复如是。中国具有如许诚实而智慧之青年，岂竟忽略了这个实情。要知中国历来之时局变动，实与外国不甚相干，而过去倘有甚何关系，亦很容易阻止而免除之，只消中国能及早减少一些惰性，而她的领袖减少一些颟顸的自私心理。

于是继之以一个失望而狂热的时期，因而增加理想的崇拜西洋热度。列强的发皇强盛，觉得是科学发达的直接结果。这是一个幼稚的复杂心理蔓延的时机，爱国青年乃分趋二途：其一抑郁沮丧于国家之现状，其一则欲掩盖其实况于外人。关于他们的国是问题，卒无真理可得。他们于是怀恨而又艳羡外人。

倘西洋能继续其繁荣而保持和平，中国人的心理又将若何，殊不易言。不过西洋却未能如此顺利持续，也就够了！中国人好像狠着劲儿地欣赏世界大战之爆发，企业繁荣之崩溃、不景气，以及科学家尝试挽救此等厄运之失败，时而感到满足，他们于是说，中国毕竟还是不坏。然而在我们眼前，分明各处都是饥荒，遍地都有土匪，彼此彼此，谁也没有比谁好了些，照这样说来，或许古代中国倒是不错的，不妨追溯前代，看看中国的古代哲学如何。至少它教导了人民以恬澹、知足、乐天的德行，它教导人民享受少量的物质倘不得较大者，它调整了人生而奠定了相当的稳健与安全的基石。近来西方研究中国问题之兴趣，以及有些西方学者之羡慕中国型生活底稳健，欣赏中国艺术哲学底高明，益使中国青年坚其自信之心。

今日所显现的结局，则又为古代经典格言的反复重演，父老吃了酸果，致令儿孙为之齿软。少年中国已经厌倦于父兄的革命热情，方且退而有复古之倾向，看了他们勉为十足纯粹中国人的不自然底决心，样子很是有趣；他们要吃中国的土产，穿中国的土布，而服行中国原来的生活习惯。中国有许多欧化青年今日欲行重返纯粹中国式生活，差不多是一种流行的时髦风尚而为外观的，恰如当初他们的父辈嗜尚西装革履、刀叉大餐而欲往哈佛大学留学，这些现代青年曾经长期地穿过西装、吃过西餐，而且曾经留学过哈佛，又精通英国文学远胜于本国语言，现在他们对于这一切都感到头痛，而欲重返其远祖的怀抱。

这个倾向各方面都流露着，不限于服饰和礼俗的外观。所见于艺术与文学者当远为重要。好像几年前中国新小说的题材，大多描写些恋爱问题，半西洋式的男女奸情，家庭革命，全部的调子是类乎病态的，绝非适合于中国底国情。艺术和其他文学所表现的内容有过之无不及。但健全状态终于渐渐抬头了，这是出于朴素的平民生活的健全性。知识青年开始发掘自己的群众的内容了。他们开始明了小市镇中的生活，农村里的生活，才是中国的真实而原来的生活。这种生活，欣幸地尚未沾染驳杂的摩登习气而能保持她纯洁健全的天真。他们乃开始感到欣慰，知道自己的民族尚有此伟大而结实的基础，因而热情地转向这一条路线以求新的灵感。这对于他们是新颖的。它是怡情的、幽默的、值得保有的，总之，是纯粹中国的。

他们底达到这个新的观点曾获取旁人的协助。我想他们倘踽踽独行而无所凭借，不会有这么优美的成绩，而相助他们的便是欧美。我们西洋人不独消极地襄助他们，呈露我们的文化的一种崩溃趋势；我们却积极地示以我们的根本生活力之倾向。欧美对于各种晋罗运动的热情，已使少年中国想起他们自己的普罗群众，从而探讨本国人民的非常的美质，这些人民的生活，尚保持着他们固有的纯洁生活而不受世界骚攘之牵动。自然,每当困恼俶扰之际,这样的安稳恬静将有力地上达于知识分子。

不过我们西方人倘要等待这些新兴文艺的作家技巧成熟而能清晰正确地说明中国,怕需要长长的等待一下子——怕不是我们这一世所能等待的了。可喜尚有少数作家例外,他们的精神伟大足以保持其纯洁而不致迷茫于时代的纷扰中。利用历代积累的学识、幽默足以观察人生的本来面目;精明足以了解自己的文化,更能了解别人的文化;智慧足以选择他们原来固有的而为纯粹真实的事物。我盼望了长久,这少数作家中或有一位替我们写一本中国的自我说明,它必须要是一本有真价值的书,浸满以本国人民的根本精神。屡次我翻开这一类著作,初时总是注满了热情和希望,但终于失望地掩却了它,因为它是不真实的,是夸张的,盖由于太殷勤以辩护那些伟大而毋庸辩护的特点。它是专为对外人作宣传而写的,所以不称于中国底真价值。

一本阐述中国的著作,它的价值足以当得起阐述中国者,不能犯上述任何一点毛病。它必须坦白而无愧,因为真实的中国人是宏伟的人民。宏伟足以坦白而称无愧于其生活言行;它必须敏慧而明达,因为中国人的彼此内心的灵悟,敏慧明达过于其他民族;它必须是幽默的,因为幽默是中国人民天生的根性,这机敏、愉快、慈和的根性是基于惨愁的经历和乐天的观念而产生的;它必须用流利恰当而美丽的词句来表现,因为中国人常重视精细和恰当的美。只有中国人才能写这么一本书。可是我不免又想:就是中国人好像也还没有能写这么一本书者。因为去寻找一位现代英语著作的中国作家而不致跟本国人民隔膜太远有若异国人然，而同时又须立于客观的地位，其客观的程度足以领悟全部人民的旨趣，这样的人才，不是轻易找得到的。

可是出乎不意，与历来的伟大著作的出世一样，《吾国与吾民》不期而出世了。它满足了我们一切热望的要求，它是忠实的，毫不隐瞒一切真情。它的笔墨是那样的豪放瑰丽，巍巍乎，焕焕乎，幽默而优美，严肃而愉悦。对于古往今来，都有透彻的了解与体会。我想这一本书是历来有关中国的著作中最忠实、最巨丽、最完备、最重要底成绩。尤可宝贵者，他的著作者，是一位中国人、一位现代作家，他的根蒂巩固地深植于往昔，而丰富的鲜花开于今代。

赛珍珠

自序

在这一本书里头,我只想发表我自己的意见,这是我经过长时间的苦思苦读和自我省察所收获的,我不欲尝试与人论辩,亦不欲证定我的各项论题,但是我将接受一切批评。盖孔老夫子说过:"知我者其惟春秋乎!罪我者其惟春秋乎!"正区区之所窃比焉。中国是一个庞大的国家,而她的民族生命,涵育着太复杂的内质,欲加以阐述,势难免于抵牾歧异之见解。任何人苟有持相反之论旨者,鄙人准备随时供给可能的材料以便利之。但是真理终是真理,它将克服任何巧黠的私见。人类对于真理的领悟,只在稀有的一刹那,这领悟的一刹那倒是永存的而不是私见能永存。是以大规模搜集证据,整列排比,五色缤纷,令人目眩,结果仅能导致腐迂之结论,渊博而无当。因为陈览真理的领悟,需要较为简纯的风格,其实亦即为见理精深的风格。

写了这本书,我将冒犯许多阐述中国的著作家,也是显而易见的,尤其是祖国的同胞和一般大爱国家。此辈大爱国家——鄙人与之实互不相涉,因为他们的偶像不是我的偶像,他们的爱国思想也不是我的爱国思想。说不定我也同样爱我的国家，可是我常小心翼翼在他们面前隐藏起来，因为人或许穿着爱国主义的大褂，过久则破碎而零落，而人方穿了破碎的大褂，炫耀过市——在中国，或在世界各处——服之终身而弗渝。

我堪能坦白地直陈一切，因为我心目中的祖国，内省而不疚，无愧于人。我堪能暴呈她的一切困恼纷扰，因为我未尝放弃我的希望。中国乃伟大过于她的微渺的国家，无须乎他们的粉饰。她将调整她自己，一如过去历史上所昭示吾人者。

我也不是为了西方的爱国分子而写这一本书，因为我怕——承他们的情——摘引我书中的片段，比之怕爱国人的误解更为厉害。我这一本书是写给淳朴而忠恕的一般人的，忠恕之道为古代中国之特长，今则已成绝响，我的这一本书，只能受知于这样淳朴的观点。我所说的话，是只说向那些尚未丧失人类基本德行的人，因为只有这些人才能理解我。

1935年6月于上海

吾国与吾民
My Country and My People

上部 基本要素

导言

一

友邦人士之来侨居于中国者，其势不能不有所感想于中国。此等感想，出于怜悯之态度者，将占绝大多数，出于失望者，间或有之，至若真知灼见，能洞察而明了中国者，恐将等于凤毛麟角。固不问其人本为爱中国者抑为憎中国者，即令其人实未身临中国，有时亦免不了颇涉退想，觉得中国是一个遥远缥缈的老大国家，一若不甚与此世界相连属者。而此缥缈遥远的存在物，似颇具一种引诱魔力，及至真亲履是邦，转觉迷惑无从逞其思考，因遂不复有所意拟，只觉得世界上有这么一个国家，她是一个庞大的存在，庞大至于超越人类心灵所能包容之限度。她好像是荒乱而不测的深渊，遵守着她固有的生存律，扮演着她自己的雄伟的人生戏剧：有时是悲剧，有时是喜剧，但总是如此有力而紧张的真实。于是人乃不免重起惊愕与诧异之思潮。

于是所生之反动，乃为感情作用的，仅足以表证其人为一浪漫的大同主义者，抑为自负自大之小丈夫者流；其人为爱中国者抑为憎中国者，其爱憎之主见已先定，然后以事实迁就其私意，进而申辩其爱憎之理由。对中国之爱与憎，实无关乎宏旨，盖吾人既欲加以评论，固必须采取一种态度，庶不愧为其理智之人类。吾人今方盲目摸索论据，始则彼此闲谈趣闻逸事，家常琐碎，甚至信口雌黄，海阔天空，不意此等不经意之谈论，倒也颇关重要。盖其印象足以左右思考，一般批评中国之大哲学家，便由此养成。故使人们纵极平心静气，亦可构成严酷的批评。此辈对中国从不置一许可之词，总是百无一是。反之，亦可变成中国之热情的拥护者。当然，此等推论，未免愚拙，盖因普天之下，人类意见都是如此构成，不可避免。继之彼此试进而辩论，有几位仁兄于辩论结局，十足自满于本人见解之正确，自己保证对于中国及中国人民，已有一种公平主见。抱这样的见解之人是握世界统治权的幸福的人，他们是贸迁有无的商人，是大老板，因之他们的主见总是对的。有些人则陷于疑惑与迷惘的烦恼中，生有一种畏缩与混乱之感觉，或竟是畏缩与神秘之谜的感觉，他们的思索就停止于其出发点。不过大家都感觉到有这么一个中国，一个神秘莫测的"狐大仙"。

中国实为现世界中一最大之"不可思议"，是一大迷惘之因素，缘由倒并非仅仅因为她的年龄之高大与境域之辽广。中国在现存国家中年龄最高，而且保持着赓续一贯的固有文化；她挟有世界最多的人口；她曾经是雄视全球的强大帝国，是异民族的战胜者，她贡献给世界几个重要发明；她涵育有完全自己的生活智慧，自己固有的文学与哲学；在艺术的境界中，当别个民族方拍翅学飞的时候，她已经振翮高翔了。可是，今日，她无疑是地球上最糟乱最失政的国家，最凄惨最无告，最不能和衷共济以排万难而奋进。上帝——假使真有上帝——愿意她成为寰宇人群中第一等民族，可惜她在国际联盟中恰恰拣定了与危地马拉相比邻的末座；整个国际联盟出其最热忱之好意也不能帮助她——不能帮助她整顿政务，不能帮助她止息内战，不能帮助她自拔于政客、文人、军阀、叛逆者之深渊。

同时——这差不多是最稀奇的现实——就是她最不讲求自救。好比是赌场中的老手，她把丧失一块领土，幅员与德意志全国相埒一回事，泰然处之，不动声色。当汤玉麟将军在热河神速退兵，打破世界纪录，八天之内，丧地五十万方里之时，四川方面叔侄两大将军却正斗得兴高采烈，大比其武，未免令人惶惑。上帝将能否达到其最后目的，抑或只有上帝自身出场，才能匡助中国，使成为第一流民族！

另有一个疑窦，起于人们心中：中国的命运将怎样？她是否能生存下去一如已往之光荣？能否不蹈其他古老民族之覆辙？上帝是否真愿意她成就为第一流民族，还是仅仅为"地球太太的流产儿"呢？

她曾经握有至尊的权威，曾经是战胜的豪雄。而今日，她的举世最伟大之基业，几乎是文化绵邈的国家中硕果仅存者。人们因是必须信仰她一定有一种能力，足使此种基业存续下来。吾人当能忆及希腊文化之灿烂，罗马功业之彪炳，今乃久已销声匿迹；又必能忆及中国怎样同化外来民族之思想行为，怎样吸收外来民族之血胤。此种竞存的事实，此种悠久之历史，很明显值得吾人之深思。对于一个古老的国家，似应相当致其尊敬之忱。好比社会对于银髯白发之敬意，应适用于国家，一如个人与个人之间，甚然，即对其悠久之历史，即对其绵永的生存，应致相当之尊敬。

无论中国的一切都是缺点，她有一种优越的生活本能，一种战胜天然之非凡活力，是不可否认的。她已尽量发展其生活之本能，随时局之变迁而适应其自身之经济、政治、社会的环境。假令种族机构不及其强韧者处此，要将不免于陨灭。她接受了天然恩施，依附其优美的花鸟山谷，资为灵感与道德之营养。就是这种天然环境，保持她的心灵之健全、纯洁，以免于种族的政治社会之退化。她毋宁生活于大自然的旷野，昼则煦浴于阳光，晚则眺赏于霞彩，亲接清晨之甘露，闻吸五谷之芬芳；凭借她的诗，她的生活习惯的诗与辞藻的诗，她熟稔了怎样去颐养她那负伤太频数的灵魂！说得明了些，她的获享此耆寿高龄，乃仿佛一般个人之健身法，多过户外生活，俾接受大量之日光与清鲜空气。她经历过艰难困苦的时期，反复循环之战争与疠疫，以及其他种种天灾人祸。她总能秉一种可怕的幽默，与近乎犷野的沉毅气度，冒万难而前进；千辛万苦，最后卒能拨乱诛暴，以自复于常轨。不差，她是民族之耆艾；就只是民族之耆艾，已该是值得叹赏之所在。

现在她已达到了期颐之龄，超越乎精神与肉体之痛苦，但往往也有人认为这意义就是失却希望，失却挽救的机会。因为人们疑惑着：高大的年龄是一种力量呢，还是腐朽弱质呢？中国好似颇蔑视这个世界，她拿一种冷淡的态度对待它。这是她的高大的年龄实有以致之。不论如何遭遇，她的平静的生命，永远无扰而长流，不辞痛苦与忧愁，亦不震撼于虚荣与屈辱——细小之情感只足以激动幼稚的心灵——如过去两百年中，立即毁灭与立即崩溃之威吓，亦曾未稍为所慑。胜利与失败，已不复能弹动她的心弦,困厄与死亡失却了它们的刺激力,而联系数百年的民族生命之暗影,亦遂失去任何严重的意义。仿佛尼采(Nietzsche)譬喻之大海,它大过于栖存于它体内的鱼类、介类、软体动物类,大过于胶泥,故能兼容并蓄,不致拒却它们的投入。同样,中国是大过于她的一切留学生之鲁莽而残缺不全之宣传;大过于贪官污吏、倒戈将军、骑墙革命家、假道学者之贪婪无耻;大过于战争叛乱,大过于一切污玷、贫穷与饥馑,因而能一一渡过此等难关而永生。侧身乎叛乱战祸之间,围绕着贫苦的儿孙,愉快而龙钟老态的中国,闲逸地吮啜着清茶,微微笑着;在她的浅浅笑窝之中,我偶尔看出她那绝无仅有的懒于改革的惰性和那别有风味的高傲的保守性。

惰性乎?高傲乎?倒也不甚清楚。不过在她的心灵上,好像狙伏着某种老犬之机警,就是这种机警,便玄妙得动人。何等玄妙的高龄的心灵啊!何等伟大的高龄的心灵啊!

二

但是伟大能值得多少呢?卡莱尔(Carlyle)好像在什么地方说过,真正伟大艺术之第一个印象,常常令人失神至于感到痛苦的程度。是以"伟大"之命数注定该为人所误解的,中国之命数亦即如此。中国曾伟大而煊赫地被人误解过。"伟大"往往是一个特别的名词,专指吾人所不了解而愿意享用的事物。介乎愿意为人所熟悉了解与被称为伟大,中国宁愿被人所了解,倘能被每个人所了解,那才再好没有。可是怎样能使中国被了解?谁将充当她的传译者?她具有那样悠长的历史,其间出了那么许多圣皇雄主,贤哲诗人,名师学者,以至勇敢母亲,才干妇女;她有她固有的文艺哲学,绘画戏剧,供给一般平民以分辨善恶的道德意识;加以无尽藏之平民文学、民间谣俗以助美德。可是这些宝藏未能直接受外人之了解,因为语言之不通,已够掘成无法逾越的鸿沟。中国能不能利用洋泾浜英语来促使了解呢?所谓"中国通"者,是否将从厨子阿妈口中,探取对中国精神之认识呢?能不能经由仆欧,经由买办,经由萨劳夫,或诵读《字林西报》

（North-China Daily News）的通信以达到了解呢？这一类主意分明是失当的。

的确，想要尝试去了解一个异民族及其文化，尤其像中国那样根本与自己不同的文化，此种工作殆非常人所堪胜任。因为此种工作，需宽广之友情，需要一种人类博爱之情感。他必须循依心脏之每一次搏跃，用心灵的视觉来感应。此外，他必须摆脱一切自己的潜意识，一切儿童时代所已深植的意识，和成年时代所得深刻印象，一切日常为人所看重的字义，"共和政体""繁荣""资本""成功""宗教""利息"，等等。又不能让他与研究下的国家生隔阂。他一方面需要超越的观念，一方面也需要一个淳朴的心地。此种淳朴的心地，大诗人彭斯是很好的典型，这位诗人赤条条裸裎了吾人的灵魂，揭露了一般人的性格、情爱并忧郁。只有秉此超脱与淳朴的心地，一个人始能明了一个异性民族的内容。

然则谁将为此传译者呢？这一个问题，殆将成为不可解决之悬案。那些身居海外而精通中国学术之学者，以及图书馆管理员，他们仅从孔氏经籍所得的感想中观察中国，自然绝非肩荷此等工作之适当人物。一个十足的欧洲人在中国不说中国语言，而道地的中国人不说英语。一个欧洲人说中国话说得十分流利，将养成同化于华人的心理习惯，此等人将被其国人目为古怪人物；中国人说英语说得太流利而养成了西洋人的心理习惯，将被削除国籍。又有一种说英语的特种华人，或则系根本不会讲本国语言的，或甚至用英语发音来说中国话的。这些人当然也不可靠。像这样逐项排除，吾人势必忍受所谓"中国通"的调度，而将传译责任大部依托于他的一知半解的认识。

此种中国通，让吾们且慢着描绘他，因为他是你在中国问题上唯一的权威者。兰塞姆（Arthur Ransome）先生曾把这样一个人物精细描写过。但照我想来，他是一个活泼的人物，吾人很容易把他描绘出一个印象来。可是切莫把他弄错了。他或许是传教士的儿子，或许是一个船主或水手，或则为领事馆里的书记，亦可以是大腹贾，对于他，中国最好作为沙丁鱼和花旗蜜橘的销售市场。他不一定是未受过教育者，其实他或许是个出色的新闻记者，一面注视着政治顾问的活动，一面照顾些借款佣金，他在他的能力限度以内，或可搜集很详细的情报；这个限度是他不能讲三个以上缀音的中国语言，而依赖他的会讲英语的中国朋友以供给材料，但是他总能继续他的事业。好在闲来玩玩高尔夫球，高尔夫球总能使他舒服。时而喝喝立顿茶，读读《字林西报》，亦颇闲逸，不期此时却激动了他的肝火，他对于土匪、绑票、内战，那些清晨不快意的报道，不免惹气，这一气把他刚下肚的早餐消耗个干净。他的胡子居常刮得煞光，服装整洁，远胜他的中国伴侣，皮鞋又擦得分外闪亮，远胜他在英国之时，这于他所费无几，因为中国的仆欧是最好的皮鞋擦手。每晨从寓所上写字间，则驾一辆跑车，疾驶三四英里，然后自信有光顾史密斯夫人的茶点之需要。他的脉管中未必环流着缙绅先生的血胤，他的客厅里也没有祖先的油画像，可是他常能远溯上古历史以至原始森林时代，以证明他的远祖确系贵族，这才使他的心境宽悦，而研究中国的一切烦虑也得以轻松了。可是他还有不舒服的时候，每次有事使他必须穿过中国街道，那里就有许多异族人的视线，千千万万集射而来。他掏出一条手帕，胡乱掩着鼻子呛一阵鼻涕，硬着头皮苦挺一下，免不了抱着扫兴而畏怯的神情。若泛泛地流盼一下那些穿蓝袜子的人浪的波动，则觉得这些人的眸子倒并不像廉价小说的封面上所描绘的乜斜之甚。这些人是否会从背后暗算人呢？明亮的日光下，怕不会有这等事情，可是谁也不能预料！他在棒球场锻炼出来的运动家气概一股脑儿离别了他。他宁愿叫脑袋吃一下球棍的猛击，却不愿再度通过这些弯曲的街道了。不差，这是一种畏怯，是一个陌生人的最初的畏怯。

但是他的心里并不单纯至此，他的"仁慈"使他不忍睹视贫愁的光景，不忍安坐黄包车上而目睹可怜的"人兽"拖沉重的负担——他因是必得坐一辆汽车。汽车的作用不光是代步的工具，它是一座活动的碉堡，从寓所把他载到写字间，沿途庇护着他，使他与中国社会相隔离。他不愿离开他的汽车，也不愿离开他的文明的自傲。在进茶点的时候，他告诉史密斯姑娘：一辆汽车在中国不算是奢侈品，而是必需品。每天三英里的驱车工作，把他深锁的心掩藏于玻璃箱笼里，从寓所到写字间；侨居中国二十五年，未始一日有例外。虽然，当他重返英吉利，固绝未提及此等情形。而在寄给伦敦《泰晤士报》通信中却自署"二十五年侨华老旅居"，至于日常生活的实况则亦讳莫如深。他的通信写得很动人，当然，他一定会知道他自己所写的是什么的。

同时，他所驰骋的这日常三英里幅径，倒也不大肯超越范围，除非偶尔玩玩越野赛马，这才劳他玉趾贲临，践踏上中国农田。可是这一来，必得让他爬出碉堡而抛头露面于日光空气之下，于其际，他也不会疏忽怎样去防卫自身的。不过这种猜想又弄错了，原来他从未下乡，只当他户外玩球之时，如此说说罢了。这一种秘密，一定是他肚皮里明白。他从不光临中国家庭，复小心翼翼以规避中国旅馆，也从未让中国报纸见一个面。到了晚上，电炬初明，他踱进世界最华贵的酒吧间，吮啜着他的冰烧酒，掇拾一些些街谈巷议，无稽谰言，喝得开怀，同座间大谈其中国海岸山海经，无非传闻遗说，一鳞半爪，其材料可远自十七世纪葡萄牙航海者流传而来。当他察觉上海非是苏赛克斯（Sussex），风尚不能尽如其在英国时之习惯，未免扫兴。及闻中国人民也来祝度耶诞圣节，不觉大快，不过中国人民之不懂英语，终属可怪。至若他走在路上，则趾高气扬，目无华人，倘或踏痛了同行者足趾，虽用英语说一声"Sorry"也属无例可援。不差，他从未学习过一个旅客应用的几句客套华语，却不断抱怨华人之排外思想，可怜庚子拳匪之役的火烧圆明园，竟不够好好给中国人一顿教训，怎不失望。哦，你们西洋人固握有权威以镇临中国，以促进人道之普通义务啊！

上面所写的种种，都是你所知道也很平淡无奇的，假使不是为了西方人对华人观念之构成，与此等事实息息相关，我固毋庸在此多费篇幅。你必须仔细想想两方言语上之隔阂，中国文字之极度难学，以及中国政治、学术、文学、艺术之纷淆现状，并中西两方风俗习惯上之广大差异，始足与言了解中国。

这一本书可说是对一般误解中国者之一篇答辩，它将根据较高的理解基点而觅取较善良解。不过一般"中国通"倘欲继续写他讨论中国事务的书本或短文，也难以仅为他不懂华文而遽干涉其著作之自由。总之，此等书本与短文，只配借作茶坊酒肆的闲谈资料而已。

不过事情总有例外——譬如赫德与罗素——他们能从一个绝对不同于自己者的生活方式中观察内在的意义。但是有了一个赫德却有一万个吉尔勃，有了一个罗素，却有一万个伍特海特。结果不绝产生轻蔑华人的戏剧式故事。它的内容是幼稚而歪曲，却为西方人所乐道，它也可以说是前代葡萄牙航海者野史的承继者，不过削除了当年水手们的下流口吻，而保存着此辈水手的卑污意志。

中国人时而自起惶惑：中国海岸因何只值得吸引一班下流航海者和探险者呢？要明白解答这个疑问，最好先读一读摩斯的几种著作（译者按：摩斯氏历任我国各地海关帮办，所著研究中国之书籍甚多。其中《中国之国际关系》一书最为著名），然后探溯此辈航海者的传家法宝与现代结合之线索，并审察早期葡萄牙人与现代"中国通"二者眼界之共通性，再仔细检阅他们的利害关系，天然淘汰过程和驱使他们不远千里而来的环境压力，其间二者之异同如何，再质询他们的目的何在，何为乎漂流异域，更络绎不绝巴巴地赶到地球的这一角来。黄金与投机（载运货物往外洋试销）的第一个例子便是驱使哥伦布——最大的航海冒险家——探索到中国的航线。

一个人于是始明白此种嗣续的史实，明白哥伦布式航海者的传统观念何以能坚定而平衡地发展下来，于是更感觉到一种怜悯中国的意念。可怜那不是中国的社会美德，而是中国的黄金和她被作为"购买畜生"的购买力，总吸引西洋人到此远东海岸来。那是黄金与利益才把西洋人与中国人连锁起来，而投入卑污龌龊的旋流，实质上曾未尝有丝毫人道精神之结合。他们本身，中国人和英国人，都不认识此种现实；因而中国人曾质询英国人，假使他厌恶中国社会，为何不离开中国；而英国人也反问中国人，为何不退出租界；结果双方均不知所答。故英国人盖并未劳神使自己被了解于华人，而忠诚的中国人尤从不念及使自己被了解于英人。

三

然则中国人能否了解自己呢？他们能否充任中国的最好传译者呢？具"自知之明"人尽知其比较的困难，在缺乏健全而清明的批评之环境内尤然，语言的困难，在受有较高教育的华人是断乎不存在的；倒是悠长的中国历史，却相当难于整理，中国之艺术、哲学、诗文、戏剧也不易于精通而获得优美的认识；至若昔日之知己同伴，电车上常遇之同车乘客，以至幼时同窗，今日胆敢擅握一省政权，于他亦属难于宽容。

若夫种种前提条件，足以困顿一外国研究者，同样也足以困顿一中国摩登青年，或许摩登青年的冷静超越态度，还比不上外国研究家，亦未可知。在他的胸膛中，隐藏着一种（或不止乎一种）顽强的苦闷的挣扎。在他的理想中之中国与现实之中国，二者之间有一种矛盾。在他的原始的祖系自尊心理与一时的倾慕外族心理，二者之间尤有更有力之矛盾。他的灵魂给效忠于两极端的矛盾所撕碎了。一端效忠于古老中国，半出于浪漫的热情，半为自私；另一端则效忠于开明的智慧，此智慧愿望社会的革新，欲将一切老朽、腐败、污秽干疭的事物，作一次无情的扫荡。有时矛盾起于羞耻心理与自尊心理之间，则此种矛盾更为重要，盖此矛盾介乎单纯的家族效忠心与事物现状的严重羞耻性，这是优良本能，颇足以自动地刺激福利之增进。有时他的祖系自尊心理占了优越，而正当的自尊心理与无意义的复古热，只隔着一线之差，则甚危险。有时则他的羞耻本能占了优势，而真切的革新愿望与肤浅的摩登崇拜，又只隔着一线之差，当亦不妥。要避免此等矛盾，确乎非是轻易之工作。

然则将怎样始能把握住这个了解的统一观念呢？真诚之批评态度，配合以精密之鉴定眼光，用心灵来观察，用精神来思虑，心灵与精神，合而为一，这样神妙的境界，也不是轻松惬意所能达到的。因为它的工作，至少应包括救济"古老文化"那种艰巨事业；有如整理家传珍宝，虽鉴识家之眼光，有时有被欺蒙之虞，而手指有时有踌躇不决之患。它需要勇气，更需要一种更稀有的德行：诚恳；更需要一种更为稀有的德行：心灵的不断辩论之活力。

但以中国青年比起外国研究家来，在便利方面究占一种显明之优势。因为他自身是中国人，因为是中国人，他不独能用心灵来观察，更能用精神来思虑。他知道，在他脉管里挟着自尊与羞耻的洪潮而奔腾环流的血，是中国人的血。这是在他的生物化学机体中运转着中国之过去与未来的神秘之神秘，而负荷着中国一切尊荣与耻辱，功业与罪恶之负担者；过去与未来，其命运真是千变万化。何以而非切身之关系？至是，所谓整理家传珍宝之譬喻，因而觉得颇不完全，亦不正确，盖不自觉的民族遗传性含存于他的血管内，亦即构成他的身体之一部。故其本身亦即为古董一分子，而非独立之鉴识家。他或许会玩玩英国式足球，其实非真爱好足球；他或许会赞美美国式功率制，而内心实反对功率制；他或许在食桌上使用茶巾，心上却讨嫌茶巾；听了舒伯特的谐曲与蒲拉谟的诗歌，他体会出一种东方情调的陪音，有如古代民谣与牧童情歌的回响，禁不住这种故国情调的诱激，他的心灵安得不魂兮归来。他发掘出了西方文化的优美与荣华，但他还是要回返到东方，当他的年龄将近四十岁，他的东亚的血流便克制着他。他瞧见了父亲的画像，戴一顶瓜皮缎帽，不由得卸却他的西装，换上一套长袍和平底鞋，呜呼噫嘻，不图竟乃如此舒服，如此适意，如此雅逸，盖套在中国式长袍和平底鞋里，他的灵魂得到了休息。于是他不复能明了西方人的"狗颈圈"有何意义，不识当初何以竟会不假思索用了那么长时间。他从此也不复再玩足球，而动手练习中国健身法，遨游桑田竹林之间，憩息松影柳荫之下，如此行动，非如英人所知之乡村散步，而为东方别有意义之遨游，有益于肉体，亦有益于心神。他讨嫌这个字"体操"，操练什么呢？这完全是可笑的西方意义。嗟吁，就只消看看那些威仪棣棣的成年小伙子，竟会在旷场之上豕突狼奔，横冲直撞，争逐一颗小小皮球，现在想来，怎不可笑；至若炎夏天气，运动之后，把身体裹以热泼泼的法兰绒和羊绒衫，更觉可笑。营营扰扰，所为何来？他回想一下，记起当年自己尝乐此不倦，那时他还年轻，还没有成熟，那时的他，不是他自己，只能算一瞬之幻觉，而非真有爱好运动之本性。盖他所生长的环境决然不同，他生长于磕头、闲逸、文雅的环境，而非生长于玩足球、套狗颈圈、抹茶巾、讲功率制的环境，真不应该东施效颦。他有时把自己看做一头猪而把西洋人看做一条狗。狗往往欢喜咬弄猪，而猪只能报之为"做嗯"。此一"做嗯"，或许即是一表示满足之"做嗯"。他甚至竟或愿意变成一头真正的猪，因为它的生活实在够舒服。所以也不致羡慕狗的颈圈，不致羡慕狗的功率制，也不致羡慕狗的妖狐式的胜利。他唯一所巴望的是：狗不要来纠缠他，好让他独个儿自在着。

当其纵览中西两方文化，发现现代中国，便该是这个样儿。要考察并认识东方文化，只有取这个样儿的态度。因为他的父亲是中国人，母亲也是中国人，每当他谈到中国，总得念及他的父亲、母亲，或追想他们的遗容遗行。那是一个活跃的生命，他们共同的生命，充满着兴奋、忍耐、痛苦、快乐和毅力，此等生命，未曾接触过现代文化的影响，可是他们的伟大、尊贵、谦和、诚信，未见稍有逊色。这样，他真认识了中国了！我以为观察中国之唯一方法，亦即所以观察其他任何各国之唯一方法，要搜索一般的人生意义，而不是异民族的舶来文化，要渗透表面的古怪礼貌而觅取诚意的谦德；要从妇女的艳装异服下面，寻求真正的女性与母型；要留意男孩子的顽皮而研究女孩子的幻想。此等男孩子的顽皮，女孩子的幻想，以及婴儿之笑窝，妇人之哭泣，丈夫之忧虑——它们都是全世界各处相同的表象。是以吾人只有经由丈夫之忧虑与妇人之哭泣，始可能正确地认识一个民族，差异处盖只在社会行为之形式而已，这是一切健全的国际批评之基点。

第一章
中国人民

一　南方与北方

研究任何一时代的文学或任何一时代的历史，其最终和最高之努力，往往用于觅取对该时代之"人物"的精详的了解。因为文学创作和历史事迹之幕后，一定有"人物"，此等人物及其行事毕竟最使吾人感到兴趣。当吾人想起马可·奥勒留（Marcus Aurelius）或琉善（Lucian），便知适当罗马衰落时期。又或想起弗朗索瓦·维永（Francois Villon），便知适当中古世纪。想起一个时代的重要人物，马上感觉到那个时代很熟悉，也很明了。像"十八世纪"那样的名称，还不如称为"约翰逊（Johnson）时代"来得有意义。因为只稍提醒约翰逊的一生行事：他所常出入的伦敦四法学院怎样，他所常与交谈的友侪怎样，整个时代便觉得生动而充实起来了。设使有与约翰逊同时代而文名不足道之一人物,或一普通伦敦市民,其一生行事中也许有同样足资吾人榜样者,然一普通伦敦市民终不足引起吾人之兴趣,因为普通人总归是普通人。不论普通人喝烧酒也好,呷立顿茶也好,都只算是社会上无足轻重之偶发事件,毫无特色可言,因为他们是普通人。

倘若为约翰逊,则他的抽烟和时常出入伦敦四法学院,倒也是于历史上具有重要价值的史料。伟人的精神用一种特具方法反映于当时社会环境而垂其影响于吾人。他们的优越之天才,能影响于他所接触之事物,亦能接受此等事物之影响。他们受所读书本之影响,亦受所与交际之妇人的影响。若令较为低能的人物与之易地而处,则不会有什么特征可以发现。是以在伟人的生命中,生活着整个时代的生命。他们吸收一切所可吸收之事物,而反射以最优美最有力之敏感。

可是论到研究一整个国家,那普通人民便千万不容忽略过去。古代希腊的人民,并非个个都是索福克勒斯(Sophocles),而伊丽莎白时代的英吉利,也不能到处散播培根(Bacon)和莎士比亚(Shakespeare)的种子。谈论希腊而只想到索福克勒斯、伯里克利(Pericles)、阿斯帕西亚(Aspasia)寥寥数人,势必把雅典民族之真相弄错。盖吾人尚须想及索福克勒斯的儿子尝以家务纠纷控诉乃父,更须想及阿里斯托芬(Aristophanes)同时代的人物,他们不完全是爱美的,也不完全是追求真理的,而却是终日狂饮饕餮,唯以醉饱为务。争辩纷纭,谲变狡猾,唯利是图,这真是一般普通雅典人民的典型。唯利是图,诈谲多变之雅典人性格,有助于吾人之了解雅典共和邦所以颠覆之理,适如伯里克利与阿斯帕西亚之使吾人了解雅典民族之所以成为伟大。倘个别地加以评价,则他们的价值几等于零,但倘以集体来观察,则他们之所影响于国运之力量至为宏大。是以过去的时代,已无法将他们加以改造,至现代国家中,所谓普通人民,固未尝一日与吾人须臾离也,安得以等闲视之?

但是谁为普通人民?而普通人民又是怎样一个形象?所谓"中国人民",在吾人心中,不过为一笼统的抽象观念。撇开文化的统一性不讲——文化是把中国人民结合为一个民族整体之基本要素。南方中国人民在其脾气上、体格上、习惯上,大抵异于北方人民,适如欧洲地中海沿岸居民之异于诺尔曼民族。幸而在中国文化之轨迹内,只有省域观念之存在,而未有种族观念之抬头,因而在专制帝政统治下,赓续数世纪之久,得以相安无事。历史上复遗传下来一种宝贵的普遍法式——文字,它用至为简单的方法,解决了中国语言统一上之困难。中国文化之融和性,因能经数世纪之渐进的安静播植,而同化比较温顺之土著民族。这替中国建立下"四海之内皆兄弟也"的友爱精神,虽欧洲今日犹求之而不得者。就是口说的语言所显现之困难,亦不如今日欧洲分歧错杂之甚。一个欧洲籍人倘旅经西南边境如云南者,虽略费麻烦,仍可使其意思表达而为人所懂,语言的技巧在中国使其拓植事业逐渐扩展,其大部盖获助于书写之文字,此乃中国统一之显见的标志。

此种文化上之同化力,有时令吾人忘却中国内部尚有种族歧异、血统歧异之存在。仔细观察,则抽象的"中国人民"意识消逝,而浮现出一种族不同之印象。他们的态度、脾气,理解各个不同,显然有痕迹可寻。假使吾们用一个南方籍贯的指挥官来驾驭北方籍贯的军队,那时立即可使吾们感觉二者不同性之存在。因为一方面,吾们有北方人民,他们服习于简单之思想与艰苦之生活,个子结实高大,筋强力壮,性格诚恳而忭急,喜啖大葱,不辞其臭,爱滑稽,常有天真烂漫之态,他们在各方面是近于蒙古族的;而且比较聚居于上海附近之人民,脑筋来得保守,因之他们对于种族意识之衰颓,如不甚关心者。他们便是河南拳匪、山东大盗,以及篡争皇位之武人的生产者。此辈供给中国历代皇朝以不少材料,使中国许多旧小说之描写战争与侠义者均得应用其人物。

循扬子江而至东南海岸,情景便迥然不同,其人民生活之典型大异。他们习于安逸,文质彬彬,巧作诈伪,智力发达而体格衰退,爱好幽雅韵事,静而少动。男子则润泽而矮小,妇女则苗条而纤弱。燕窝莲子,玉碗金杯,烹调极滋味之美,饮食享丰沃之乐。贸迁有无,则精明伶俐;执戟荷戈,则退缩不前;诗文优美,具天赋之长才;临敌不斗,呼妈妈而踣仆。当清廷末季,中国方屏息于鞑靼民族盘踞之下,挟其诗文美艺渡江而入仕者,固多江南望族之子孙。

复南下而至广东,则人民又别具一种风格,那里种族意识之浓郁,显而易见,其人民饮食不愧为一男子,工作亦不愧为一男子;富事业精神,少挂虑,豪爽好斗,不顾情面,挥金如土,冒险而进取。又有一种奇俗,盖广东人犹承受着古代食蛇土民之遗传性,故嗜食蛇,由此可见广东人含有古代华南居民"百越"民族之强度混合血胤。至汉口南北,所谓华中部分,居住有狂躁咒骂而好诈之湖北居民,中国向有"天上九头鸟,地下湖北佬"之俗谚,盖湖北人精明强悍,颇有胡椒之辣,犹不够刺激,尚须爆之以油,然后煞瘾之概,故譬之于神秘之九头鸟。至湖南人则勇武耐劳苦,湘军固已闻名全国,盖为古时楚国战士之后裔,具有较为可喜之特性。

因往来贸易而迁徙,与科举时代应试及第之士子被遣出省服仕之结果,自然而然稍稍促进异种人民之混合,省与省之差异性乃大见缓和,然大体上仍继续存在着。盖有一颇堪注意之事头,即北方人长于战斗,而南方人长于贸易,历代创业帝王,几从无出自大江以南者。相传食米之南人,无福拱登龙座,只有让那啖馍馍的北方人来享受。实际上除却一二例外,如唐周二代的创业帝王,出自甘肃东北部，故有土耳族之嫌疑，其余各大皇朝的帝王，盖莫不起自比较阻塞的山陵地带，靠近陇海铁路，此地带包括东部河南、南部河北、西部山东和北部安徽。这个开业帝王的产生地带，倘以陇海铁路为中心点，它的幅径距离不难测知。汉高祖起于沛县，即现在之徐州；晋室始祖起于河南；宋室始祖起于南部河北之涿县；明太祖朱洪武出生于安徽之凤阳。

直到如今，除了蒋介石将军出生于浙江——他的家族谱系尚待考——大半将帅，多出自河北、山东、安徽、河南，也以陇海铁路为中心点。山东产生了吴佩孚、张宗昌、孙传芳、卢永祥；河北产生了齐燮元、李景林、张之江、鹿钟麟；河南产生了袁世凯；安徽产生了冯玉祥、段祺瑞。江苏不出大将，而产生了几位出色的旅馆侍者。五十年前，中国中部湖南省出了一位曾国藩，这个好像是例外，但是足以证明上述之定律：因为曾国藩是一位第一流学者，同时也是第一等大将，但他既系出生于长江之南，是以为食米者而不是啖馍馍者，从而他的命运注定应为贵显大臣，而不能为中华民族开创一新的皇朝。因为开创帝业这种工作，需要一种北方典型的粗粝豪放的态度，要具备一种淳朴而令人可爱的无赖汉之特性，要有爱好战争，不厌劳动而善于自利的天才——藐视学问与孔教伦理学，直至大局的南面称皇，那时孔教的尊皇思想始有用于他，然后大模大样大讲其尊孔之道。

粗暴豪迈之北方，与柔荏驯良之南方——二者之异点，可以从他们的语言音乐与诗歌观察而得。你可以把陕西的歌曲跟苏州的歌曲作一对比，立可发觉其决然不同之差异。一方面陕西歌曲声调铿锵，乐器用击筑拊嗒板而和歌，音节高而嘹亮，颇类瑞士山中牧歌，歌声动则回风起舞，似在山巅，似在旷野，似在沙丘。另一方面则有那耽安淫逸之苏州的低音歌曲，其声调呜咽哽噫，似长叹息，似久困喘哮病者之呻吟，因其勉强哼嘘而成颤抖之音律。从寻常对话中，亦可以察觉明朗清楚之北平官话，其声调轻重之转变分明，令人愉悦；而苏州妇女之甜蜜柔软之喋喋琐语，多圆唇元音，抑扬波动，着其重处不用高朗之发声，而徒拖长其柔悦婉转之缀音以殿于句末。二者之差异固甚显然。

关于南方与北方语言腔调之不同，曾有一段有趣故事。据说一次有一位北籍军官，尝南下检阅一连苏籍之军队，当这位军官大声喝令"开步……走！"的时候，全体士兵屹立不动，屡次喝令，均属无效，正无法施行其命令之际，其连长系久居苏州习于苏俗者，乃禀请军官准其另自发令，军官准之，连长乃一反军官之清楚明朗的"开步……走！"的急促腔调，而出以婉转诱惑之苏州口音，"……开……步……走……唥……嗳……"果然，全体军队应声而前进了。

诗歌里面，像这样歧异的色彩，表现于第四、第五、第六世纪者，尤为浓厚。当时北部中国初次经鞑靼民族之蹂躏，汉人之受有教育者相率渡江而南下。值此时抒情诗方发皇于南朝，而南朝统治阶级，颇多为抒情诗能手。民间复通行一种体裁别致之恋情小曲，名为"子夜歌"。把这种热情的小诗，与北方新兴的富有朝气的质朴诗作一对比，二者情调之歧异是深刻而明朗的。吾们且看那时候南朝歌曲的作风怎样：

读曲歌

打杀长鸣鸡，

弹去乌白鸟。

愿得连暝不复曙，

一年都一晓。

子夜歌

路涩无人行，
冒寒往相觅。
若不信侬时，
但看雪上迹。

南宋之际，又有一种韵律长短错综之活泼的抒情诗，称为"词"。其内容大抵描写妇女之深闺幽怨，绣闼伤春；或则吟咏黛眉粉颊，素抹浓妆；或则吟咏红烛朱栏，丝帏锦屏；道相思之苦，热恋之情。"红烛自怜无好计，夜寒空替人垂泪""惜弯浅黛，长长眼"。其幽韵多似此类。人民而习驭于此种恋情诗歌之萎靡情绪，其被发表豪放质朴简短诗歌情绪之北方民族所征服，固为自然之结果。北方之诗歌盖直接取自荒凉北方之景色而不加润色者。下面一首为很好的例子：

敕勒川，
阴山下。
天似穹庐，
笼盖四野。
天苍苍，野茫茫，风吹草低见牛羊。

看这一首小诗，倒是魔力非凡，相传一位北朝大将，竟能借此短短数句之力，于新败之余，收集余众，激励将士，使军心复振，因能重整旗鼓，杀回战场。下面又一首小诗，为另一北族将领所作，乃咏其新购之宝刀，其情绪风格，适与南方的恋情诗词成一对比：

新买五尺刀,

悬著中梁柱。

一日三摩挲,

剧于十五女。

另一首则风格音调更见雄壮:

遥望孟津河,

杨柳郁婆娑;

我是胡家儿,

不解汉儿歌。

健儿须快马,

快马须健儿;

跂跋黄尘下,

然后别雄雌。

像这样的诗歌——南北两方作品的内容与技巧之完全不同——对于吾人今日研究中华民族之构成分子,南北两大血统之异同上,有很大贡献,值得吾人之玩味。吾人于此更可进而了解何以具有两千年磕头历史,习于户内生活,缺乏普遍运动,而能不追踪埃及、罗马、希腊之后尘而退化,而崩溃。然则中国果何以能免此厄运乎?

二 退化

退化这个名词,常易为人所误解,因为它的意义只在比较上显出来，而非是绝对的。自从有了艳丽的化妆品和真空地毯扫除器之发明，现代人类好像专把一个人的清洁程度来判断他的品行之高下。因之有人觉得狗的文化业已增高，因为它现在每星期洗澡一次，而到了冬天，又穿上腹衣。著者曾听到几位富有同情心的友邦人士谈起中国农夫的生活，说他们的生活是"非人类的生活"。欲谋救济，第一步工作，似非把他们的茅舍和用具总消毒一下不可。

其实人类退化的信号，倒不在乎龌龊。而却恰恰在乎畏惧龌龊，而且从一个人外表来批评他的体格和品行之健全与否，实在是危险的。彻底说起来，欧洲人生活于温暖适当的公寓而享用奢华之摩托车，其适宜于生存，远不如中国农夫之住居低矮而不知消毒之茅舍中。凶恶系天然生于婴儿与野人天性中之品性，也不是退化之征象，倒是畏惧痛苦，才真是退化之标志。一条狗倘只知道吠而不会咬，常被牵引遨游于市街，给妇人们当做玩物，这种狗只能算是一条退化之狼。就连具有约克·邓姆赛（Jack De Mpsey）式之勇猛，亦不足在竞技场之外自夸人类之光荣，他只能矜傲其工作之力量而享受舒适之生活。就是进化比较高等的几种动物，它们的身体组织，具备较为敏感而精密之机构，更具有特殊技能与较大之生活力，而且有比较优良之意志，此等动物亦非必尽属壮健与清洁之动物。体格及品行健全与否之真问题，人类与一般动物无异，乃在于他的工作之能力怎样，他怎样善于享乐其生活，并他的怎样适宜于继续生存。

观夫眼前的自然环境，就很可以明悉数千年来文化生命所生种种效果的明显痕迹。中国人民业已使其生活适合于其社会的文化的环境，而此环境所需要者，为一种持续的精力，一种抵抗的、消极的力量，因此他已丧失了大部分智力上、体力上之进攻和冒险之才能，此种才能本为原始森林中祖先生活之特性。中国人发明炸药之兴致至为幽默，他利用此种发明物来制作爆仗以庆其祖父之生辰，仅此一端，可知中国人之发明力,乃系沿和平之路线而进行着。在美术上工尚精细过于活泼的笔触,盖出于活力较弱而性格较为温和的本性。在哲学上他的爱尚情理过于攻势的辩论,真可由他的圆颐而轮廓浅平的脸蛋儿见其特征。

轻视体格上之勇武和活动,并普遍地怠于奋斗生活,密切地影响于体力之退化。城市中之布尔乔亚阶级,感受此种影响尤为显著。这样的情形,倘遇拥挤于街车中或举行竞技会,彼时欧洲人与中国人比肩而立,则更易观察。不卫生之生活方式与饮食过量之习惯,说明中国布尔乔亚阶级何以多具萎垂之肩膀与无神之目光的外形,欧洲学龄儿童与中国学龄儿童之先天的差异,亦属很易明了。在运动场上,总可以发现欧洲父亲或欧洲母亲所生的孩子,他的敏捷、活泼和体力的充盈,一切皆较为优越;而忍耐力和学艺比赛则较为逊色。

许多住居上海的外国寓公,对于中国友人的冷落生疏的态度,无不诧异。彼等固未知中国人不耐作费力之长谈,而于应用外国语言时为尤甚。是以凡中西合伙的伙伴,不论婚姻上或商业上的,辄中道而分离。其故盖缘于欧洲人之不耐华人迂缓舒徐,而华人则不耐西人之躁急好动。从中国人之眼光观之,美国爵士乐队指挥之摇膝颤动,和欧洲人在船舶舱面上带跳带跑的大步走路法,简直可令人笑痛肚皮。

蒋先生和宋先生是稀有的例外,其他中国政治领袖大多不耐刻苦工作,他们的工作态度是不甘效牛马之任重致远,而欲享受高等文明人之生活,其人生观即为不屑"劳形役性以自疲"。故蒋先生、宋先生之所以能成为最高领袖,即在其具有较高之坚定本能与耐劳苦之精力,宋先生曩年辞财政部长职时,曾引用中国俗语"力大如牛"以自喻其健康,而并未托词于任何糖尿症、肝脏病以至精力交瘁等,以为辞职之口实。"称病辞职"固为一般无耻官僚之惯技,中国官吏每当政治上发生困难,辄扬言旧病复发,至所何病,则精神上、体质上之病恙，名目繁多，自肾弱胃伤以至头昏脑聩，倘欲开一名单，真可塞满一新式医院之全部病房。其实所患者皆属政治病耳。

中国政治领袖又有一特性，即一登政治舞台，大多不复继续求学生活，亦不复从事写作——只有孙中山先生为唯一之例外——而当其发挥议论，洋洋洒洒，则人人以第一流大学者自居。倘使中国领袖中会有《托洛茨基自传》那样的巨著出世，那算是超乎尘世可能的奇迹。虽至中山逝世十二年之今日，市上犹找不出一本中国人自写而内容优美的传记。也找不到正确信实之曾国藩、李鸿章和袁世凯等之传记。

至于一般大人先生，走进衙门，则捧一杯清茶，谈谈无涯无岸之山海经；回到公馆，则嗑嗑瓜子，优哉游哉，就此消磨了一辈子光阴，犹得谓之"学者的风度"。此等事实，又可说明为何中国名家作品的集子中，所收的材料总是宝石样的短诗、精细小品文、替友人著作捧场之短序、墓志铭、简短游记等，占去百分之九十五之篇幅。当一个人挨不上掌权势，还是以文雅为上策；当一个人谈不到欺侮人，才非讲情理不可。吾人曾能几度遇到像司马迁、郑樵、顾炎武那样的人物，他们的伟大著作，昭示我们一种不屈不挠的雨果（Victor Hugo）、巴尔扎克（Balzac）的精神。这是两千年大磕其头的奴隶生活所能给予一个民族的遗产。

试将人民之毛发肌肤审察一下，也能告诉你数千年足不出户的文明生活之结果。通常男人家脸上缺乏髭须，虽有亦极疏落，为此种生活后果为一个示例，因此中国人一般即不知使用家常刮须刀。至如男人家胸膛上丛毛尨茸，在欧洲所在多有，在中国则未之前闻；更若妇女樱唇之上而留些小髭，在欧洲数见不鲜，在中国目为情理之外。非但此也，据医家所说，以及其他著作之记载，谓中国妇女之私处童山濯濯者，实繁有徒，俗谓之"白虎"。中国女人之毛孔较欧洲女人为细，故其皮膏纹理较为柔而美，而肌肉因亦较为软弱，实为缠足制度所培育而成之结果。此缠足制度表现另一种女性美。鉴于此种实效，广东新丰之养鸡家，将雏鸡自幼禁闭之暗栏中，使一无盘旋之余地，因是新丰鸡以肥嫩驰名，其味殊美。中国人之腺分泌想来也必较为减少。因为中国人觉得西洋人之所以养成每天洗澡之习惯，目的乃欲解除皮肤所散发之强烈臭气。不过最堪注意之差异，当推中国人之声带，盖比之西洋人颇觉失却一种充实的回响特质。

关于五官感觉之内容，著者未有深切之研究，但耳目之应用，尚称优良，殊未可非议；至于中国人嗅觉之灵敏，可由其烹饪之特长一点见之。北平方言，当一个人说到"吻小孩子"的动作，叫做"闻"小孩子，这实在是极正确的表白：因为吻小孩子实际上的动作，却是"闻嗅"，这亦足以表示中国人对于嗅的观察之精细。在中国文学里头，亦不少同义于法语作品 *Odeur de femme* 中的美丽辞藻，举其浅显者，则有玉人芳泽、绮骨香肌、花容月貌、兰质蕙心，甚至芳名芳龄，无往而不芳，无往而不香，然亦不可谓非曲尽其妙。反之，对于冷、热、痛楚、嘈杂声浪之敏感性，中国人远逊于白人；其故缘于中国人在家庭自治体制度下饱经磨折，对于此等困苦之逆来顺受，已成习惯，我们的"神经"或许即因此而得受西人之恭维，亦未可知。中国人有几种特殊美艺，具有纤巧之天才，足证其感性之精细——如中国之一般手工艺出品，大可负责证明——而相对的关于遭遇痛楚，则感觉至为低劣迟钝；中国人民于领受痛苦的忍耐力之强大，真可谓匪夷所思！

三　新血统之混入

但中华民族之得以继续生存，非仅赖粗线条的神经之忍耐力，实在他们所以能生存以迄今日，却有赖于吸收蒙古民族之成效。此乃一种系统发育的生理移植所发生之作用，你可以观察每一次新血统的输入，必继之以文化上奇葩之开放。观乎中国人民一般的体力情况，很容易发觉他们并未能全然逃免衰老的文化生命之定数，因而发生一种特征，遇有较为新兴而好战之民族向之进攻，辄无法自图挽救。中华民族的生命，好像是在迂缓而安静地向前蠕动着，这是一种沉着坚定的生活的范型，不是冒险进取的生活的范型；其精神与道德习惯亦相称而具和平与消极之特征。这就是历史上常间歇地被北方民族所征服的根源。政治上，这个民族曾经数度被此等侵略者所灭亡。问题至此转至"怎样在此政治上被压迫的环境下，保持其原来之民族"。不是她如何挡拦侵略之军事煞星，有如都尔战争（Battle of Tours）中基督教国联合抗拒回教军之所为；而是她如何在侵略魔手下维护其生存，而且，事实上反吸收了侵略民族的新血胤，转以自荣，而能不丧失其民族特性并保持固有文化之存续。是以中华民族的生命，好似用一种特殊的范型鼓铸出来的，故其祖先的奋斗力的丧失，不致即陷于种族本质与抵抗力之丧失，此种种族本质的抵抗力存在之关键，即为中华民族继续生存之关键。

新血统之混入，很可以说明中国人民今日所具种族自存力之程度如何。历史上，新血统的混入，往往巧遇于相间有定率的周期，大约每间隔八百年，为一个转变的周期，好像是中华民族革新所需的规定时期，而促起此种定期的大改革的，乃为内部道德机构之腐化，而非外来之侵略。《中国科学美术》杂志曾载有D.J.S.Lee的一篇论文，标题为《中国战祸之周期循环》，内容系将中国历代之战乱，做一统计的研究，证明此等一治一乱的循环期，其前后距离大致有一种准确的定率，而非出于偶然。骤思之，如非人事演变中所可能的现象，而李博士则条分缕析，凿凿有据，不可不加以注意。

照李博士说来，中国历史简直很容易每八百年分做一段落，为一个周期。每一个周期的开始，当为一祚命短促而军威强盛的皇系，结束连绵不息的内战而统一中国，此后继之以四五百年之治平时代，过此时期，则朝代又将一易，而起伏不断之内战又起，马上使京都自北南迁，然后形成南北对峙之局，险恶之形势日甚一日，最后跌入异族统治的深渊而结束此一周期。历此乃周而复始，重演过去循环，中国复重新统一而光复本族之统治权，此时期必开放文化上新的光彩。

每一个循环，其史迹之演进，在它的时间上与前后的因果上，表现出一种不可理解的机械式的合同性，故上一循环与下一循环，其形貌如出一辙。像李博士所说：每一循环的相当时期，大约适当文化发扬期之初期，总有一次伟大工程之兴筑，然每度必遭不幸之毁灭。第一周期中，有秦始皇的雄伟的万里长城，以及华丽的阿房宫，曾几何时，阿房宫便毁于火，延烧绵赓三月之久；第二周期，则隋代有运河之开凿，隋炀帝也建筑过瑰伟的离宫，穷奢而极侈；第三周期，则有长城之改筑，此改筑之形式，即遗留至今之面目。当明代永乐皇帝之际，曾开凿几条新的运河，并兴建水闸，著名的《永乐大典》亦为这个时期的一大功业。

此等循环期包括：（一）从秦代到六朝鞑靼民族之入侵（前221—588年），凡八百三十余年；（二）从隋朝至蒙古族入侵（589—1367年），凡七百八十年；（三）目前之一周期，自明初以迄今日，这一个周期还未届结束的期限，但由过去六百年之史迹观之，其演进仍恪遵前期之轨迹，明清两代之五百年太平，好像已完成了它的任务，一八五〇年之太平军革命，掀起了第一阵内战的大波，吾人现止处于荒乱与战祸交进的上升阶段上，此交进之进展，务求所以相称于历史遗传之法式，一九二七年之迁都南京，便可见之。

故吾人直可未卜先知此后两百年之局势：南北之分裂，北部中国之被异族所征服。真将一一重演乎？

李博士又说，前乎第一周期之周代，其史迹演进亦复相同。周代为中国文化第一次放光彩的时期，周室始祖践祚于公元前一一二二年，凡历九百年而灭亡。第一个半期四百五十年，那时中国内部比较平静而强盛，及至公元前七七〇年，已受西北异民族之压迫，京都不得不东迁洛邑，从那时起，战争不息，列国诸侯之并吞攘夺，纠纷日甚，中央政府渐失其统驭封建君主之权力。自公元前七二二年至前四八一年，为孔子编年史《春秋》一书之断代纪年，此时期因谓之春秋时代。自公元前四〇二年至前二二一年则谓之战国时代，彼时楚国逐渐膨大，控占疆土几包括中国南部开化居民区之全部。此周期至秦民族崛起，始皇帝并吞诸侯而统一中国，乃告结束。秦民族乃混合有未开化民族之血胤及外国风俗习惯之新兴民族。

此种事实，宜以人种学的、经济的并气候的原因来解释，而人口过剩，要为一主要原因。然在其自然法则下，可以维持四五百年之治平。世界任何各国，能保持和平及其文化连绵四五百年之久者，历史上殆缺乏先例。中国何以能独处例外，殆无理由可以解答。但试将中国文学史作一观察，似可发现另一显明之解释。每当南北分裂，扰攘纷纭之际，道德机构之崩坏，常反映于诗歌及其他文学作品，本章第一节所举之几首小诗，可见一斑。第一周期北方民族入侵之时期，称为六朝，自东晋以迄隋室统一中国，此一时期中，华北完全被制于蛮族的战胜者统辖之下；第二周期的北族入侵，始自南宋而迄蒙古民族建立之元朝，这一时期的社会风尚之女子气，以及文学风格之卑下，适当于六朝时之生活，六朝以浮华绮靡之骈体文著称；而宋元之际，则发育一种优柔色情之词曲，此等诗文，其风格所以为卑下，并非失于字面之贫乏，而失于字面之过于繁缛；凡铺文陈词，其字义之轻重深浅，分别务求精细工巧，不复含孕淳朴之田野风味，却为扭扭袅袅，浓艳细腻之闺阁气。中国人在此等时期中的表现常有一种文学声韵上的新嗜好,一方面产生精细的文学艺术批评,并崇尚风雅的贵族生活习惯。

因为那些时期中,吾们常见绘画与书法之发达,贵族阶级起而传袭艺术之系统,中国文学批评至六朝时始第一次抬头,而中国第一大书法家王羲之,出身于贵族家庭,亦适当于这个时期。政治的萎弱失统,往往与艺术之纤巧并存,而此时期之南朝各君主,在政治上无力自保其皇位之安全,却能写得一手好诗。帝皇诗人如梁武帝、南唐李后主,皆为短祚之君皇,而是情诗的圣手;南宋徽宗,则为出色的画家。

不过种族对抗的细菌,却也在这种时候下种,因为北朝之雄主,只在朝廷的权力上把握住胜利者的地位,其下层基体仍为汉族。雄武的北魏统治阶级,属于鲜卑族,不但接受汉族文化,且公开相互通婚;南宋时代之金(满族)情形亦复相同,其机体内容,大部仍为汉人。如此史迹之演化,实为一种发酵作用之进行。此等时代又为文化上接受异族影响的时代,第一周期末之佛教及印度雕刻之传入,第二周期末之蒙古戏曲及音乐之传入,均为历史上不可忽视之例证。至于人种混合的最清楚的实效,可发现于今日北方人语言与体格上之特性。他们那含有粗涩的变音的言语,高巍的体格,有趣而质朴的性情,都为其特征。异族血胤的混合与文化之交织,即为中华民族所以长存之一大原因。

四 文化之巩固作用

但上面所述,犹不足以解决全部问题,问题乃在中华民族如何始能挨过此等定期的政治危机而不致灭亡于侵略者铁蹄之下,如罗马之消失于郎巴特人；他们的民族持续力及其吸收异族之性能苟藏于何种特点？只有将此等问题作深切之观察，始能对于今日之情况，获得一真实之认识。

所谓民族本质及民族持续力，可以说一部分是先天的，一部分是文化教育的结果，至中国布尔乔亚阶级之倒退的特性，实有助于使汉族挨过政治灾祸，而吸收异族血胤以渐达于革新，乃为另一问题。在巩固民族持续力的文化力量中，最有价值者，当首推中国之家族制度，盖其组织既已十分完密，原则又阐明至为详细，故任何人均不能忘却本人祖系之所属。此种绵亘万世而不绝之社会制度，中国人视为超越现世一切之珍宝，这样的心理，实含有宗教意味，加以祖先崇拜之仪式，益增宗教之色彩，故其意识已深入人心。

如此组织完善而含宗教性之家族制度，一旦与家族意识脆弱的异族人民相接触，便发挥宏伟的效用。野蛮民族或其混血儿，必乐于加入家族，而分享家族世系延续之一部分，并沉醉于一种美妙的理想，觉得一个人的躯壳虽死而其灵魂不灭，仍能生存于家族生命之巨川中。家族制度又为激发生殖量之直接诱因，盖欲令林氏禋祀不绝，必须为林氏生产嗣续，欲使林氏枝叶繁昌，则生产儿孙尤以愈多为愈妙也！

或许中国之能吸收河南犹太种人，端赖于家族制度之作用。现在河南的犹太种人，已全部同化于中国，他们的传统的不食猪肉之习惯，已成过去。犹太人之民族意识，早经埋没于维系着家族组织之中国人的较大民族意识中，结果在人种变化的园地上获得一伟大的新收获。至于种族意识比犹人为弱，自尊观念比犹人为低的民族，例如鞑靼民族，若侵入中国疆域，土著的汉族常保有超越乎侵略者的优势，其理固甚明显。故不问政治上之变化果将伊于胡底，中国的家族制度将永远结合中华民族为一个整体。

另一巩固中国社会机构的文化力量,为中国社会上固定阶级之完全不存在。因是地位晋升之机会绝对公开,人人得经由考试制度以取功名。家族制度的存在,使子孙繁育,扩大民族之量,而考试制度之施行,则选拔才智,鼓励求学,提高民族之质,二者相辅而行,使中华民族永久长存,不可灭息。考试制度之确立,始自唐代,其雏形则脱胎于汉代之选举制度。中国俗谚有云"将相本无种",实即为考试制度之基本原理。自夫魏晋以后(3—4世纪),选举监督权的变更,演成一种新的制度,设立所谓"九品中正",专司评定当地人物,供作政府用人的标准,各级中正系取本处人在诸府公卿及台省郎吏有德望者充任,中正既为官吏,多接近豪门世族,评议人物因而往往有偏私之弊,殊有利于权势之家而失选举之实,致当时有谚:"上品无寒门,下品无世族。"于是高门华阀,有世及之荣;庶姓寒人,无寸进之路,故晋代曾产生特殊之贵族阶级。

唐代确立之考试制度,所谓"科举",其内容虽不免经下代屡屡更改,制度本身则延至一九〇五年寿终正寝,一直维持仕途上开放之门户,使人人得由贫贱进取功名。不过科举制度在性质上不免近于机械化,不足以吸引天生的奇才,只适宜于选拔中程式的干才,故可视为知识考试。此种制度使乡村的才干之士,不断向城市移入,借以补充上层阶级之种族精力之消耗,一面复维持内部人才再生之周期循环,此种作用,于社会的健全至关重要。吾人概观千数百年来之史迹,深信此种考试制度对于统治阶级之品质上定已发生汰劣过优之效用,故能维护社会之巩固机体。

然其作用有更重要于此者,则为统治阶级不独来自农村,他们且复归于农村。因为乡村典型的生活,常被视为最理想的优美生活,农村的理想表现于艺术哲学及生活者,如此深植于一般中国人之意识中,应亦为今日民族健康之一大因素。中国生活典型之创始者能于原始的生活习惯与文明二者之间维持一平衡,其手段岂非巧妙?岂非此健全的本能,导使中国人崇尚农耕文明而厌恶机械技巧,并采取一种单纯的生活?岂非此健全的本能,发明人生的愉快而能使不致劳形役性,因而在绘画中、文学中,一代一代地宣扬着"归田"思想。

因为越接近自然,越能保持体格上与道德上之健康状态。生活在乡村里的人不会腐化,生活在都市里的人才会腐化。一般学者以及住居城市烦腻了的小康之家,自然而然不断发生赞美田园生活的呼声。著名学者之家书及家训里头,随处充溢着这样的理想,不啻描绘出中国"文明的容貌"之一重要表情,它对于中华民族之长存,实有微妙而渊博之贡献。著者暇时曾随手选出一篇郑板桥致其介弟之家书,内容天真可爱,堪列于世界伟大作品之林:

> 吾弟所买宅,严紧密栗,处家最宜。唯是天井太小,见天不大,愚兄心思旷远,不乐居耳。是宅北至鹦鹉桥不过百步,鹦鹉桥至杏花楼不过三十步,其左右颇多隙地;幼时饮酒其旁,见一片荒地,半堤衰柳,断桥流水,破屋丛花,心窃乐之;若得制钱五十千,便可买地一大陂,他日结茅有在矣。吾意欲筑一土墙院子,门内多栽竹树草花,用碎砖铺曲径一条,以达二门;其内茅屋二间,一间坐客,一间作房,贮图书史籍、笔墨、砚瓦、酒董、茶具其中,为良朋好友后生小子论文赋诗之所。其后住家主屋三间,厨房二间,奴子屋一间,共八间;俱用草苫,如此足矣。清晨日尚未出,望东海一片红霞;薄暮斜阳满树,立院中高处,便见烟水平桥。家中宴客,墙外人亦望见灯火。南距汝家百三十步,东至小园仅一水,实为恒便。或曰:"此等宅居甚适,只是怕盗贼。"不知盗贼亦穷民耳,开门延入,

商量分惠，有甚么便拿甚么去；若一无所有，便王献之青毡亦可携取，质百钱救急也。吾弟留心此地，为狂兄娱老之资，不知可能遂愿否？

这一篇文字，可以说是中国文学的典型情绪。此种郑板桥之田园思想基于其同情于贫苦农夫的诗意，此诗意天然趋合于道教精神。至于曾国藩之田园思想则基于保存家族的理想，故密切接近于孔教之家族制度。田园生活的思想，实即为社会制度之一部分，这社会制度使家族成为政治教育制度的一个单位，并为政治教育制度的一个分部，而政治教育制度又使乡村成一单位。曾国藩身居显要，手握兵权，而其致子侄辈的家书，辄复殷殷以奢侈生活为戒，勉以耕种菜圃，施肥养猪之务，此等勉励朴素勤劳之劝告，盖含有希望保守家族繁荣之目的，其意固甚明显也。

假令朴素能令家族之繁荣持久，则同样亦可使国家之繁荣持久。曾国藩的理想，很容易明了，他以为：大抵仕宦之家，子弟习于奢侈，繁荣只能延及一二世；经商贸易之家，勤勉俭约，则能延及三四世；而务农读书之家，淳厚谨饬，则能延及五六世；若能修德行，入以孝悌，出以忠信，则延泽可及七八世。

故曾国藩以养鱼、养猪、种蔬、种竹，为内政四要，其致诸弟家书中云："……家中种蔬一事，千万不可怠忽。屋门首塘中养鱼，亦有一种生机，养猪亦内政之要者，下首台上新竹，过伏天后有枯者否！此四者可以觇人家兴衰气象，亦所以恪守祖训，示范儿孙，宜时时留意……"其着重淳朴盖如此。

自颜之推（531—约590以后）家训以降，如范仲淹（989—1052）、朱熹（1130—1200），以迄陈宏谋（1696—1771）、曾国藩（1811—1872）各家家训，此勤勉淳朴而崇尚简单生活之家族理想，总是一致地坚持着，而且被认为民族最有价值的传统道德律。家族制度多少交织于田园风味的生活理想中，二者具有不可分离的性质。Simplicity 一字是希腊文中一个大书特书的字；"淳朴"二字，在中国文中亦为一个大书特书的连语。好像因为人类既知道了文明的利益，同时又感觉到它的危险性。人类知道了生活的幸福与快乐，同时却警戒着它的朝生暮死的性质；危惧于为造物所嫉妒，故宁愿生活较为淳朴而享较长久的天年。因为享受了人生过分的幸福，中国人想来，会减损此生之福分。所以"人当趋福避祸，两加审慎！"明季某学者曾说"人当取较清淡之幸福"，一般中国人胸中，皆具此同情的心理。盖人生幸福富有不确定性，而返璞归真为唯一防护之方法。这是无可非议的，中国人由直觉而知之。他们欲求家族之长存，而却收其效于民族。

五　民族的童年

由此看来，中国人民之避免政治堕落的危机，乃由于其天性之不信任文明而保持原始生活之习惯。因而中国人所谓之文明，似应用施以修改之意义去领会它，即一种文明，乃爱好原始状态之文明，而非为与原始状态脱离之文明。当然，这也不是一种万应药膏的文明，它非能永远保证无流血暴乱的时期，亦不能使战争、饥荒、水灾绝迹于尘寰。

过了两千年可称为文明的生活，仍能产生这样的生活史料，使文学家得资以写出一部出色的故事，像《水浒传》。《水浒传》的时代背景是那样的恶劣腐败，至有人肉可食之感，不啻揭露了文明大破坏的社会机构之谜，宋江、李逵以及其他梁山好汉，虽距离孔子时代已历一千五百年，但是吾们不觉他们是代表衰老了的文化的人物，而毋宁说是文化晨曦中的天真的孩子。他们生长于生活尚无保障的时代。中华民族受了孔子教化的洗礼虽经过了很长很长的时期，这个民族的生命好像倒并未达到成熟衰老的年龄，而享受着绵长的童年生活。

于是不免引起民族机构上绝大的一个有趣问题：倘把中华民族当做一个人种学上的实体，她所表现的特性，果真不像老年人而像童年时代，远未届达民族的成熟期乎？这一点，可以分几层说，中国在文化上是年老了，而种族的生命却是还年轻。这一个理论，现代人类学者间已有不少同持此说。葛雷菲士·泰勒（Griffith Tayler）因而把中国列入人类进化之最幼层，哈夫洛克·蔼理士（Havelock Ellis）亦指亚细亚人民为民族的近于婴孩之特性者，盖鉴于亚细亚人民犹保存由儿童淳朴天性所发生的柔顺、融和，而近于原始人民的本质，尚未达于特性的发展期。故"延长之童年"，似较为适宜之名词，若施以"幼稚性""停止发展""沉滞性"等名称，则易滋误解。

中国的文化沉滞是一个人仅观察外表而不明了内在生活所发生的错误概念。你只消想想近代中国瓷器的发达，它不是像西人所想象，以为是从孔子时代就发展而遗传下来的，却直至第十世纪，这种工艺才始萌芽，随后缓缓进步，迨十七世纪康熙乾隆年间，始达到完美之境地，这一个时期，离吾人不远，宛似犹在目前。漆器、印刷、绘画之进步，亦殊迟缓，但每一朝代，总能推进一步。大名鼎鼎的中国作风之绘画，产生迄今，亦未满千年，这是中国旧文化的晚近时期。在文学方面，你也只消看散文诗和奇情小说的发达之晚——《水浒传》与《西游记》应认作散文诗及奇情小说——它们的完成期，应在十四世纪后，距离孔子、老子之生卒年代几及两千年。

很可怪，中国古代未有散文诗，或许它们是遭了厄劫而散失了，竟未剩留一丝痕迹到现代。纪事诗至汉代始出现，且产品不多。戏曲发达于元代，时已十一世纪。幻想小说如《西游记》出于同时，那时中国人的理想受了佛教思想的刺激，像这样的小说，仅至第九世纪始行萌芽，发达成熟，犹为十四五世纪（明代）事。清初为小说发达之最盛时期，《红楼梦》即于此时出世，此书堪与《克拉丽莎》（*Clarissa Harlowe*）相匹敌，而适又为同时期的产品。假令中国文化生命在孔子后数世纪便繁荣而萎谢，如希腊天才之命运，则所能遗留给吾人者，恐只少量之德行格言及民间歌谣而已，安复有伟大的绘画、小说、建筑以光耀此世界的艺坛？这样的史实，闻之一若吾人所盼望者，不是像希腊与罗马之文化，在他们的年轻的黄金时代，发育成熟而达全盛期；而盼望民族的童年时代之延长，历数千年而后达于全盛期，那时或仍兴奋着以期精神上之进步。

第二章
中国人之德行

一 圆熟

德行"Character"是一个纯粹英国典型的词,除了英国以外,在他们的教育和人格的理想上把"德行"看得像中国那样着重之国家恐怕是很少很少。中国人的整个心灵好像被它所控占着,致使他们的全部哲学,直无暇以计及其他。全然避免离世绝俗的思想,不卷入宗教的夸耀的宣传,这种封建德行的中心理想,经由文学、戏剧、谚语势力的传导,穿透到最下层的农夫,使他有一种可凭借以资遵奉的人生哲理。不过英语 Character 一词,尚表现有力量、勇气、癖性的意义,有时更指当愤怒失望之际所现的抑郁;而中国文中的"德行"一语,使吾人浮现出一个性情温和而圆熟的人物的印象,他处于任何环境,能保持一颗镇定的心,清楚地了解自己，亦清楚地了解别人。

宋代理学家深信"心"具有控制感情的优越势力，并自负地断言，人苟能发明自己的本心并洞悉人生，则常能克胜不利之环境。《大学》为孔教的入门书籍，中国学童初入学，常自读此书始，它把"大学之道"定义为"在明明德"这样的意义，殆不可用英语来解释，只可以说是知识的培育发展而达于智慧的领悟。人生和人类天性的圆熟的领悟，常为中国德行的理想；而从这个领悟，又抽绎出其他美质，如和平、知足、镇静、忍耐这四种美质即所以显明中国人德行之特征。德行的力量实际即为心的力量，孔门学者作如是说：当一个人经过智育的训练而养成上述的德行，则吾们说，他的"德行"已经发育了。

往往此等德行的修进，得力于孔教的宿命论。宿命论乃和平与知足之源泉，适反乎一般所能置信者。一位美丽而有才干的姑娘，或欲反对不适合之婚姻，但倘值一个偶然的环境使她与未婚夫婿不期而遇，则可使她信以为这是天意欲牵合此一对配偶，她马上可以领悟她的命运而成为乐观知足之妻子，因为她的心目中，丈夫是命中注定的冤家，而中国有句俗语，叫做"前世的冤家，狭路相逢"。有了这样的理解，他们会相亲相爱，又时时会吵吵闹闹，扭作一团，打个不休，所谓欢喜冤家。因为他们相信顶上三尺有神明，而这神明却监临下界，有意使他们免不掉此等吵吵闹闹玩把戏。

吾们倘把中华民族加以检讨，而描绘出他们的民族德行，则可以举出下列种种特征：（一）为稳健；（二）为淳朴；（三）为爱好自然；（四）为忍耐；（五）为无可无不可；（六）为老猾俏皮；（七）为生殖力高；（八）为勤勉；（九）为俭约；（十）为爱好家庭生活；（十一）为和平；（十二）为知足；（十三）为幽默；（十四）为保守；并（十五）为好色。大体上，此等品性为任何民族都可能有的单纯而重要的品性。而上述所谓德行中之几项，实际乃为一种恶行,而非美德,另几项则为中性品质,它们是中华民族之弱点,同时亦为生存之力量。心智上稳健过当,常挫弱理想之力而减损幸福的发皇;和平可以转化为懦怯的恶行;忍耐也可以变成容纳罪恶的病态之宽容;保守主义有时可成为迟钝怠惰之别名,而多产对于民族为美德,对于个人则为缺点。

但上述一切性质都可以统括起来包容于"圆熟"一个名词里头。而此等品性是消极的品性,它们显露出一种静止而消极的力量,非是年轻的活跃与罗曼史的力量。它们所显露的文化品性好像是含有以支持力和容忍力为基础之特质,而没有进取和争胜精神的特质。因为这种文化,使每个人能在任何环境下觅取和平,当一个人富有妥协精神而自足于和平状态,他不会明了年轻人的热情于进取与革新具有何等意义。一个老大民族的古老文化,才知道人生的真价值,而不复虚劳以争取不可达到之目的。中国人把心的地位看得太高,致剥削了自己的希望与进取欲。他们无形中又有一条普遍的定律:幸福是不可以强求的,因是放弃了这个企望。中国常用语中有云"退一步着想",故从无盲进的态度。

所谓圆熟,是一种特殊环境的产物。实际任何民族特性都有一有机的共通性,其性质可视其周围的社会、政治状况而不同,盖此共通性即为各个民族所特有的社会政治园地所培育而发荣者也。故"圆熟"之不期而然出产于中国之环境,一如各种不同品种的梨出产于其特殊适宜的土地。也有生长于美国的中国人,长大于完全不同的环境,他们就完全不具普通中国人之特性;他们的单纯的古怪鼻音,他们的粗率而有力的言语,可以冲散一个教职员会议。他们缺乏东方人所特具之优点:柔和的圆熟性。中国的大学生比之同年龄的美国青年来得成熟老成,因为初进美国大学一年级的中国青年,已不甚高兴玩足球、驾汽车了。他老早另有了别种成年人的嗜好和兴趣,大多数且已结过了婚，他们有了爱妻和家庭牵挂着他们的心，还有父母劳他们怀念，或许还要帮助几个堂兄弟求学。负担，使得人庄重严肃，而民族文化的传统观念亦足使他们的思想趋于稳健，早于生理上自然发展的过程。

但是中国人的圆熟非自书本中得来，而出自社会环境，这个社会见了少年人的盛气热情，会笑出鼻涕。中国人有一种轻视少年热情的根性，也轻视改革社会的新企图。他们讥笑少年的躁进，讥笑"天下无难事"之自信，所以中国青年老是被教导在长者面前缩嘴闭口，不许放肆。中国青年很快地理会这个道理，因此他们不肯憨头憨脑，硬撑革新社会的计划，反而附从讥评，指出种种可能的困难，不利于任何新的尝试。如此，他踏进了成熟的社会。于是留学生自欧美回国了，有的煊煊赫赫地制造牙膏，叫做"实业救国"；或则翻译几首美国小诗，叫做"介绍西洋文化"。又因他们须担负大家庭生活，又要帮助堂兄弟辈寻觅位置，假使他任职教育界，势不能常坐冷板凳，必须想个方法巴求飞黄腾达，譬如说做个大学校长，这才不失为家庭的好分子。这样向上攀爬的过程，给了他一些生命和人性上不可磨灭的教训。假使他忽略了这种种经验，仍保持其年轻热血的态度，到了三十岁还兴奋地主张改进革新，那他倘不是彻底的呆子，便是捣乱分子。

二　忍耐

让我先来谈谈三大恶劣而重要的德行：忍耐，无可无不可，老猾俏皮。它们是怎样产生的？吾相信这是文化与环境的结果。所以它们必是中国人心理状态的一部分。它们存在迄于今日，因为我们生存于数千年特性的文化与社会的势力下。若此等势力除去，其品性亦必相当的衰微或消灭，为天然之结论。忍耐的特性为民族谋适合环境之结果，那里人口稠密，经济压迫使人民无盘旋之余地，尤其是，家族制度的结果，家庭乃为中国社会之雏形。无可无不可之品性，大部分缘于个人自由缺乏法律保障，而法律复无宪法之监督与保证。老猾俏皮导源于道家之人生观——老猾俏皮这个名词，恐犹未足以尽显这种品性的玄妙的内容，但亦缺乏更适当的字眼来形容它。当然，上述三种品性皆导源于同一环境，其每一品性列举一原因者，乃为使眉目较为清楚耳。

忍耐为中国人民之一大美德，无人能猜想及有受批驳之虞。实际上它所应受批驳的方面，直可视为恶行。中国人民曾忍受暴君、虐政、无政府种种惨痛，远过于西方人所能忍受者，且颇有视此等痛苦为自然法则之意，即中国人所谓天意也。四川省一部分，赋税预征已达三十年之久，人民除了暗中诅咒，未见有任何有力之反抗。若以基督徒的忍耐与中国人作一比较，不啻唐突了中国人，中国人之忍耐，盖世无双，恰如中国的景泰蓝瓷器之独步全球。周游世界之游历家，不妨带一些中国的"忍耐"回去，恰如他们带景泰蓝一般，因为真正的个性是不可模拟的。吾们的顺从暴君之横征暴敛，有如小鱼之游入大鱼之口，或许吾们的忍苦量虽假使小一些，吾们的灾苦倒会少一些，也未可知。可是此等容忍磨折的度量今被以"忍耐"的美名，而孔氏伦理学又谆谆以容忍为基本美德而教诲之，奈何奈何。吾不是说忍耐不能算是中国人民之一大德行。基督说："可祝福哉，温良谦恭，惟是乃能承受此世界。"吾不敢深信此言。中国真以忍耐德行承受此半洲土地而守有之乎？中国固把忍耐看做崇高的德行，吾们有句俗语说："小不忍则乱大谋。"由是观之，忍耐是有目的的。

训练此种德行的最好学校，是一个大家庭，那儿有一大群媳妇舅子、妹夫姐夫、老子和儿子，朝夕服习这种德行，竭力互相容耐，在大家庭中，即掩闼密谈，亦未免有忤逆之嫌，故绝无个人回旋之余地。人人从实际的需要以及父母的教训自幼受了训练使互相容忍，俾适合于人类的相互关系。深刻而徐进的日常渐渍之影响于个性是不可忽视的。

唐代宰相张公艺以九代同居为世所艳羡。十月，唐高宗东封泰山，临幸其居，问其所以能维持和睦之理，公艺索一纸一笔，书"忍"字百余为对，天子为流涕，赐缣帛而去。中国人非但不以此为家族制度之悲郁的注解，反世世羡慕张公之福，而"百忍"这句成语，化成通俗的格言，常书写于朱红笺以为旧历元旦之门联。只要家族制度存在，只要社会建立于这样的基础上，即人不是一个独立的个体，但以一个分子的身份生活于和谐的社会关系中，那很容易明了忍耐何以须视为最高德行，而不可免地培育于这个社会制度里头。因为在这样的社会里头，"忍耐"自有其存在之理由。

三　无可无不可

中国人的忍耐虽属举世无双，可是他的"无可无不可"，享盛名尤为久远。这种品性，吾深信又是产生于社会环境。下面有一个对照的例子，故事虽非曲折，却是意味深长，堪为思维。吾人且试读英国文学里汤姆·布朗（Tom Brown）母亲的临终遗训："仰昂你的头颅，爽爽直直回答人家的问话。"再把中国母亲的传统的遗嘱来作一对比，她们总是千叮万嘱地告诫儿子："少管闲事，切莫干预公众的事情。"她们为什么这样叮咛，就因为生存于这一个社会里，那儿个人的一些权利没有法律的保障，只有模棱两可的冷淡消极态度最为稳妥而安全，这就是它的动人之处，此中微妙之旨固非西方人之所易于理会。

据吾想来，这种无可无不可态度不会是人民的天生德行，而是我国文化上的一种奇异产物，是吾们旧世界的智慧在特殊环境下熟筹审虑所磨炼出来的。滕尼（Taine）说过："罪恶和美德为如糖与硫酸之产物。"使非采取这种绝对的见解，你不难同意于一般的说法，谓任何德行，如容易被认为有益的，则容易动人而流行于社会，亦容易被人接受为生命之一部分。

中国人之视无可无不可态度犹之英国人之视洋伞，因为政治上的风云，对于一个人过于冒险独进，其险恶之征兆常似可以预知的。换句话说，冷淡之在中国，具有显明的"适生价值"。中国青年具有公众精神不亚于欧美青年，而中国青年之热心欲参与公共事业之愿望亦如其他各国之青年，但一到了二十五至三十岁之间，他们都变得聪明而习于冷淡了。（吾们说："学乖了。"）中国有句俗话说："各人自扫门前雪，莫管他家瓦上霜。"冷淡之品性，实有助于圆熟的教育。有的由于天生的智质而学乖了，有的因干预外事而惹了祸，吃了一两次亏而学乖了。一般老年人都轻松自在不管闲事，左右逢源，因为"老滑头"都认识它在社会上的益处，那种社会，个人权利没有保障；那种社会，因管了闲事而惹一次祸就太不兴致。

无可无不可所具的"适生价值"，是以含存于个人权利缺乏保障而干预公共事务或称为"管闲事"者太热心，即易惹祸之事实。当邵飘萍和林白水——吾们的二位最有胆略之新闻记者——一九二六年被满洲军阀枪毙于北平，曾未经一次审讯，其他的新闻记者自然马上学会了无可无不可之哲理而变成乖巧了。中国最成功的几位新闻记者所以便是几位自己没有主张的人。像中国一般文人绅士，又像欧美外交家，他们方自夸毫无成见。不论对于一般的人生问题或当前轰动的问题，他们都没有成见。他们还能干什么呢？当个人权利有保障，人就可变成关心公益的人。而人之所以兢兢自危者，实为诽谤罪之滥施。

当此等权利无保障，吾们自存的本能告诉我们，不管闲事是个人自由最好的保障。

易辞以言之，无可无不可本非高尚之德行，而为一种社交的态度，由于缺乏法律保障而感到其必要，那是一种自卫的方式，其发展之过程与作用，无以异于王八蛋之发展其甲壳。中国出了名的无情愫之凝视，仅仅不过是一种自卫的凝视，得自充分之教养与自我训练，吾们再举一例证，则此说尤明。盖中国之盗贼及土匪，他们不需依赖法律的保障，故遂不具此种冷淡消极之品性而成为中国人心目中最侠义、最关心社会公众的人。中国文中侠义二字几不可区别地与盗匪并行；《水浒传》一书，可为代表。叙述草莽英雄之小说，在中国极为风行，盖一般人民乐于阅读此等英雄豪杰的身世及其行事，所以寄其不平之气焉。埃莉诺·格林（Elinor Glyn）之所以风行，其缘由亦在乎此，盖美国实存有无数之老处女在焉。强有力之人所以多半关心公众社会，因为他力足以任此，而构成社会最弱一环之大众懦弱者流，多半消极而冷淡，盖彼等须先谋保护自身也。

观之历史，则魏晋之史绩尤足为此说之证明，彼时知识阶级对国事漠不关心，意气至为消沉，乃不旋踵而国势衰微，北部中国遂沦陷于胡族。盖魏晋之世，文人学士间流行一种风气，纵酒狂醉，抱膝清谈，又复迷信道家神仙之说，而追求不死之药。这个时代，自周汉以后，可谓中华民族在政治上最低劣的时代，代表民族腐化过程中之末端，浸渐而演成历史上第一次受异族统治之惨祸。此种清静淡漠之崇拜，是否出于当时人之天性，假若不是，则何由而产生演变以成。历史所予吾人之解答，极为清楚而确凿。

直至汉代以前，中国学者的态度并不冷淡而消极，反之，政治批评在后汉盛极一时，儒生领袖与所谓大学生达三千人，常争议当时政弊，讦扬幽昧，胆敢攻击皇族宦官，甚至涉及天子本身，无所忌讳。

只因为缺乏宪法之保障，此种运动卒被宦官整个禁压而结束。当时学士二三百人连同家族，整批地被处死刑或监禁，无一幸免。这桩案件发生于一六六年至一六六九年，为历史上有名之党锢，且刑狱株连甚广，规模宏大，办理彻底，致使全部运动为之夭折，其所遗留之恶劣影响，直隔了百年之后，始为发觉。盖即发生一种反动的风尚而有冷淡清静之崇拜。与之相辅而起者，为酒狂，为追逐女人，为诗，为道家神学。有几位学者遁入山林，自筑泥屋，不设门户，饮食辟一窗口而授入，如此以迄于死。或则伴作樵夫，有事则长啸以招其亲友。

于是继之又有竹林七贤之产生，此所谓竹林七贤，均属浪漫诗人。如刘伶者，能饮酒累月而不醉，尝乘鹿车，携一壶酒，使人荷锸而随之，曰：死便埋我。当时人民不以为忤，且称之为智达。那时所有文人，流风所披，或则极端粗野，或则极端荒淫，或则极端超俗。似另一大诗人阮咸，尝与婢女私通，一日方诣友人处宴饮，宾客满座，其妻即于此时伺隙遣此婢女去，咸闻之，索骑追踪，载与俱归，不避宾客，可谓放诞。而当时受社会欢迎的乃即是这般人。人民之欢迎他们，犹如小乌龟欢迎大乌龟之厚甲壳。

这里我们好像已经指明了政治弊病之祸，因而明了无可无不可之消极态度之由来，此冷淡之消极态度亦即受尽现代列强冷嘲热讽之"中国人无组织"之由来。这样看来，医治此种弊病的对症良药，很为简单，只要给人民的公民权利以法律之保障，可是从未有人能见及此。没有人巴望它，也没有人诚意热切地需要它。

四　老猾俏皮

不妨随便谈谈，中国人最富刺激性的品性是什么？一时找不出适当的名词，不如称之为"老猾俏皮"。这是向西方人难以导传而最奥妙无穷的一种特性，因为它直接导源于根本不同于西方的人生哲学。倘把俏皮的人生观与西方人的文明机构来作一比较，则西方的文明就显见十分粗率而未臻成熟。作一个譬方，假设一个九月的清晨，秋风稍有一些劲峭的样儿，有一位年轻小伙子，兴冲冲地跑到他的祖父那儿，一把拖着他，硬要他一同去洗海水浴，那老人家不高兴，拒绝了他的请求，那时那少年端的一气非同小可，忍不住露出诧怪的怒容，至于那老年人则仅仅愉悦地微笑一下，这一笑便是俏皮的笑。不过谁也不能说二者之间谁是对的。这一切少年性情的匆促与不安定，将招致怎样的结果呢？而一切兴奋、自信、掠夺、战争、激烈的国家主义，又将招致怎样的结果呢？一切又都是为了什么呢？对这些问题一一加以解答，也是枉费心机；强制一方面接受其他一方面的意见，也是同样徒然，因为这一切的一切，都是年龄上的问题。

俏皮者是一个人经历了许多人生的况味，变为实利的、冷淡的、腐败的行为。就其长处而言，俏皮人给你圆滑而和悦的脾气，这就是使许多老头儿能诱惑小姑娘的爱苗而嫁给他们的秘密。假使人生值得什么，那就是拿和气慈祥教了人们以一大教训。中国人之思想已体会了此中三昧，并非由于发觉了宗教上的善义，而是得自深奥广博的观察与人生无限之变迁。这个狡猾的哲学观念可由下面唐代二位诗僧的对话见其典型：

> 寒山曾问拾得："世间谤我、欺我、辱我、笑我、轻我、贱我、厌我、骗我，如何处治乎？"拾得云："只是忍他、让他、由他、避他、耐他、敬他、不要理他，再待几年，你且看他。"

此种老子的精神，以种种形式，时时流露于吾国的文、词、诗、俗语中；欲举例子，俯拾即是，如"三十六计，走为上计""乖人不吃眼前亏""退一步着想""负一子而胜全局"，都是出于同一根源的态度。此等应付人生之态度，渗透了中国思想的整个机构，人生于是充满了"再三思维"，充满了"三十六计"；顽梗的素质渐次消磨，遂达到了真实的圆熟境地，这是中国文化的特征。

就其弊病而言，俏皮——它是中国最高的智慧——限遏了思想和行动的活跃性，它捶碎了一切革新的愿望，它讥诮人类的一切努力，认为是枉费心机，使中国人失却思维与行动之能力。它用一种神妙的方法减弱一切人类的活动至仅敷充饥及其他维持生物的必需之程度。孟子是一大俏皮家，因为他宣称人类最大愿望为饮食和女人，所谓食色性也。已故大总统黎元洪也是一位大俏皮家，因为他能深切体会中国政治格言而提出了和解党争的原则，却说是"有饭大家吃"。黎总统是一位凶刻的实体论者而不自知，可是他所说的，比较他所知道的来得聪明，因为他直接说出了中国现代史上的经济背景。拿经济的眼光来解释历史，在中国由来已久，亦犹如左拉（Enile Zola）学派之拿生物学来解释人生。在左拉，这是知识的嗜好，而在中国是民族的自觉。实体论者之于中国，非学而能，乃生而能者。黎元洪从未以脑动作研究专家著称，但是他因为是中国人，知道一切政治问题无非是饭碗问题；因为是个中国人，他给中国政治下了一精深的解释。

此冷淡而又实利的态度，基于极为巧妙的人生观，这种人生观只有耆艾的老人和耆艾的民族始能体会其中三昧，不满三十岁的年轻人还不够了解它，所以欧美的年轻民族也还不够了解它。故《道德经》著者老子之所以名为老子，似非偶然。有些人说，任何人一过了四十岁，便成坏坯子，无论怎样，吾们年纪越大，越不要脸，那是无可否认的。二十岁左右的小姑娘，不大会为了金钱目的而嫁人，四十岁的女人，不大会不为金钱目的而嫁人——她们或许称之为稳当。希腊神话中讲过这么一个故事，不能谓为想入非非。故事讲年轻的伊加拉斯因为飞得太高，直让蜡质的翅翼都融化了，致扑落跌入海洋了。至于那老头儿谭达拉斯则低低地飞着，安安稳稳飞到了家中。当一个人年纪长大了，他发展了低飞的天才，而他的理想又糅合之以冷静的慎重的常识，加之以大洋钿之渴念，实利主义因是为老头儿之特性，而理想主义则为青年人之特性。过了四十岁，他还不能成为坏坯子，那倘不是心脏萎弱者，便该是天生才子。才子阶级中便多有"大孩子"，像托尔斯泰、史蒂芬孙、巴莱，这些人具有天性的孩子脾气，孩子脾气合以人生经验，使他们维持永久的年轻，我们称之为"不朽"。

这一切的一切，彻底说一说，还是纯粹的道家哲学，无论在理论上或实际方面；因为世界上收集一切人生的俏皮哲学者，没有第二部像那短短的《道德经》那样精深的著作。道家哲学在理论上和实际上即为一种俏皮圆滑的冷淡，是一种深奥而腐败的怀疑主义。它是在讥讽人类冲突争夺的枉费心机，以及一切制度、法律、政府、婚姻之失败的嘲笑，加以少许对于理想主义之不信心；此不信心之由来，与其谓由于缺乏毅力，毋宁说由于缺乏信任心，它是一种与孔子实验主义相对立的哲学，同时亦为所以补救孔教社会之缺点的工具。因为孔子之对待人生的眼光是积极的，而道学家的眼光则是消极的，由于这两种根本不同的元素的煅冶，产生一种永生不灭的所谓中国民族德行。

因是当顺利发皇的时候，中国人人都是孔子主义者；失败的时候，人人都是道教主义者。孔子主义者在吾们之间努力建设而勤劳，道教主义者则袖手旁观而微笑。职是之故，当中国文人在位则讲究德行，闲居则遣情吟咏，所作固多为道家思想之诗赋。这告诉你为什么许多中国文人多写诗，又为什么大半文人专集所收材料最多的是诗。

因为道家思想有如吗啡，含有神秘的麻痹作用，所以能令人感觉异样的舒快。它治疗了中国人的头痛和心痛毛病。它的浪漫思想，诗意，崇拜天然，际乱世之秋，宽解了不少中国人的性灵，恰如孔子学说之著功盛平之世。这样，当肉体受痛苦的时候，道教替中国人的灵魂准备了一条安全的退路和一服止痛剂。单单道家思想的诗，已能使孔教典型的严肃的人生稍为可忍受一些了；而它的浪漫思想又救济了中国文学之陷于歌颂圣德，道学说教之无意义的堆砌。一切优美的中国文学，稍有价值为可读的，能舒快地愉悦人类的心灵的都深染着这种道家精神。道家精神和孔子精神是中国思想的阴阳两极，中国的民族生命所赖以活动。

中国人民出于天性地接近老庄思想甚于教育之接近孔子思想。吾们忝属人民一分子，人民之伟大，具有天赋人权，故吾人基于本质的公正概念，足以起草法典，亦足以不信任律师与法庭。百分之九十五的法律纠纷固在法庭以外所解决。人民之伟大，又足以制定精细之典礼，但也足以看待它作为人生一大玩笑，中国丧葬中的盛宴和余兴就近乎此类。人民之伟大，又足以斥责恶行，但亦足以见怪不怪。人民又伟大足以发动不断之革命，但亦足以妥协而恢复旧有之政制。人民又足以细订弹劾官吏的完备制度、交通规则、公民服役条例、图书馆阅览章程，但又足以破坏一切章程制度条例，可以视若无睹，可以欺瞒玩忽，并可以摆出超越的架子。吾们并非在大学校中教授青年以政治科学，示之以理想的行政管理，却以日常的实例示以县政府、省政府、中央政府，实际上怎样干法。不切实的理想于吾人无所用之，因为吾们不耐烦空想的神学。吾们不教导青年使成为上帝子孙，但使他们以言行模拟圣贤而为正常现世的人物。这是我为什么确信中国人本质上是"唯人主义者"，基督教必须失败于中国，非然者，它必先大大地变更其内容。基督教教训中所能被中国人所诚信接受之一部分，将为基督训诫之如下述者：要"慈和如鸽""机敏如蛇"。此两种德行，如鸽之仁慈与如蛇之智慧，是俏皮的两大属性。

简言之，吾们固承认人类努力之必需，但亦需容忍它的虚枉。这一个普通心理上的状态，势必有一种倾向，发展被动的自卫的智力。"大事化小事，小事化无事。"在这一个基本原则下，一切中国人之争论都草草了事，一切计划纲领大事修改，一切革命方案大打折扣，直至和平而大家有饭吃。吾们有句俗语说"多一事不如省一事"，它的意思等于"勿生事""莫惹睡狗"。

人的生活像是蠕动于奋斗力极弱、抵抗力极微的生活线上，并由此而生出一种静态的心理，庶使人堪以容忍侮辱而与宇宙相调和。它也能够发展一种抵抗的机谋，它的性质或许比较侵略更为可怕。譬如一个人走进饭店，饥肠辘辘，可是饭菜久待不至，不免饿火中烧，此时势必屡屡向堂倌催促，倘使堂倌粗鲁无礼，可以诉之于账房间以谋出气；但倘令堂倌回答得十分客气，连喊"来哉来哉"以应，而身体并不弹动一步，则一无办法，只有默祷上帝，或骂他一两声还须出以较为文雅之口吻。像这样的情形，总之，就是中国人的消极力量，这种力量谁领教得最多，谁就最佩服它，这是老猾俏皮的力量。

五　和平

前面吾们讲过了三种恶劣的德行，它们麻痹了中国人的组织力量。此等德行出于一般的人生观，亦机敏，亦圆熟，尤卓越于能容忍的冷酷。不过这样的人生观，很明显不是没有它的美德的价值的，这种美德是老年人的美德，这老年人并不是怀着野心热望以求称霸于世界的人物，而仅仅是目睹了许多人生变故的一个人，他对于人生并无多大希望，不问此人生之辛甜苦辣，他总是乐于容受，他抱定一种宗旨，在一个人的命运所赋予的范围以内必须快快活活地过此一生。

中华民族盖老于世故，他们的生活，没有夸妄，不像基督徒自称"为牺牲而生存"，也不像一般西方预言家之找求乌托邦。他们只想安宁这个现世的生命，生命是充满着痛苦与忧愁的，他们知之甚稔；他们和和顺顺工作着，宽宏大度忍耐着，俾得快快活活的生活。至于西方所珍重的美德、自尊心、大志、革新欲、公众精神、进取意识和英雄之勇气，中国人是缺乏的。他们不欢喜攀爬博朗山或探险北极；却至感兴趣于这个寻常平凡的世界，盖他们具有无限之忍耐力，不辞辛苦的勤勉与责任心，慎重的理性，愉快的精神，宽宏的气度，和平的性情，此等无与伦比之本能，专以适合于艰难的环境中寻求幸福，吾们称之为知足——这是一种特殊的品性，其作用可使平庸的生活有愉快之感。

观之现代欧洲之景象，吾们有时觉得她所感受于繁荣不足之烦恼，不如感受于圆熟智慧不足之甚。有时觉得欧洲总有一天会逢到急剧少壮性与知识繁荣发达过甚之弊，科学进步倘再过一世纪，世界愈趋愈接近，欧洲人将想到学取对于人生和人与人相互间比较容忍的态度，俾不致同归于尽。他们或许宁愿减少一些煊赫气焰而增加一分老成的气度。我相信态度之变迁，不缘于灿烂之学理，而缘于自存之本能而实现。至此，欧美方面或许会减弱其固执之自信心，而增高其容忍。因为世界既已紧密地联系起来，就免不了相互的容忍，故西方人营营不息的进取欲将为之稍减，而了解人生之企望将渐增。骑了青牛行出函谷关的老子之论行将扩传益广。

从中国人之观点观之，和平非为怎样高贵而应崇拜的德行，不过很为可取，仅因其为"习惯上共通的理性"，大家以为然，如是而已。假使这一个现世的生命是吾们一切所有的生命，那么吾们倘要想快快乐乐地过活，只有大家和平一些。从这一个见解，则欧美人的固执己见与不安定的精神，只可视为少壮的粗汉之象征，如是而已。中国人浸渍于东方哲学观念中，已能看透；这种不成熟性在欧洲的最近之将来是终究会消灭的。因为万分狡黠的道家哲学，或许叫你诧异，却处处浮现出"容忍"这个词语。"容忍"是中国文化的最大品性，也将成为现代世界文化的最大品性，当这现代文化生长成熟了以后，要磨炼容忍这种功夫，你需要一些道家典型的阴郁和轻世傲俗之气概。真正轻世傲俗的人是世界上最仁慈的人，因为他看透了人生的空虚，由于这个"空虚"的认识，产生了一种混同宇宙的悲悯。

和平，亦即为一种人类的卓越的认识。若使一个人能稍知轻世傲俗，他的倾向战争的兴趣必随之而减低，这就是一切理性人类都是懦夫的原因。中国人是全世界最低能的战士，因为他们是理性的民族。她的教育背景是道家的出世思想糅合以孔教的积极鼓励，养成一种和谐的人生理想。他们不嗜战争，因为他们是人类中最有教养、最能自爱的民族。一个寻常中国儿童能知一般欧洲白发政治家所未知之事，这事便是：战争的结果会使人丧其生命或残断其肢体，不问为一国家抑为个人。中国人双方起了争论，很容易促起此种自觉。此种揅酌的哲学诱导他们缓于争论而速于妥协。此种圆熟、老猾俏皮的哲学，教导中国人以忍耐，临困乱骚动之际则出之以消极的抵抗；更警戒以勿夸张一时之胜利。中国有一种流行的谦约箴，常说："财钱不可用罄，福分不可享尽。"独断过甚或利用个人之地位过甚，俗称为"锋芒太露"，此常被视为粗鄙之行为而为颠覆之预兆。英国有句通行俗语，为一般所信守的，叫做"勿打跌倒之人"，盖出于尊重"堂堂正正之竞争"的心理。而中国与此相近的谚语却说"勿逼人太过"，乃纯粹为修养关系，吾们叫它"涵养功夫"，是中国人之文化更进一步。

是以照中国人之眼光看来，《凡尔赛和约》不仅不公平，而且是粗野，缺乏涵养功夫。假令法国人在战胜之日，染渍一些道家精神，也就不会硬订《凡尔赛和约》，到今天，她的脑袋也可以稍稍安枕了。

可是法兰西还是少壮，德国当然也要同样干，没有一方面觉悟双方都是愚拙的，而大家想永远把对方镇压在铁蹄之下。只因克雷孟梭（Clemencean）没有读过《道德经》，希特勒亦然，致令两方斗争不息，而老庄之徒，袖手作壁上观，莞尔而笑。

中国人的和平性情大部分亦为脾气关系，兼有人类谅解的意义。中国小孩子在街道中殴斗的事情，远较欧美孩子为少。厾为人民，吾们成年人也终鲜争斗，少于吾们应有之程度，虽然吾们尚有不息的内战。把美国人置于同此弊政之下，在过去二十年中，至少要发生三十次革命，不是三次。爱尔兰现在很平静，因为爱尔兰曾经艰苦奋斗，吾们目前还在继续奋斗，因为吾们还没有奋斗得够艰苦。

中国的内战实在也够不上战争这个名词的真意义，内战从未有任何价值。国民征兵之义务向非所知，兵士挺身于战场者是那些穷苦饥寒的人民，没有其他糊口的方法，这样的兵士从不感兴奋于作战。而军阀则对战争兴高采烈。因为他们不致亲临战场，历次较大内战总是大洋钿操了胜算，尽管让胜利的大帅在巨炮隆隆声中威风凛凛地凯旋，内幕还不是托了大洋钿的福不成。大帅凯旋时的隆隆炮声乃是一种表示战争的声浪，不失为历来一贯的典型，因为中国私人间的争吵或军阀内战，都是让声浪构成战争的元素。人们不大容易在中国目睹战争，只可耳闻战争，如是而已。著者曾耳闻过两次这样的战争，一次在北京，一次在厦门，对于耳官，那是满足了。通常优势的军队常威吓退了劣势军队，而在欧美可以延续长期的战争，在中国只消一个月就可以结束了。失败了的军阀，根据中国祖传的公平待遇之理想，让他拿十万大洋钿旅费作一次考察实业的欧游，盖战胜者洞悉天道循环之三昧，下一次内战或许尚有借重他的长才的地方，果然，下一次来一个转局，十之八九你可以瞧见上次战胜者和上次逃亡的军阀共坐一车如同盟兄盟弟。这是中国人涵养功夫的"妙"处，当此际，人民实实在在一无干系。他们痛恨战争，永远地痛恨战争，好百姓从来不在中国战争。

六　知足

到了中国的游历家，尤其是那些任性深入的游历家，他们闯进了外人踪迹罕至的内地，无不大吃一惊。那里的农民群众生活程度如此之低，却人人埋头苦干，他们盖兴奋而知足。就像在大饥荒的省份，如陕西，此种知足精神，普遍地广播遐迩，除了极少数的例外；而且陕西的农民也还有能莞尔而笑的。

现在有许多为局外人认为中国人民之痛苦者乃系衡以邪僻的欧美生活标准之故耳。若欲处处衡以欧美生活标准，殊无人能感受幸福，除非少数阶级能住居于高级的大公寓而自备一架无线电收音机者。这个标准假使是正当，那么一八五〇年以前就未尝有幸福之人，而美国之幸福人必尤多于巴威（Bavaria），因为巴威地方很少回转轻便的理发椅，当然更少电线和电铃。但在中国的乡村里头，这些设备可更少，虽然在极端欧化的上海，那些老式理发椅已经绝迹。其实这极老式理发椅才是货真价实的椅子，而这些老式椅子你倒可仍在伦敦的Kingsway（国王道）和巴黎的Mrtroartre发现。照著者想来，一个人要坐还是坐一把名副其实的椅子，要睡还是睡在名副其实的床上（而不是白昼应用的沙发），这才觉得幸福些。一种生活标准，倘使拿每天使用机械设备的次数来测量一个人的文明程度的那种标准，一定是不可靠的标准。故许多所谓中国人知足之神秘，乃出自西方人之幻觉耳。

然无论如何，倘把中国人和西洋人分门别类，一阶级归一阶级，处之同一环境下，则中国人或许总是比西方人来得知足，那是不错的。此种愉快而知足的精神流露于知识阶级，也流露于非知识阶级，因为这是中国传统思想的渗透结果。可以到北平去看看干活带劲儿而多闲话的洋车夫，他们一路开着玩笑，最好让同伴翻个筋斗，好叫他笑个痛快。或则可以上牯岭去看看气喘喘汗流浃背抬你上山的轿夫；或则可以到四川去看看挽航船逆急流而上行的拉纤夫，他所能获得以维持每天生活的微薄报酬，仅足敷一天两顿菲薄而满意的苦饭。照中国知足原理上的见解，倘能够吃一顿菲薄而安逸的苦饭，吃了下肚不致担什么心事，便是大大运气。中国有位学者说过："人生但须果腹耳，此外尽属奢靡。"

知足又为"慈祥""和气"的代名词，此等字眼到了旧历新年，大家用朱红笺写在通行的门联里，这是一半为谦和的箴训，一半为人类智慧，明代学者即以此意劝人"惜福"。老子有句格言，现已成为普遍口头禅，叫做"知足不辱，知止不殆"。在文学里头，这个意识常转化而为田园思想，为乐天主义，吾人可于诗及私人书翰中常遇此等情绪。著者暇时尝于明人尺牍选集中拣出陆深致其友人书一篇，颇足以代表此等情绪：

> 晚将有佳月，别具画舫，载鼓吹同泛何如？昨致湖石数株，西堂添却一倍磊块新凉，能过我信宿留乎？兼制隐居冠服，待旦夕间命下，便作山中无事老人矣！

此种情绪当其渗入流行的学者思想，使他们安居茅舍之中而乐天知命。

人类的幸福是脆弱的物体，因为"神"老是嫉妒人类的幸福。幸福问题因而是人生不可捉摸的问题。人类对于一切文化与物质进步虽尽了全力，幸福问题毕竟值得人类一切智慧的最大关心以谋解决。中国人竭尽了他们的常识，下过最大毅力以谋求此幸福。好像功利主义之信徒，他们常热心于幸福问题，胜于物质进步问题。

罗素夫人曾聪慧地指出："快乐的权利"在西方是一个被遗忘了的权利，从前到现在，一向未有人注意及之；西方人的心灵常被次等的权利观念所支配着，他们注意于国家预算的表决权、宣战投票权和被逮捕时应受审讯的私权。可是中国人从未想到逮捕时应受审讯的权利，而一意关心着快乐的幸福，这快乐不是贫穷也不是屈辱所能剥夺他们的。欧美人的处理幸福问题常取积极的态度，而中国人常取消极的态度，所以幸福问题最后可以收缩为个人的欲望问题。

可是一讲到欲望问题，吾人就感觉到茫无头绪，吾们真正所需的是什么呢？为了这个缘故，第欧根尼（Diogenes）的故事常令吾人发笑，同时也着实又羡又妒，因为他宣称他是一个快活人，原因是他没有任何欲望。当他见了一个小孩子双手捧水而饮，索性把自己的饭碗也摔掉。现代的人们，常觉得自己困扰于许多难题中，而大部分与他的人生有密切之关系。他一方面羡慕第欧根尼的逃禅的理想，同时又舍不得错过一场好戏或一部轰动的影片的机会，这就是吾们所谓的摩登人物之不安顿的心情。

中国人借知足哲学消极地企求快乐，但其逃禅的程度尚未达到第欧根尼之深，因为中国人任何事情从未想深进，中国人与第欧根尼不同之点，即中国人到底还有一些欲望，还需要一些东西。不过他所欲望的只是足令他快乐的东西，而要是无法达到目的，则亦并无坚持之意。譬如他至少需要两件清洁的衬衫，但倘是真正穷得无法可想，则一件也就够了。他又需要看看名伶演剧，将借此尽情地享乐一下，但倘令他必须离开剧场，不得享乐，则亦不衷心戚戚。他希望居屋的附近有几棵大树，但倘令是地位狭仄，则天井里种一株枣树也就够他欣赏。他希望有许多小孩子和一位太太，这位太太要能够替他弄几色配胃口的菜肴才好，假使他有钱的话，那还得雇一名上好厨子，加上一个美貌的使女,穿一条绯红色的薄裤,当他读书或挥毫作画的时候,焚香随侍;他希望得几个要好朋友和一个女人,这个女人要善解人意,最好就是他的太太,非然者,弄一个妓女也行,但倘是他的命宫中没有注定这一笔艳福,则也不衷心戚戚。他需要一顿饱餐,薄粥汤和咸萝卜干在中国倒也不贵,他又想弄一甏上好老酒,米酒往往是家常自酿了的,不然,几枚铜元也可以到汾酒铺去沽他妈的一大碗了;他又想过过闲暇的生活,而闲暇时间在中国也不稀罕,他将愉悦如小鸟,若他能:

因过竹院逢僧话,
偷得浮生半日闲。

倘使无福享受怡情悦性的花园,则他需要一间门虽设而常开的茅屋,位于群山之中,小川纡曲萦绕屋前,或则位于溪谷之间,晌午已过,可以拽杖闲游河岸之上,静观群鹅捕鱼之乐;但倘令无此清福而必须住居市尘之内,则也不致衷心戚戚,因为他至少总可得养一只笼中鸟,种几株盆景花,和一颗天上的明月,明月固人人可得而有之者也。故宋代诗人苏东坡就为了明月写了一篇美丽小巧的短文,叫做《记承天寺夜游》:

元丰六年十月十二日夜,解衣欲睡,月色入户,欣然起行;念无与为乐者,遂至承天寺寻张怀民,怀民亦未寝,相与步于中庭,庭下如积水空明,水中藻荇交横,盖竹柏影也。何夜无月,何处无竹柏,但少闲人如吾两人耳。

一个强烈的决心,以摄取人生至善至美;一股殷热的欲望,以享乐一身之所有，但倘令命该无福可享，则亦不怨天尤人。这是中国人"知足"的精义。

七　幽默

幽默者是心境之一状态，更进一步，即为一种人生观的观点，一种应付人生的方法。无论何时，当一个民族在发展的过程中生产丰富之智慧足以表露其理想时则开放其幽默之鲜葩，因为幽默没有旁的内容，只是智慧之刀的一晃。历史上任何时期，当人类智力能领悟自身之空虚、渺小、愚拙、矛盾时，就有一个大幽默家出世，像中国之庄子，波斯之欧玛尔·海亚姆（Omar Khayyam），希腊的亚里士多德。雅典民族倘没有亚里士多德，精神上不知要贫乏多少，中国倘没有庄子，智慧的遗产也不知将逊色多少。

自从有了庄子和他的著作，一切中国政治家和盗贼都变成了幽默家了，因为他们都直接间接地接受了庄子人生观的影响。老子先于庄子已笑过清越而激变幻谲的狂笑。他一定终身是个独身汉，否则他不能笑得这样俏皮，这样善于恶作剧，无论如何，他到底娶过亲没有，有无子嗣后裔，史籍上无从查考，而老子最后的謦欬之音却被庄子抓住。庄子既属较为少壮，喉咙自然来得嘹亮，故其笑声的环轮，历代激动着回响，吾们至今忍不住错过笑的机会，但有时我感觉我们的玩笑开得太厉害，而笑得有些不合时宜了。

欧美人对于中国问题认识之不足，可谓深渊莫测；欧美人有时会问："中国人可有幽默的意识否？"这样的问句，适足以表示其无识，其语意之稀奇，恰好像阿拉伯商队问人："撒哈拉（Sahara）沙漠中有无沙土？"一个人之存在于国家中，看来何等渺小，真是不可思议。

从理论上观察，中国人应该是幽默的，因为幽默产生于实用主义，而中国人是非常的实用主义者；幽默生于常识，而中国人具有过分的常识。幽默，尤其亚洲式的幽默是知足悠闲的产物，而中国所有的知足和悠闲，超乎寻常之量。一个幽默家常常为失败论者，乐于追述自己之失败与困难，而中国人常为神志清楚，性情冷静之失败论者，幽默对卑鄙罪恶常取容忍的态度，他们把嘲笑代替了谴责。

中国人又有一种特性，专能容忍罪恶。容忍有好的一面，也有坏的一面，而中国人两面都有。倘使吾们在上面讲过的中国人之特性——知足、容忍、常识和老猾俏皮是真确的，那么幽默一定存在于中国。

中国人幽默见之于行为上者比之文字为多，不过在文字上有种种不同形式的幽默，其中最普通的一种，叫做"滑稽"，即许多道学先生，也往往多用别号掩其真姓名纵情于此等滑稽著作。照我看来，这实在是"想耍有趣而已"。此等著作乃为刚性过强之正统派文学传统束缚之放纵。但幽默在文学中不能占什么重要地位，至少幽默在文学中所担任的角色及其价值未被公开承认过，幽默材料之包容于小说者至为丰富，但小说从未被正统学派视为文学之一部。

《论语》《韩非子》和《诗经》里头，倒有天字第一号的幽默。可是道学先生装了满肚的清正人生观，到底未能在孔门著作中体会什么诙谐的趣味，即似《诗经》中的美妙生动的小情诗也未领悟，竟替它下了一大篇荒唐古怪的注解，一如西方神学家之解释《圣诗集》(*Song of Songs*)。陶渊明的作品中也含有一种美妙的幽默，那是一种闲暇的知足，风趣的逸致和丰富的舍己为人的热情。最好的例子，可见之于他的责子诗：

白发被两鬓，肌肤不复实。

> 虽有五男儿，总不好纸笔。
> 阿舒已二八，懒惰故无匹。
> 阿宣行志学，而不爱文术。
> 雍端年十三，不识六与七。
> 通子垂九龄，但念梨与栗。
> 天运苟如此，且进杯中物。

杜甫和李白的诗也蕴涵着相当的幽默，杜甫作品常令人惨然苦笑。李白以其浪漫恬淡的情绪令人愉悦，但吾人遂不以幽默称之。一种卑劣的威风，道学先生所挟持以为国教者，限制了思想情绪的自由发展，而使小说中自由表现的观点和情绪成为禁物，可是幽默只能在小说和天真观点的领域上生存。事实于是很明显，像这样的因袭环境，不会增进幽默文学之产生的。假使有谁要搜集一个中国幽默文字的集子，他务须从民间歌谣、元剧、明代小说选拔出来，这些都是正统文学栅垣以外之产物，其他如私家笔记、文人书翰（宋明两代尤富），态度的拘谨稍为解放，则亦含有幽默之材。

但中国人人都有他自己的幽默，因为他们常常欢喜说说笑话，那种幽默是刚性的幽默，基于人生的诙谐的观感。尽管报章的社论和政治论文格律极端谨严，不大理会幽默，可是中国人的重要革新运动和建设方案所采取的轻妙方法，常出乎外国人意想，未免幽默过度，像政府的平均地权计划、水旱灾救济、新生活运动、禁烟委员会。有一位美国教授新近来游上海，历在各大学演讲，不意听讲的学生每逢听到他诚恳引证到新生活运动时，辄复哄堂大笑；假使他再郑重地引证禁烟委员会，不知要引起怎样更响亮的笑声哩！

幽默是什么？我已经说过，是一种人生观的观点，是一种应付人生的方法。人生是一出大趣剧，而我们人类仅仅是其中的傀儡，一个人把人生看得太认真，遵守图书馆章程太老实，服从"草地勿准践踏"的标牌太谨饬，常让自己上了当而给长老的同伴笑话。不过笑话是有传染性的，不久他也就变成幽默汉了。

此种幽默汉的滑稽性质结果削弱了中国人办事的严肃态度，上自最重大的政治改革运动，下至微末的葬狗典礼。中国人的丧葬仪式，其滑稽性足以雄视全球。中国人上中阶级所用的送葬仪仗就满储滑稽资料，你可以看见其中有街头流浪顽童排成行列，体肤污秽，而穿着绣花的彩袍，错杂伴随以新式乐队，大奏《前进！基督精兵》(*Onward Christian Soldiers*)。如此情形，常被欧美人引为口实，证明中国人的缺乏幽默。其实中国人的送葬仪仗正是中国幽默的十足标记，因为只有欧洲人才把送葬仪仗看得太郑重，太想使它庄严化。庄严的葬仪是中国人所难以想象的。欧洲人的错误是这个样儿：他们把自己先入为主的意识，演绎地断定葬仪应该是庄严的。葬仪宛如嫁娶，应该热闹，应该阔绰，可是怎样也没有理由说它必须庄严。庄严其实只配备于其夸张的服装里，其余的都是形式，而形式是趣剧。直到如今，著者犹不能辨别送葬和婚娶的仪仗二者之间有何区分，如非最后看见了棺材或者是花轿。

中国的幽默，观乎高度滑稽的送葬仪仗的表现，是存在于外表的形式，与现实的内容无关。一个人倘能赏识中国葬仪的幽默，大概已能读读或好好地翻译中国政治方案了。政治方案和政府宣言是存乎形式的，它们大概系由专门的职员来起草，专司起草职员系宏丽辞藻、堂皇语法的专业者，恰如赁器店之专备婚丧仪仗、灯彩行头以出租为业者，故有见识之中国人士便不当它一回事。倘若外国新闻记者先把送葬彩服的印象放在心上，则他大概不致再误解中国的一切方案宣言，而慢慢地放弃把中国当做不可理解的特异民族的念头了。

诸如此类之趣剧味的人生观和分辨形式与内容的公式，可以用千千万万不同的方法来表明。数年前,国民政府根据中央党部之建议,有一条命令禁止政府各部会在上海租界区内设立办事处,倘真欲实行这条命令,于各部长殊感不便,他们在上海置有公馆,又得敲碎许多人的饭碗。南京各部长既不公然反抗中央之命令,亦不呈请重行考虑,或老老实实申述其不便和不可实行之理由。没有一位专业的师爷,其智力技巧足以草拟此类呈文而适合于优良之形式。因为中国官吏定欲住居租界区域的这种欲望,即是不爱国。不意眉头一皱,计上心来,想出一个巧妙别致的方法,就把驻沪办事处的招牌换了一块,叫做"贸易管理局",每块招牌的花费只消二十大元,结果使得没有人敲破饭碗,也没有人失面子。这个玩意儿不但欢喜了各部长,抑且欢喜了颁发这条命令的南京中枢当局。吾们的南京各部长是大幽默家,梁山好汉之流亦然,军阀亦然,中国内战之幽默处,前面早已交代明白。

与此恰恰相对照,吾们可以把教会学校做例子,来指出西洋人之缺乏幽默。教会学校几年前碰到了一大尴尬,原来那时接到地方当局的命令,要他们办理登记立案手续,外加要取消圣经课程,还要在大礼堂中央悬挂中山遗像,每逢星期一则照例举行纪念周。中国当局殊不解教会学校何以不能遵守这些简单的条款,而教会学校方面亦殊想不出接受之道,于是乎双方陷入僵局。有几个教会团体曾有停办学校之意,某一个时机,什么事情都可以顺利解决了,只有一位头脑固执的西籍校长真是顽梗而诚实。他拒绝从他的学校章程上取消任何一句字句,那章程盖明定以推行教义为主要目的者,西籍校长意下颇欲直率地公开表明宗教课程确为办理学校之重要使命,故迄至今日,某一所教会学校一直未尝登记。这事情真不好办。其实教会学校只要模仿南京各部长的智慧来遵守一切官厅训令:悬挂一张中山遗像,其余的一切便可算作按照中国式而进行的了。不过恕我无礼,这样办理的学校,将为天晓得学校。

中国人的趣剧的人生观便是如此这般。中国日常语言里头便充满了把人生当做戏剧的比喻。如官吏的就职卸任,中国人称之为"上台""下台";而人有挟其夸张之计划以来者,谓之"唱高调"。吾们实实在在把人生看做戏剧。而此等戏剧表现之配吾人之胃口者常为喜剧,此喜剧或为新宪法草案,或为民权法,或为禁烟局,或为编遣会议。吾们常能愉悦而享受之,但我希望我国人民有一天总得稍为严肃一些才好。幽默,驾乎各物之上,正在毁灭中华民族,中国人所发的欣悦的狂笑,未免太过分了。因为这又是俏皮的大笑,只消跟它的气息一触,每朵热情而理想的花,无不立遭枯萎而消逝了!

八 保守性

每一个中国人,即从其外表上看来,未有全然不带保守之色彩者。保守就其字义本身而言,非为玷辱之词。保守性不过为一种自大的形象,基于现状之满足的感觉者。因为人类之足引以自傲者总是极为稀少,而这个世界上所能予人生以满足者亦属罕有。保守性是以实为一种内在的丰富之表征,是一种值得羡妒的恩赐物。

中华民族是天生的堂堂大族——恕我夸大,倘把中华民族的历史作一番全盘的检讨,除掉最近百年来的屈辱,你当首肯斯言。虽在政治上他们有时不免于屈辱,但是文化上他们是广大的人类文明的中心,实为不辩自明之事实。——唯一之文化劲敌代表另一种不同的观点者是印度的佛教,至于佛教教义,忠实的儒者常嗤之以鼻。因为儒学家常无限地引孔子以自傲,既夸耀于孔子,即夸耀于其民族,夸耀中国人之能以道德的素质理解人生,夸耀其认识人类天性的知识,夸耀其解决了伦理与政治关系之人生问题。

他的态度是相当正确的。因为孔教不独寻求人生的意义，抑且解答了这个问题，使人民以获得人类生存的真意义而感到满足。这个解答是确定而清楚的，而且条理分明。故人民不需再推究未来的人生，亦无意更改现存的这个人生，当一个人觉察他所获得的既有效而且为真理，天然变成保守者了。孔教徒除了自己的社会以外，未见及别种人生的范型，认为为人之道，没有第二种范型的可能。故西方人也能有组织完善的社会生活，伦敦警察于孔氏敬老之道一无所知而竟能扶持老妇人跨过热闹街道，此等事实叫中国人听来，多少未免吃惊。

当他察觉西方人具有一切孔教所含蕴之德行：智、仁、勇、信、礼、义、廉、耻，并且孔老夫子本人亦将赞许伦敦警察之义行，民族自尊心未免深深地动摇起来了。有许多事情使中国人老大不悦意，使他们震惊，使他们生鲁莽粗野之感，如夫妻俩挽着膀子同行街市，父亲和女儿互抱接吻，银幕上又是接吻，舞台上又是接吻，车站月台上又是接吻，什么地方都是接吻。此等举动使他确信中国文明诚为万邦轩冕，无与伦比。但是另外有种种事情，像普通平民都能识字，妇女而能写信，普遍的爱尚清洁（这一点他认为是中世纪的遗传而非为十九世纪新发明），学生的敬爱师长，英国小孩对答长辈之"是了，先生"的随口而出，诸如此类，俱堪无穷之玩味。再加以优良之公路、铁道、汽船、精美的皮靴、巴黎香水、雪白可爱的儿童、奇妙的爱克斯光、摄影机、照相、德律风和其他一切之一切，把中国人固有之自尊心打成粉碎。

受着治外法权的庇护，西欧人慷慨博施的皮靴之对中国苦力而没有法律之救济，使中国人自尊心之丧失更进而变为本能的畏外心理。天朝之尊贵，靡有孑遗。外国商人为预防中国之可能的进攻租界而所取的种种骚动的措施，实为他们的胆略和对于现代中国认识不足之铁证。反抗西洋人之皮靴及其自由使用于中国苦力身上，确常含有相当内在的愤怒。但倘外国人因此就认为中国人将总有一天会暴露其愤怒而还飨外人以较次等之皮靴，则属大误。倘使他们真暴露其愤怒，那不是道地的中国人，那是基督教徒，坦白地说，崇拜欧洲人而畏惧他们的侵略行为，现在正是广泛而普遍的心理。

有许多这样的冲动一定曾经引起了过激主义，结果产生了"中华民国"。没有人相信中国会变成民主国家。这种变动太广大，太雄伟，没有人敢担当这个责任，除非是呆子，否则是鼓吹出来的人物。那好像用彩虹来造一架通天桥，而欲步行其上。但是一九一一年的中国革命家真给鼓吹出来了。自从一八九五年甲午战争失败以后，革新中国的宣传运动极为活跃，当时有两派人物，一派系君主立宪主义者，主张维持君主而革新并限制其君权；一派则为民主革命主义者，主张建立民主共和国。前者为右翼，后者为左翼。左翼以孙中山先生为领袖，右翼则由康有为及其弟子梁启超主持。梁启超后来脱离了他的恩师而向左转了。这两个固执的党派在日本笔战了好久，可是这问题终究给解决了，不是双方辩论的结局，而是清廷之不可救药，与民族自觉之本能的抬头之结果。一九一一年的政治革命之后，紧随以一九一六年的文学革命，中国的文艺复兴运动由胡适所倡导，风靡一时。

第三章

中国人的心灵

一　智慧

前面一章所述中国人之德行倘能获得一共通的结论，则应为"心灵战胜物质环境的优越"。这样说法，其意义非一。不仅谓能引用人类的智慧改变充满痛苦惨愁的世界，使转化为适合人类住居的场所，它也指出一种轻视体质上的兴奋与力量之意义。孔子老早把子路训斥过一番，说他粗鲁。吾想他一定会嘉许琴妮·泰奈（Gene Tunney）之辈，能与文人学士相周旋，而彬彬有礼，不失君子之风。孟子也曾区别过用智与用力二者之不同，而毫不迟疑地以智力位于劳力之上，他说："劳心者治人，劳力者治于人。"因为中国人从无平等之胡说，而尊敬知识阶级殆已成为中国文明之出类拔萃的特性。

这尊重学问的意义又与西方通常的解释略有不

同。因为像许多中国学者终身孜孜不倦以专注于其笼统的所谓学问，欧美学者像几位大学教授乃聚精会神以研究某一特殊的专门科目，其治学精神有时几等于病态的矜夸与职业的嫉妒，故所予人之印象远较为深刻。中国人之尊敬学者，基于另一不同之概念，因为他们尊敬学者的那种学问能增进其切合实用之智慧，增进其了解世故之常识，增进其临生死大节严重关头之判断力，这一种学者所受的尊敬至少在学理上是从真实的价值得来的。无论地方的或国家的纠纷，人民都盼望饱学先生下一个冷静的判断，盼望他放出眼光远大的观察，盼望他在一个关系复杂的行动和决议上获得较清楚之悟解，因之视为天然的指导和领袖；而真实的领袖亦即由于心理上的领袖而孕育成了，因为大多数普通群众之目不识丁，维持领袖地位本非难事，有时只消讲几句成语，令不识字者听之一知半解，或引用一些历史上的古训，一般人民只能从戏台上略窥一二的也就够了。引证史实常能解决争论，这是出于民族特性。因为中国人之思考是具体的类比的，此观念多少能把当前的情形纳入一般人民所能全体了解的范型。

著者前面说过，中华民族受了过分聪明的累，像表现于他们的老猾俏皮，表现于他们的冷淡无是非心，表现于他们的和平性格者，此等性格已跟懦怯相差无几。大概聪明有理性的人都是懦夫，因为聪明理性的人，身体发肤，受之父母，不敢毁伤。倘使吾们能澄清思虑观察一下，一个人倘把脑袋向前奔撞，鼓其如发了酒疯的锐气以期迎击一颗铅弹而准备为新闻纸所激动的原因牺牲，这样的行为当然再愚笨没有了。倘他能用他的脑筋读一读新闻纸，他不会冲头阵，倘他能善自约束，少喝一杯烧酒而保持一个清醒的头脑，他将理智地畏缩起来。上一次世界大战告诉吾辈许多仁慈之君子，平时在大学中称一时俊彦，及大战爆发他们所忍受的心灵上的痛苦，非一般壮健而浅智者之流所能想见其万一。故私逃兵役为一个人对本人尽职之德行，这不是一个新兵的感觉，而是当了四年军役的士兵才有此感悟，这实在是开放于理性的诚实人面前的唯一明哲之道。

但是中华民族之一般的智力，在懦怯以外，亦有别种材料可用以表明。中国留学欧美之大学生多能在文学方面显其优异，著者觉得这不能认为出于拣选方法的关系。盖中国人之"心"在国内久已熟习于文学之探讨。日本人曾讥讽地予中国人以"文学国家"之雅号，盖并未说错。随手举一例子，便是现下流行杂志之大量生产，随时随地都可以产生一本杂志，只要有三四友人合作经营，不难吸收无数之著作家，名作如林，纷至沓来，直可使编辑先生头为之晕，目为之眩。昔日之科举制度，亦为一种灵才之考试，故中国人盖已久经琢磨于辞藻之美的使用法与机灵之文学特性，而诗的培养尤足训练他们养成优越的文学表现技巧和审美能力。中国的绘画已达到西洋所未逮的艺术程度，书法则沿着独自的路径而徐进，达到吾所信为韵律美上变化精工之最高程度。

是以中国人之心灵不能谓为缺乏创造力。他的发明才能则与中国工业相等，滞留于手工艺阶段。由于发展科学方法之失败和中国人思考之特殊性，中国人在自然科学方面是落伍了。著者深信倘能适当利用外来的科学方法，予以充分之研究便利，中国自必亦能产生大科学家，而于未来世纪中一显其好身手。

至中国固有之知识，亦不限定读书人阶级。中国人仆役亦常具有相当智慧，故善解人意而颇受欢迎，其地位至足与欧美仆欧（英语 boy 的音译）并驾而齐驱。中国商人在马来，在东印度与在菲律宾，事业都极为发达，其主要原因即中国人之智巧高于土人，并出智慧所生之美德，似俭约、勤恳、坚忍、目光远大，亦常高于土人。尊敬读书人之结果，使中下阶级，亦产生一种崇尚文雅之心理，这一点，向不为外人所注意。上海西侨有时颇触恼了各大公司的售货员，因为外国人而对他们讲起洋泾浜来，却不知道他们的英语之高明，连一分离不定词（Split infinitive）也颇讲究。凡需要精细的工作者，中国工人很容易训练成高明的技师。你倘有兴到贫民窟工厂区去溜达一趟，包管你碰不到像西方同样区域里头所遇到的魁梧粗壮强兽型的人物，像那些阔腮膀低额角，臂力雄健的人物；你碰到的人物却属于另一典型，他们有伶俐的目光、愉悦的容貌和理性的脾气。智力高下不同之等级，中国人远较许多西方民族为简少，女子智力之高下分别率则较之男人家为尤小。

二　女性型

中国人的心灵的确有许多方面是近乎女性的。"女性型"这个名词为唯一足以统括各方面情况的称呼法。心性灵巧与女性理性的性质，即为中国人之心之性质。中国人的头脑近乎女性的神经机构，充满着"普通的感性"，而缺少抽象的词语，像妇人的口吻。中国人的思考方法是综合的、具体的而且惯用俗语的，像妇人的对话。他们从来未有固有的比较高级的数学，脱离算术的阶段还不远，像许多受大学教育的妇女，除了获得奖学金的少数例外。妇女天生稳健之本能高于男子，而中国人之稳健性高于任何民族。中国人解释宇宙之神秘，大部依赖其直觉，此同样之直觉或"第六感觉"，使许多妇女深信某一事物之所以然，由某某故。最后，中国人之逻辑是高度地属"人"的，有似妇女之逻辑。一个女人介绍一位鱼类学教授不是爽爽脆脆介绍一位鱼类学教授，而说是介绍的是哈立逊上校的妹夫，哈立逊上校在印度去世了，那时正当她为了盲肠炎在纽约接受可爱的名医古拔博士的手术，你要看看他的情面啊！由于同样方式，一位中国法官不能把法律看做抽象的独立体，而看做可以重轻顺变的音节，故可随机应变，以期个别的适应，是以适应黄上校者如此，适应于李少校者可以如彼。职是之故，任何法律，倘非私情地可以适应于黄上校或李少校，便算是不近人情，所以不成其为法律。准此，中国的审判是一种艺术而非是科学。

耶斯佩森（Otto Jespersen）写过一本名著《英吉利之生长及构成》，书中有一次讨论到英国语言的雄性品质，指出他的特点是：爱好简洁，有常识，有力量。著者极不愿反驳这样伟大的一位英国语言学权威，不过关于男女性的一点上在此贡献一些不同的意见。常识和实用的心理为女子之特性，较甚于男子。男子常喜凭空遐想，翱翔非非之境，中国语言和语法显出女性的特征，正因为语言的形式、章句法、应用词汇，显出思考上之极端简单性，拟想之具体性，和章句法之关联关系之经济。

此种简单性最好用洋泾浜来形容，这是英国的皮肉而具中国骨子的语言。比方我们说："He come, you no come, you come, come"你实在没有理由坚持说它的意义清楚不及转弯抹角的语法"You needn't come, if he comes, and he needn't come if you come"。实际上这种简单性只有使得词句清楚。穆恩（Moon）在《院长英语》（*Dean's English*）里头摘录一段一个英国索美塞得地方的农夫在公堂上的对语，完全不知道分别主格和目的格，他的意义仍旧很清楚而明确，而且我觉得反而更容易感动。照中国的说法"他打他""吾怪吾"意义已经十足的清晰而明了，固毋庸再加以主格非主格之麻烦。至如第三者单数动词末尾加s，他的冗杂无聊可用过去分词证之。盖过去分词之第三者单数固无特例也，实际上许多人说："us girl""them things"其意思倒从未被人误解过。著者恳挚地希望英美教授总有一天能在教室里大胆地可敬佩地说出"He don't"。然后英国语言才能借此"洋泾浜"之力，清楚动人并驾于中国语言。中国语言之简单明显可以举一个小小例子，譬如"坐吃山空"四字，所包含的意义是"一个人倘不事生产，终日兀坐而白白吃饭，则虽有山样高大的财产，亦不难罄尽"。所以英国语言倘欲改良进步追及吾们，还需相当时日才行。

中国人的思考方法之具体性又可以用她所用的抽象词句之性质，及其俗语与比喻之通用几点来表显。一个抽象的意识，她往往用两个具体的品性组合而表达之，譬如"大小"所以表达体积的量，"长短"所以表达长度，"阔狭"所以表达宽度；例如，"你的鞋子大小如何？"长和短亦用判别两方争论的是和非。吾人常说："我不喜议论人长短。"又如"此人无是非"，它的意义即谓这是一个好人，因为他保存公正的不偏态度而不卷入争论旋涡。抽象名词之殿之以"ness"一类单字者，亦非中国人之所知，中国人仅知如孟子所说："白马之白，非白玉之白也。"这表明他们缺乏分析的思考。

据著者所知，女人总避免使用抽象词句，这一说可从女著作家所常用的字汇加以分析研究而证明（分析统计方法是西方人所习惯的心智，至于中国人因为普遍的感性势力太大，不耐数字之麻烦，故用统计方法来证明似于中国人有为难处。但倘他能直接地觉察女性作品或言语中所用抽象词汇之稀少，也就够了）。所以中国人近乎女性，常用拟想的具体化来代替抽象的术语之地位。哲学色彩浓厚的字句像"There is no difference but difference of degree between different degrees of difference and no difference"殆无法正确地翻译成中文，翻译者大概只好引用《孟子》上的成语来代替："……五十步与百步，有何异乎？"这样的代替，丧失了原文的切准精确性，却获得了明晓之意义，所以说："我怎样会感知他的内在的智质之进展呢？"倒不如说："我怎样知道他在心上转的怎样念头呢？"之来得清楚明晓，但还不及中国人之惯用语："我又不是他肚子里的蛔虫。"之来得通晓畅快而有力。

中国人之思考所以常常滞留在现实世界之周围。这样促进了对于事实之感悟而为经验与智慧之基础。此不喜用抽象词句之习惯，又可从分类编目所用之名词见之，此等名词通常都需要用意义极确定之字眼的，而中国人则不然，他们大都探取最能明晓浅显的名词以使用于各种不同的范畴。因此，中国文学批评中有许多形容各种写作方法的不同的表衬词句；有所谓"蜻蜓点水"谓笔调之轻松；"画龙点睛"谓提出全文之主眼；"欲擒故纵"谓题意之跌宕翻腾；"单刀直入"谓起笔之骤开正文；"神龙见首不见尾"谓笔姿与文思之灵活；"壁立千仞"谓结束之峻峭；"一针见血"谓直接警策之讥刺；"声东击西"谓议论之奇袭；"旁敲侧击"谓幽默之讽诮；"隔岸观火"谓格调之疏落；"层云叠嶂"谓辞藻之累积；"湖上春来"谓调子之柔和，诸如此类，不胜枚举。句句都是绘声绘色，有如 bow-wow（狗吠）、Pooh-Pooh（轻视）、sing-song（慢唱）那套原始式的语言。

如此拟想的浪费，与抽象用语之贫乏，不免影响写作的格调。因而及于思考之态度。一方面固增进活泼之性状，另一方面，他不难退化于无意义的装饰而不具充实之内容，此等缺点为中国文学史上某几个时期的苦闷的罪恶，直到唐代，韩愈始大声疾呼，树起反抗之旗帜。这种装饰文字所谓骈骊文的格调深具表现精确性缺乏之弊病，而其优点为最佳之"非古典派"小说中所表现者，为一种闲游的散文，富有新鲜通俗而含着农村的风味，有似英国文学中之斯威夫特（Swift）与笛福（Defoe）的作品。故从英文译为中文，其中最感困难者为科学论文，而从中文译为英文，其中最感困难者则为诗与骈体文。盖这一类文字，每一个字眼含有一个意象焉。

三　缺乏科学精神

中国人思考特性之详细讨论，已使吾人了然于中国自然科学之所以不发达。希腊人之能奠定自然科学基础，因为他们的心灵本质上是一个分析的心灵，此事实可由亚里士多德时代之灿烂的文明来作证，埃及人发展数学和天文学，都得需要分析的心灵。印度人也发展了他们自己的文法。中国人虽有一切固有的知识，却从未发展文法的科学，而他们的数学和天文学都从海外输入。因为中国人的智巧好像只知道悦服道德的"自明之理"，而他们的抽象用语像"仁""义""忠""礼"，已属十分普通，他们的精密意义自然而然已丧失在模糊的普遍性里。

周代哲学家中，只有墨子和韩非子二人遗留给吾们以精确辩论的文体。孟子无疑为一伟大的诡辩家，但他却只注意那些较大的字眼如"利"与"义"。其余像庄子、列子，则竞尚隐喻。墨子之弟子惠施与公孙龙亦为雄健的诡辩家，喜巧设难题以为大观于天下而晓辩者，至谓"卵有毛""鸡三足""犬可以为羊""马有卵""丁子有尾""火不热""轮不碾地""龟长于蛇""飞鸟之景未尝动也""狗非犬"云云。汉代学者虽距战国未远，却于学术上未有新发展，仅致力于前代经书之训诂而已。晋代继之，学者则复兴老庄之学藉其直观以解决人生宇宙之神秘。因而实验一事，从未计及，科学方法更无发展之机。宋代理学家掺入佛学思想，重行笺注孔教著作，制为训育心智、健全道德之规范。他们的治学态度，以能洞晓大义、不拘细节著名。故宋代学者之哲学为最不合科学之哲学，亦竟可以说是根本未有哲学。直至清代才发展一种比较治学方法，这种治学方法立刻使清代学术放出空前的光彩。

中国人之心灵何以不适于科学方法之发育，其理甚显。因为科学方法除了分析之外，常包含愚拙而顽强的苦役的钻研。而中国人则信赖普通感性与内省的微妙之旨，故疏于分析。至于归纳法的论理，在中国常被应用于人类的相互关系（人伦为中国人最感兴趣之题目），在西方往往有流为呆笨之结果，此例在美国大学中尤数见不鲜。就是今日用归纳法所作之博士论文也得使培根痛哭于地下，真是死不瞑目。在中国，大概没有人会那样愚笨，好似写一篇研究冰激凌的论文，经过不断的努力之后，却宣布其犹豫不决之结论谓：制造冰激凌所用糖之主要作用为使之甜。或有经过长时期井井有条之研究，发表"四种洗涤盆碟方法之时间与动作之比较"，而复得意扬扬自以为觉察了一个新的学理，即"屈腰与提举的动作是疲劳的"。或则写一篇"棉花内衣霉菌量之研究"，而发表"霉菌数量之增殖，与外衣退去所需时间成正比例"。数年前，报纸上曾登载一篇通信，记述芝加哥有一位大学生，专事精密研究各种书信格式之感动力，结果发觉一大原则，即"字迹愈深，则愈易注目"。

如此愚拙的工作虽在商业广告上或许有用，实际上依著者愚见其效力只等于中国人一瞬间的普通感性与直觉，著者曾见过一幅极精美之插图，登载于 *Punch* 杂志中，那插画画着一个行为主义心理学家的圆桌会议，他们正在把许多解剖了的猪体加以检测，一支寒暑表插在猪头的长鼻孔里，前面则挂着一串珠链，检测结果，乃一致决定："猪猡见了珠宝，并不发生反应。"这样描写，并不能算作侮辱科学方法。盖路却斯脱大学开松教授（Cason）曾在第九届国际心理学家年会中宣读论文一篇，其标题为《普通烦恼之起源及其性质》，文中区分烦恼种类至两万一千种之多，其后去其性类相同、重复暨非纯粹之烦恼，最后缩减至五百零七种！他又把这五百零七种分归数类，像食品杂有毛发者二十六种征兆，见了秃头颅者两种征兆，起于蟑螂者二十四种征兆云。

有许多呆笨苦役里头，当然包含着一部分真实的科学功绩。只行真实的科学训练，能使科学家乐于研究细微事物如蚯蚓也有保护的外衣之类，而科学之逐代发展达于今日灿烂光辉的阶段，也自此等细小的发现积累而来；缺乏这种科学眼光而具大量之幽默与普通感性，中国人势必轻视研究蚯蚓或金鱼生活之努力，觉得此等事，读书人不屑为之云。

四 逻辑

再进而谈到中国人的逻辑问题，这问题是基于中国人对于真理之概念的。真理，据中国人的观念，是从不可以证定的，它只能暗示而已。庄子在两千年前，在他所著的《齐物论》里头早已指出人的知识的主观性：

> 即使吾与若辩矣，若胜我，我不若胜，若果是也？我果非也邪？我胜若，若不我胜，我果是也，尔果非也邪？其或是也，其或非也邪？其俱是也，其俱非也邪？我与若不能相知也，则人固受其黮暗，我谁使正之？使同乎若者正之，既与若同矣，恶能正之？使同乎我者正之，既同乎我矣，恶能正之？使异乎我与若者正之，既异乎我与若矣，恶能正之？使同乎我与若者正之，既同乎我与若矣，恶能正之？然则我与若与人俱不能相知也，而待彼也邪？

照这样的学理讲来，真理是不可证定的。他只能被"会心于忘言之境"。故人"知其然而不知其所以然"。老子曰:"道可道,非常道。"庄子曰:"……因是已。已而不知其然谓之道。"道即为真理,故真理这样东西,只能在直觉的悟性中感到。中国人虽非明确地同意于庄子的认识论的哲理观念,然在本质上是与之合致的。他们所信赖的,不是逻辑——逻辑从未发皇成为完备之科学——而是或许更为健全的普通感性。凡性质类似强辩的理论,非中国文学所知,因为中国传统地不相信它,从而辩证术在中国遂不见其发达,欲求科学文字之以文学的形式出现,亦遂不可得了。

高本汉(B. Karlgren)不久前写过一篇文章,表出中国著名批评家辨别古书真伪在争论中所用之诡辩,有许多错误实在幼稚得可笑,但这种错误必须待引用了西方方法才能显露出来。中国人写文章从来未有写一万或五千字以树立一个基点;他仅留下一短短标志让后人来赞许或反驳其真实的价值。这就是为什么中国学者总欢喜把许多笔记或随笔遗传给我们,里头包括零零碎碎的片段;也有文学写作态度的意见,也有校正古史错误的记录,也有暹罗双生的逸事,狐仙、虬髯客、吞蜈蚣僧等奇闻异迹,杂沓纷纭,凑在一起。

中国著作家只给你一段或两段论辩,便下结论。当你诵读他的文章,从不觉得他的发展已达到论辩的最高峰或天然的结论,因为论辩与证据都是那么简短,不过你可以感到一刹那的幻觉,觉得它已经达到了结论了。笔记中之最佳者,如顾炎武之《日知录》(十七世纪初期)享盛名之由来,非由于逻辑,而由其记载言论之本质上的正确,此等正确性只有留待后人的证明的。《日知录》中一两行的文字,有时需要后人几年的考据,这真是再科学没有了;又如要决定历史事迹上的一点,会需要数度往返的勘察,需要百科全书那样渊博的学问,而他的错误终属不易校正,即说是正确的,一时也没有可能明见的佐证,但只可以意会地加以赞同,因为在他的著作问世以后三百年来,未有人能举出反对的论据,如是而已。

吾人于此可见逻辑对普通感性之对峙,在中国代替了归纳与演绎论理之地位。普通感性往往较为高明,因为分析的理论观察真理,常把它割裂成几多分散的片段,因而丧失了它的本来面目;而普通感性则将对象当做一个活动的整体看待。妇女具有比较男性为高强之普通感性,是以倘遇任何意外发生,吾宁愿信赖女子的判断强于男子的判断。她们有一种方法,能估量一种情况的整体会不致被其个别的小景所惑乱。中国小说之最佳者如《红楼梦》《野叟曝言》,女性被描写成应付环境的最健全的判断者,而她们的语言,有一种美妙的方法能使之圆滑而完整,具有十分迷人的魔力。逻辑而缺乏这种普通感性是危险的,因为一个人有了一种意见,很容易用他的文学性的脑筋把种种论据曲解文致,使满足自己的意志,而且仍可以像 *Middlemarch* 里头的加索邦(Casaubon)先生一样,竟至不能体会人人所能体贴的爱妻的生活。

此所谓普通感性自有其性学的基础,那是很有趣的。中国人之判断一个问题的是与非,不纯粹以理论为绳尺,而却同时权度之以理论与人类的天性两种元素,这两种元素的混合,中国人称之为"情理":情即为人类的天性,理为永久的道理,情代表柔韧的人类本性,而理代表宇宙不变的法则。从这两种元素的结合体,产生人类行为的是非和历史的论题的判断标准。

这个特征或可由英文中"理"与"情"的对立的意义中见其一二,亚里士多德说:人类是论理的而不是讲情理的动物。中国哲学也容许这个说法,但却加一补充,谓人类尽力成为有理性即讲情理的而不仅仅为论理的动物。中国人把"人情"放在"道理"的上面,因为道理是抽象的、分析的、理想的而趋向于逻辑的要素概念,情理的精神常常是较为实体论的,较为人情的,并密接于现实而能认识正确的地位的。

对于西方人，一个问题倘能逻辑地解决，那是够满足的了，而中国人则不然。纵令一个问题在逻辑上是正确的，还须同时衡之以人情。确实，"近乎人情"是较胜于"合乎逻辑"的伟大考量。因为一个学理可以根本违反普通感性而却很合乎逻辑。中国人宁愿采取反乎"道理"的任何行为，却不能容许任何不近人情的行为，此种情理的精神与普通感性的信仰在中国人理想上树立了最重要的态度，结果产生了"中庸之道"，这是吾在下面将要讲到的。

五　直觉

话虽如此，此种思想方式自亦有其限度，因为普通感性的逻辑，只能适用于人事和人类行为上，但不能适用于解决宇宙之奥妙。你固然可以推人情以止息人们的争论，但不能勘定心肺的关联的位置，或决定膵液的功用。因此天象的神秘和人体内容的奥秘，中国人只有委之于直觉。因此有许多学说，未免过于奥妙，盖中国学者直觉地察悉心脏位置于胸膛的右偏而肝脏位置于左偏，有一位鸿博的中国学者大概是俞正燮，他的卷帙浩繁的笔记《癸巳类稿》传诵遐迩，为世所重，他曾发现一本基督教会翻译的人体解剖学，书中谓人体的心脏位于左偏，而肝脏位于右偏，因此下了一个粗鲁的断语，说是西人的内脏组织是不同于中国人的内脏的。从这一个重要结论演绎出来，又下了一个推论，说是因为他们的内脏组织之不同，他们的宗教信仰自亦必相异——这个演绎的推论为直觉论理法很好的标本——职是之故，只有内脏组织不完全的中国人才会信仰基督教。这一位博学的著作家又怯生生地说，倘使耶稣教会知道了这个内容，他们大概不会再这样够劲儿地在中国传教，而收容内脏不完全的畸人为教徒了。

这个论断不是开玩笑，却是很正经的。而且事实上这是中国人的直觉的典型。于是有人觉得科学方法毕竟有些道理。因为用了科学方法虽然你得小心关切像"糖在冰激凌制造中主要作用在使之甜"这种发现，但也可以用别种幼稚的思考像上述笔记所代表者以图省事。他至少能够用自己的手扪一扪自己的心房的跳动，可是中国读书人是所谓书香子弟，从来就是只开口不动手的。

中国学者这样免去了劳目劳手的愚拙苦役，而具一种基于直觉的质朴信仰。中国学者竟复依据之进而解释人体和宇宙之神秘，至感满足。中国全部医药学和生理学乃根据于道家的五行说——金、木、水、火、土。更以人体的组织为宇宙的雏形。肾代表水，胃代表土，肝代表火，而肺代表金，心代表木。非此，几无以施药物。一个人患了高血压，则认为是肝火太旺；患了不消化症，则认为土太旺，泻药可用以增进肾脏之作用，盖所以助养水行，而不消化症却往往而愈。倘遇神经错乱，则可以饮清水并服镇痛剂，庶肾水上升，稍杀肝火之势，因而维持其精神之常态。无疑的，中国的药物是有效的，问题乃在其诊断之学理。

中国人这种思考方法是残存有原始民族之特性的，直觉的思考既无须科学方法之校正，故具有较为自由之余地，而常常接近质朴的幻想。有几种中国药物乃基于文字上之游戏性质的，或为一种奇幻的联想。蟾蜍（蛤蟆）因为生有绉栗之皮肤，即用以治疗皮肤病；又如一种生于阴冷山谷深涧中的田鸡，则认为于身体上有清凉之效用；最近两年来，上海新闻纸上常年登载有出售"肺形草"的广告，此草产生于四川，据称系肺痨病之最良治疗剂。诸如此类同样的奇说，不计其数，至谓小学生不可食鸡爪，食之则会养成抓破书籍之习惯，更属想入非非。

中国人对于文字之魔力，迷信至深，可从生活的各方面证之，此等特性既非逻辑，又非普通感性，乃不外乎一种原始民族时代之心理。幻想与真理之区别，从不加以分辨，亦无意从事于分辨。蝙蝠和鹿常为刺绣出品中很通行的题材。因为蝙蝠之蝠谐音"福"，而鹿字谐"禄"也，中国新郎新娘成婚后，得吃一顿成双酒，席上一定有一颗猪心，它的意义是新夫妇吃了此心，将来终身义结同心。

那也很难说究有多少事情是郑重其事的信仰，又有多少是游戏性质的幻想。不过有许多禁例真不是玩的，比方你在船上进膳，千万莫把鱼翻身，要是你真把鱼翻一个身，那船夫便会狠狠着恼，因为鱼的翻身，提出了船舶翻身的暗示。他也不见得十分清楚这是煞有介事还是无介于事的，但人家都如此说，如此忌讳，他却也不愿费心费力去研究稽考以图证实。这是一个心理阶段，介临乎真实与假托之间，真假混淆，富含诗意，有似黄粱一梦中之境界。

六 拟想

质朴这个意思该先明白，因为它是引导我们走进中国之拟想的与宗教的世界之前导。关于宗教，乃指一个极乐的天堂与一个残酷的地狱，并实体而生活的鬼神，非为波士顿一神论者（Boston Unitarians）所谓"天国……存于汝身"之说，亦非如亚诺尔特（Matthew Arnold）所信之"不可拟人的，无定形的，存在于吾身，围绕于吾身，主张正义之权力"之说。

所谓拟想的世界，并不限于目不识丁之辈有此信仰，圣哲如孔子，亦曾表现某程度的质朴的拟想，当他论及鬼神，他这样说："与其媚于奥，宁媚于灶。"可见其说道鬼神，于心甚安，真是天真可爱，故又说"祭神如神在""敬鬼神而远之"。至他的对待鬼神的态度则宁愿彼此互不相涉。

韩退之为唐代一大文豪，亦为拥护孔教的一大健将，他继承着孔子这种天真的态度。当他谪居现在的汕头附近的时候，适有鳄鱼为患，他遂写了一篇声调铿锵的《祭鳄鱼文》，一若鳄鱼竟受了他这篇优美雄健的文章所感动（因为他是中国历史上最著名的文章能手之一），照他自己的证述，鳄鱼从此不复出现于此县。韩退之到底诚意的信仰此事与否，殊无益以考究。倘欲发问这个问题，即是误解了实况，因为他的回答十之八九将为："吾何以能知其真，然足下却何以知其非真？"这实在是不可思议论的论调，既承认解决此等问题，非吾人智力所能胜任，倒不如漠视而过之。韩退之为具有伟大胆识者，而且不是一个迷信人物，因为他是著名的《论佛骨表》的著者，在这篇文章里，他劝皇帝勿遣代表去迎佛骨。我想当他执笔写祭鳄鱼文时，一定在暗暗好笑。另有几位胆识伟大的人物，具有较强的辩证力，像后来的司马温公，他力辟佛教地狱之说，提出一个质问：为什么中国未闻佛教学说以前从不梦及地狱之事，但是这样的辩证方法便不是中国精神的典型。

对于我印象最深之中国幻想的特型人物，是像《聊斋志异》等中国文人从幻象演绎出来的女鬼故事，尤其那些被遗弃而抑郁以死和屈死的女子的幽灵。她们附着于婢女的身体而申述其愿望于生人，或由已死的情人，复来缱绻，且为之产子。这种故事，充溢着人类的情感，最为中国人所爱读。因为中国的幽灵，奇妙的酷肖生人，而女性的幽灵更为可爱：她们也有多情善妒的，或至享受着一部分平常人类的生活。

据此等笔记所描写，倘有书生孤斋夜读，遇此等幽灵鬼怪出现，倒不甚可怕。盖当灯火暗淡欲灭，有书生蒙眬而入睡，忽闻绸衣窸窣声，及睁眼视之，则一丽姝，可十六七，慧秀娇媚，光华照人，方睨之而笑。她们往往为多情热烈之少女，我盖深信此等故事而为孤寂书生引以自慰之愿望。她也能用种种狡黠手段罗致财帛以助情人之贫乏；也能体贴护侍他的疾病，其温润慈和胜过于现代之新式看护。更奇者，她有时还能替他蓄聚金钱，当他做客他方，她复能耐心地为他守候。所以她也能保持贞洁的节操。如此同居恋爱的时期，少则三五日、数星期，至可延长及一世之久，直等她替他生了小孩，孩子又长大成人，应试及第，及至荣归乡里，则忽失故居所在，但见古墓荒冢，有一穴穿于地下，其中躺一已死之母狐。因为此当年所谓丽姝，即中国人津津乐道的狐仙之一。有则她忽然隐逸，临去却还留一短笺，叙明她实为一狐狸，但欲享受人生幸福，因来缱绻。今见彼等已能发达，伊深为欣慰，但愿彼等恕伊之孟浪，末复致其恋恋不舍之情云云。

这是中国人拟想的典型，其幻象非若高翔九天之上，而将心上的幻影披以奥妙，予以人类之情感与忧郁。它具有一种蛊惑的美质，使人信以为真，不求完全合理，亦不可明确地解释。中国人之幻想的美质一向未为人所注意，感将于此翻译一段故事，叫做《倩娘离魂记》，系出于唐人手笔。著者固不能确断此故事之准确性若何，但知此事迹约当公元六九〇年前后，适值武后当政时代。吾国之小说、戏剧和其他文人著作，往往多有类此典型的故事，其内容乃将神异的事迹写成可信，因其逼肖人类之性质。

> 天授三年，清河张镒，因官家于衡州，性简静，寡知友，无子，其女二人，其长早亡，幼女倩娘，端妍绝伦。镒外甥太原王宙，幼聪悟，美容范，镒常器重。每日："他时当以倩娘妻之。"后各长成，与倩娘常私，感想于寤寐，家人莫知其状。后有宾寮之选者求之，镒许焉。女闻而抑郁，宙亦深恚恨，托以当调请赴

京,止之不可,遂后遗之。宙因恨悲痛,诀别上船。日暮至山郭数里,夜方半,宙不寐,忽闻岸上有人行声甚速,须臾至船;问之,乃倩娘步行跣足而至。宙惊喜发狂,执手问其从来,泣曰:"君厚意如此,寝食相感,今将夺我此志,又知君深情不易,思将杀身奉报,是以亡命来奔。"宙非意所望,欣悦特甚,遂匿倩娘于船,连夜遁去,倍道兼行,数月至蜀。凡五年,生两子,与镒绝信。其妻常思父母,涕泣言曰:"吾曩日不能相负,弃大义而来奔君,今向五年,恩慈间阻,覆载之下,无颜独存也!"宙哀之曰:"将归,无苦!"遂俱归衡州,既至,宙独身先至镒家,首谢其事。镒大惊曰:"倩娘疾在闺中数年,何其诡说也?"宙曰:"见在舟中。"镒大惊,促使人验之,果见倩娘在舟中,颜色怡畅,讯使者曰:"大人安否?"家人异之,疾赴报镒。室中女闻喜而起,饰装更衣,笑而不语,出与相迎,翕然而合为一体,其衣裳皆重。其家以事不常,秘之,惟亲戚间有潜知之者。后四十年间,夫妻偕老,二男并孝廉,擢第至丞尉。

大概宇宙的现象,至今还没有充分解释清楚,至颇有余地以容纳这样的幻想之存在。拟想的正当用途,乃以"美"装饰这个世界。比方像在道德的领域内,人类智力乃用以转变这个世界使成为满足人生的场所;而在艺术的领域内,是用拟想的天才在这个劳苦乏味的世界上撒布一层美的薄幕,使它生动而适合吾们的审美的享受。在中国,生活的艺术,与绘画、诗,合而为一。十七世纪末期,大文学家李笠翁在他的戏曲《意中缘》里有这么两句:

已观山上画,
更看画中山。

拟想引用其潜思冥索，将贫愁化入美境，吾人读杜甫诗，此旨最能明显。美可以存在于茅舍中，亦可以存在于蚱蜢、存在于蝉翼中；最稀奇处，美亦可以存在于岩石中，世界上只有中国人会孤零零画一幅峋嶙残罅的怪石图。悬诸壁上，欣赏终日而不厌，此等怪石非为凡尼斯或佛劳伦斯的雕像，而是不加修饰的白描的艺术，存留着自然形态的粗鲁的韵律。吾们的审美享受即出自此等艺术中。的确，中国人的心是极端的精细的，几可以从一颗小小的石卵探索其美质，因为他们总是兴奋地从这个悲愁惨苦的世界上摄取最后一分的快乐。一幅孤零峥嵘的怪石，或一只猫儿密视草虫的绘画真是最配中国人胃口的艺术，它们可以让一般人闲情欣赏，悠游卒岁，虽战争爆发于户外而不顾。从平凡生活中寻求美，是中国的拟想之价值，真和华兹华斯（Wordsworth）一样，华兹华斯为英国一切诗人中最富有中国精神者。明末学者萧士玮，在雨点中也感到了美，他在笔记中说：人倘在雨点中久立而不去，可以体味出一种美的感觉来。这样的说法即为一般通行之笔记体裁。但这不仅是文学的要旨，亦为人生的要旨。

第四章
人生之理想

一　中国的人文主义

欲明了中国人对于生命之理想，先应明了中国之人文主义（Humanism）。人文主义这个名词的意义，未免暧昧不明。但中国人之人文主义，自有其一定之界说，它包括：第一点，人生最后目的之正确的概念；第二点，对于此等目的之不变的信仰；第三点，依人类情理的精神以求达到此等目的。情理即为"中庸"之道，中庸之道的意义又可以释作普通感性之圭臬。

人生究有何种意义，何等价值，这个问题曾费尽了西方哲学家许多心思，错综纠纷，终未能予以全般之解释——这是从目的论的观点出发的天然结果，目的论盖认为宇宙间一切事物连同蚊虫和伤寒病菌在内，都是为了人类的福利而产生的。因为这个人生太痛苦，太惨愁，殆无法创设一完善之解答以满足人类的自尊心。目的论因是又转移到第二个人生，这个现世的尘俗的生命因是被看做下一世生命的准备。这种学理与苏格拉底（Socrates）的逻辑相符合，他把悍妻视作训练丈夫性情的天然准备。这一个论证上左右为难的闪避方法，有时给吾们的心灵以暂时的安宁。但是那永久不熄的问题又复出现："人生究有何种意义？"尼采则毅然决然不避艰难地拒绝假定人生应有目的，而深信人类生命之进程是一个循环，人类的事业乃为无目的之野人的舞踊，非为有目的之往返于市场。但是这个问题仍不断地出现，有似海浪之拍岸："人生究有何种意义？"

中国人文主义者却自信他们已会悟了人生的真正目的。从他们的会悟观之，人生之目的并非存于死亡以后的生命，因为像基督所教训的理想谓：人类为牺牲而生存这种思想是不可思议的；也不存于佛说之涅槃，因为这种说法太玄妙了；也不存于事功的成就，因为这种假定太虚夸了；也不存于为进步而前进的进程，因为这种说法是无意义的。人生真正的目的，中国人用一种单纯而显明的态度决定了，它存在于乐天知命以享受朴素的生活，尤其是家庭生活与和谐的社会关系。曩时，启蒙的学童所习诵的第一首诗即为下面的一首：

> 云淡风轻近午天，
> 傍花随柳过前川；
> 时人不识余心乐，
> 将谓偷闲学少年。

这一首小诗不独表现诗的情感，它同时表现着人生的"至善至德"的概念。中国人对于人生的理想是浸透于此种情感中的。这一种人生的理想既不是怀着极大野心，也不是玄妙而不可思议，它是无上的真理，我还得说它是放着异彩的淳朴的理想，只有脚踏实地的中国精神始能领悟之。吾人诚不解欧美人何以竟不能明了人生目的即在纯洁而健全地享受人生。中西本质之不同好像是这样的：西方人较长于进取与工作而拙于享受，中国人则善于享受有限之少量物质。这一个特性，吾们的集中于尘俗享乐的意识，即为宗教不能存在之原因，也就是不存在的结果。因为你倘使不相信现世此一生命的终结系于下一世的生命的开始，天然要在这一出现世人生趣剧未了以前享受所有的一切。宗教之不存在，使此等意识之凝集尤为可能。

从这一种意识的凝集，发展了一种人文主义，它坦白地主张以人类为中心的宇宙学说而制下了一个定则：一切知识之目的，在谋人类之幸福。把一切知识人性化，殆非容易之上作，因为人类心理或有陷于歪曲迷惑之时，他的理智因而被其逻辑所驱使而使他成为自己知识的工具。是以只有用敏锐的眼光、坚定的主意，把握住人生的真正目的若可以明见者然，人文主义始克自维其生存。人文主义在拟想来世的宗教与现代之物质主义之间占一低微之地位。佛教在中国可说控制了大部分民间的思想，但忠实的孔教徒常含蓄着内在的愤怒以反抗佛教之势力，因为佛教在人文主义者的目光中只不过为真实人生之逃遁或竟是否定。

另一个方面，现代文明的世界方劳役于过度发展的机械文明，似无暇保障人类去享受他所制造的物质。铅管设备在美国之发达，使人忘却人类生活之缺乏冷热水管者同样可以享受幸福之事实，像在法国，在德国，许许多多人享着舒适之高龄，贡献其重要的科学发明，写作有价值的巨著，而他们的日常生活，固多使用着水壶和老式水盆也。这个世界好像需要一个宗教，来广布耶稣安息日之著名格言，并宣明一种教义：机械为服役于人而制造，非人为服役于机械而产生。总而言之，一切智慧之极点，一切知识之问题乃在于怎样使"人"不失为"人"和他的怎样善享其生存。

二 宗教

中国人文学者尽心于人生真目的之探讨，为学术界放一异彩，他们会悟了人生的真意义，因完全置神学的幻象于不顾。当有人询问吾们的伟大人文学家孔子以死的重要问题时，孔子的答复是："未知生，焉知死"。有一次，一位美国长老会牧师跟我追根究底讨论生死问题之重要性，引证至天文学真理，谓太阳在逐渐丧失其精力，或许再隔个几百万年，生命在地球上便将消灭。牧师因问我："那你还承认不承认生死问题到底是重要的？"吾率直地告诉他，吾未为所动；倘使人类生命还有五十万年可以延续，那已很足以适应实践目的之需要而有余，至其余则都属于不必要的玄学者的杞忧。任何人的生命，如欲生活五十万年而犹不感满足，这是不合理，而且非东方人士所了解的。这位长老会牧师的杞忧，是条顿民族的特性。而我的不关心的淡漠态度是中华民族的特性。中国人是以便不易皈依基督教，即使信仰基督教，多为教友派（Quakers）式之教徒。因为这一派是基督教中唯一可为中国人所了解之一种，基督教义如当做一种生活方法看，可以感动中国人，但是基督教的教条和教理，将为孔教所击个粉碎，非由于孔教逻辑之优越，却由于孔教之普通感性的势力。佛教输入中国，当其被知识阶级所吸收，其宗教本身，只形成一种心意摄生法，此外便了无意义。宋代理学的本质便如是。

这却是为什么缘故？因为中国的人生理想具有某种程度的顽固的特性。中国的绘画或诗歌里头，容或有拟想幻象的存在，但是伦理学中，绝对没有非现实的拟想的成分。就是在绘画和诗歌中，仍富含纯粹而恳挚的爱悦寻常生活的显著征象，而幻想之作用，乃所以在此世俗的生活上笼罩一层优美的迷人薄幕，非真图逃遁此俗世也。无疑的，中国人爱好此生命，爱好此尘世，无意舍弃此现实的生命而追求渺茫的天堂。他们爱悦此生命，虽此生命是如此惨愁，却又如此美丽，在这个生命中，快乐的时刻是无上的瑰宝，因为它是不肯久留的过客。他们爱悦此生命，此生命为一纷扰纠结之生命，上则为君王，下则为乞丐，或为盗贼，或为僧尼，其居常则养生送死，嫁娶疾病，早曦晚霞，烟雨明月，胜时佳节，酒肆茶寮，翻云覆雨，变幻莫测，劳形役性，不得安息。

就是这些日常生活的琐碎详情，中国小说家常无厌地乐于描写，这些详情是那么真实，那么切人情，那么意味深长，吾们人类，谁都受了它们的感动。那不是一个闷热的下午吗？那时阖家儿女主人以至佣仆个个沉浸在睡乡里了，黛玉却独个儿坐在珠帘的后面，不是听得那鹦哥呼唤着主人的名字吗？那又不是八月十五吗？那是一个不可忘的中秋佳节，女孩儿们和宝哥哥又挤拢在一起，一边持螯对酌，一边作诗了，起了劲儿，你吾揄揶一阵子，狂笑一阵子。多么快乐，多么醉人啊！但是这样美满的幸福总难得长久，中国有句俗谚，叫做月圆易缺，花好易残，又多么扫兴啊！或则那不是一对儿天真的新夫妇，在一个月夜第一次别后重逢吗？他们俩坐在小池的旁边，默祷着花好月圆的幸福，可是一会儿黑云罩上了月儿，远远里听得好像隐隐约约有什么嘈杂声，好像一只漫步的鸭子被一条暗伺的野狼追逐着的逃遁声。第二天，这年轻的妻子禁不住浑身发抖，她不是患起高度的寒热病来了吗？人生的这样犀利动人的美丽是值得用最通俗的笔墨记载的。这个尘俗的人生之表现于文学，从不嫌其太切实也不嫌其太庸俗的。一切中国小说之特点，为不厌其详地列举琐碎家常。或则一个家宴中的各色菜肴，或则一个旅客在客舍进膳的形形色色，甚至接着描写他的腹病，因而趋赴空旷地段去如厕的情形,空地固为中国人的天然厕所。中国小说家是这样描写着,中国的男女是这样生活着,这个生命是太充实了,它不复有余地以容纳不灭的神的思想了。

中国人生理想之现实主义与其着重现世的特性源于孔氏之学说。孔教精神之不同于基督教精神者即为现世的,与生而为尘俗的。基督可以说是浪漫主义者而孔子为现实主义者,基督是玄妙哲学家而孔子为一实验哲学家,基督为一慈悲的仁人,而孔子为一人文主义者。从这两大哲学家的个性,吾人可以明了希伯来宗教与诗和中国的现实思想及普通感性二者对照的根本不同性。孔子学说,干脆些说,不是宗教,它有一种对待人生与宇宙的思想,接近乎宗教而本身不是宗教。世界上有这样的伟人,他们不大感兴奋于未来的人生,或生命不灭,或所谓神灵的世界等问题。这样典型的哲学决不能满足日耳曼民族,因亦不能满足希伯来,可是它满足了中华民族———一般地讲。我们在下面将讲到,就是中华民族也不能感到充分满足,可是它的缺憾却给道教、佛教的超自然精神弥补上了。但是此种超自然精神在中国好像一般地与人生的理想有一种隔阂而不能融和,它们只算是一些精神上的搭头戏,所以调剂人生,使之较为可忍受而已。

孔子学说之人文主义的本质可谓十足的纯粹,虽后来许多亚一等的人物,文人或武将,被后人上了尊号,奉为神祇,但孔子和他的弟子从未被人当做神祇的偶像看待。一个妇人受了人家的暴辱,若能一死以保持其贞操,可以很迅速变成当地的神,建立庙宇,受民间的奉祀。人文主义的性质,可以由下面的事实来说明:三国的名将关羽被人塑为偶像,尊为神明,而孔子则不被人奉为神像,祖庙宗祠里的列祖列宗亦不奉为神像。那班捣毁偶像的激进党倘欲冲进孔庙,乃未免太无聊了。在孔庙和宗祠里头,只有长方的木质牌位,上面写着这牌位所代表的姓名,它不像个偶像,倒像个人名录。无论如何,这些祖宗并非是神祇，他们同样是人类，不过已脱离了尘世，故继续受子孙的奉养，有如生时。倘使他们生时是伟人，则死后可以保护他的子孙，但是他们本身也需要子孙的援助，四时祭祀以免饥饿，焚化纸锭以资为地狱间一切开支，子孙又得乞助于僧侣以超度其在地狱中的祖宗。简言之，他们继续受子孙之看护奉养，一如在世之老年时代。这情形也跟后代读书人之祭孔典礼其用意相同。

著者常留意观察宗教文化像各基督教国家和质朴的文化像中国之间的差异，与此歧异的文化怎样渗入人的内心；至于内心的需求，著者敢擅断是一样的。此等差异，与宗教之三重作用不相上下。

第一，宗教为一个教士策术的综合体。包括她的信条，她的教皇权的嗣续，异迹的支助，专利的出卖赦罪，她的慈善救济事业，她的天堂与地狱说。宗教因是而利于流行，普及于各种民族，连中国在内。在人类文化的某程度上，宗教这样也可算满足了人心的需求了。因为人民需要这一套宗教精神，于是道教与佛教出而应市于中国，盖孔教学说，不欲供给此等物料也。

第二，宗教为道德行为之裁定者。在这一点上，中国人与基督教的观点差异得非常之大，人文主义者的伦理观念是以"人"为中心的伦理，非以"神"为中心的伦理，在西方人想来，人与人之间，苟非有上帝观念之存在，而能维系道德的关系，是不可思议的。在中国人方面，也同样的诧异，人与人何以不能保持合礼的行为，何为必须顾念到间接的第三者关系上始能遵守合礼的行动呢？那好像很容易明了，人应该尽力为善，理由极简单，就只为那是合乎人格的行为。著者尝默忖久之，设非圣保罗神学之庇荫，今日欧洲之伦理观念，不知将又是怎样一副面目。我想势必同化于奥勒留（Marcus Aurelius）的《沉思录》。圣保罗神学带来了希伯来的罪恶意识，这个意识笼罩了整个基督教的伦理园地，使一般人感觉，除了皈依宗教，即无法拔除罪恶，恰如赎罪之道所垂示者。因此之故，欧洲伦理观念而欲与宗教分离，这种奇异意识似从未一现于人民的心坎。

第三，宗教是一种神感，一种生活的情感，亦为一种宇宙的神秘而壮肃宏巍的感觉，生命安全的探索，所以满足人类最深的精神本能。吾们的生命中，时时有悲观的感觉浮上吾们的心头，或则当我们丧失了所爱者，或则久病初愈，或当新寒的秋晨，每目睹风吹落叶，凄惨欲绝，一种死与空虚的感觉笼罩了我们的心坎，那时我们的生命已超越了我们的认识，我们从这眼前的世界望到广漠的未来。

此等悲观的一瞬，感触中国人的心，同样也感触西方人的心，但是两方的反应却截然不同。著者从前为一基督教徒而现在为拜偶像者，依著者鄙见，宗教虽只安排着一个现存的回答，笼统地解决这些问题而使心灵安定下来，她确也很能从意识中消除这个人生的莫测深渊之神秘与伤心刻骨的悲哀。这种悲哀的情绪就是我们所谓的"诗"。基督教的乐观主义毁灭了一切"诗"。一个拜偶像者，他没有现成的答复，他的神秘感觉是永远如爝火之不熄，他的渴望保护永远不得回复，也永远不能回复，于是势必驱入一种泛神论的诗境。实际上，诗在中国的人生过程中，代替了宗教所负神感与生活情感的任务，吾们在讨论中国的诗的时候，将加以解释。西方人不惯于泛神的放纵于自然的方式，宗教是天然的救济。但在非基督徒看来宗教好像基于一种恐惧，好像恐怕诗和拟想还不够在人情上满足现世的人生，好像恐惧丹麦的海滨森林和地中海沙滩的力和美还不够安慰人的灵魂，因是超凡的神是必需的了。

但孔教的普通感性固轻蔑着超自然主义，认为都是不可知的领域，直不屑一顾，一面却竭力主张于心的制胜自然，更否定放纵于自然的生活方式或自然主义。这个态度，孟子所表现着最为明晰，孔门学说对于人在自然界所处地位的概念是："天地人为宇宙之三才。"这个区别,仿佛巴比伦之三重区别,超自然主义、人文主义、自然主义。天界的现象,包括星、云和其他不可知的力,西方的逻辑哲学家把它归纳为"上帝之行动"。而地球的现象,则包括山川和其他种种力,希腊神话中归诸第弥脱女神(Demeter)者。其次为人,介乎二者之间,占领重要的地位。人知道他自己在宇宙机构间之归属,因而颇自傲其地位之意。有如中国式的屋顶而非如哥特(Goth)式的尖塔,他的精神不是耸峙天际,却是披覆于地面。他的最大成功是在此尘世生活上能达到和谐而快乐的程度。

中国式的屋顶指示出快乐的要素第一存于家庭。的确,家庭在我的印象中,是中国人文主义的标记。人文主义好比是个家庭主妇,宗教好比女修道士,自然主义好比卖淫的娼妓,三者之中,主妇最为普通,最为淳朴,而最能满足人类,这是三种生活方式。

但是淳朴是不容易把握的,因为淳朴是伟大人物的美质。中华民族却已成就了这个简纯的理想,不是出于偷逸懒惰,而是出于积极的崇拜淳朴,或即为"普通感性之信仰"。然则其成就之道何在?下面即有以讨论及之。

三 中庸之道

普通感性之宗教或信仰,或情理的精神,是孔教人文主义之一部分或一分段。就是这种情理精神产生了中庸之道,它是孔子学说的中心思想。关于情理精神前面曾经论及,它是与逻辑或论理相对立的。情理精神既大部分为直觉的,故实际上等于英文中的"常识",从这种精神的显示,即任何信条,凡欲提供于中国人的面前,倘只在逻辑上合格,还是不够的,它必须"符合于人类的天性",这是极为重要的概念。

中国经典学派的目的，在培育讲情理的人，这是教育的范型。一个读书人，旁的可以不管，第一先要成为讲情理的人，他的特征常为他的常识之丰富，他的爱好谦逊与节约，并厌恶抽象学理与极端逻辑的理论。常识为普通人民人人所有的，而哲学家反有丧失此等常识的危险，因而易致沉溺于过度学理之患。一个讲情理的人或读书人要避免一切过度的学理与行为，举一个例子：历史家弗鲁德（Froude）说："亨利八世之与加塞琳离婚，完全出于政治的原因。"而从另一方面的观点，则克莱顿主教宣称："这件事故完全出于兽欲。"若令以常情的态度来评判，则认为两种原因各居其半，这种的见解其实是较为切近于真情。在西方，某种科学家常沉迷于遗传的理想，另一种则着魔于环境的意识，而每个人都固执地以其鸿博的学问与兴奋的戆性竭力证明自己所持之学理为正确。东方人则可以不费十分心力，下一个模棱两可的判断。是以中国式的判断，可以立一个万应的公式："A是对的，B亦未尝错。"

这样自慰自足的态度，有时可以挑怒一个讲逻辑的人，要问一问到底是怎样。讲情理的人常能保持平衡，而讲逻辑的人则丧失了平衡。倘有人谓中国绘画家可以像毕加索（Picasso）采取完全逻辑的观察，把一切绘画的对象简化到单纯的几何形体，圆锥、平面、角、线条来构图，而把逻辑的学理运入绘画，这样的理想在中国显然是不会实现的。吾们有一种先天的脾气，不信任一切辩论，若为太完全的；又不信任一切学理，若是太逻辑的。对付此等学理上的逻辑怪想，"常情"是最好最有效的消毒剂。罗素曾经很正确地指出："在艺术上，中国人竭力求精细；在生活上，中国人竭力求合情理。"

崇拜此常情之结果，乃为思想上的厌恶一切过度的学理，道德上的厌恶一切过度的行为。此种态度之天然趋势，为产生"中庸之道"。

它的意思实在相同于希腊的"不欲过分"的思想，中文意思适相同于 moderation 的字为"中和"，它的意义是"不过分而和谐"；相同于 restraint 的字为"节"字，意义是"克制至适宜之程度"。《尚书》为中国记载政治公文最早之史籍，内载当尧禅位之时，劝告其继承者舜说："咨尔舜，天之历数在尔躬，允执厥中，四海困穷，天禄永终。"孟子赞美汤说："汤执中，立贤无方。"《中庸》上说："舜好问，而好察迩言，隐恶而扬善，执其两端而用其中于民……"他的意义是谓他必须听取相反的两端议论，而给双方同样打一个对折的折扣。中庸之道在中国人心中居极重要之位置，盖他们自名其国号曰"中国"，有以见之。中国两字所包含之意义，不止于地文上的印象，也显示出一种生活的轨范。中庸即为本质上合乎人情的"常轨"，古代学者遵奉中庸之道，自诩已发现一切哲学的最基本之真理，故曰：中者天下之正道，庸者天下之定理。

中庸之道覆被了一切，包藏了一切。它冲淡了所有学理的浓度，毁灭了所有宗教的意识。假定有一次一个儒教的老学究与一个佛教法师开一次辩论，这位大法师大概很能谈，他能够引出许多材料以证明世上物质的虚无与人生之徒然，这时候，老学究大概将简单地用他的实情而非逻辑的态度说："倘令人人脱离家庭而遁迹空门，则世界上的一切国家与人民，将变成怎样情形呢？"此非逻辑而极切人情的态度，其本身具有一种紧张的力。这个人生的标准不独反对佛教，抑亦反对一切宗教，一切学理。吾人势不复能致力于逻辑。实际，所有学理之得以成为学理，乃一种思想，发育自创始者的心理作用。弗洛伊德神经学学理之内容实即为弗洛伊德（Freud）之化身；而佛教学说之内容，乃佛陀之化身。所有一切学理，不问弗洛伊德或佛陀的学说，都好像基于过度夸张的幻觉。人类的苦难，结婚以后生活之烦恼，满身痛楚的叫花子，病人的呻吟，此等景象与感觉，在吾们普通人可谓随感随忘；可是对于佛陀，则给予其敏感的神经以有力之刺激，使他浮现涅槃的幻景。孔子学说适与此相反，乃为普通人的宗教，普通人固不普于敏感，否则整个世界将瓦解而分崩。

中庸的精神在生活与知识各方面随处都表现出来。逻辑上，人都不应该结婚，实际上，人人要结婚，所以孔子学说劝人结婚；逻辑上，一切人等都属平等，而实际则不然，故孔子学说教人以尊敬尊长；逻辑上男女并无分别，而实际上却地位不同，故孔子学说教人以男女有别。墨子教人以"兼爱"，杨朱教人以"为我"，孟子则两加排斥，却主张亲亲而仁民，仁民以爱物。孟子称：伯夷隘，柳下惠不恭，子思则劝人取中和之道。这三种不同之方式，诚为极动人之比较。

专把性欲问题来谈。性道德上有两种相反的意见：一种极端由佛教及加尔文主义（Calvinism）来代表，这一派认为性是罪恶之极点，故禁欲主义为其天然之结论。另一极端为自然主义，这一派推崇传殖力，现代有许多摩登男女是秘密的信徒。这两派意见的矛盾，惹起现代摩登青年所谓精神的不安。像哈夫洛克·霭理士（Havelock Ellis），他在性的问题上曾努力寻求纯洁而健全的见解以适应正常人类的情欲，他的见解显然转向希腊民族的意识方面，也就是人文主义的意见。至于孔子学说所给予"性"之地位，他认为这是完全正常的行为，不但如是，且为人种与家族永续的重大关键。其实对于"性"有最明晰之见解者，著者一生所遇，莫如《野叟曝言》。这是一本绝对孔教主义的小说。内容特着重于揭露和尚的放浪生活。书中主角，为一孔教的超人，他奔走说合那些光杆土匪和土匪姑娘的婚姻，劝他们好好替祖宗延续胤嗣。此书与《金瓶梅》不同，《金瓶梅》专事描写浪子淫妇，而《野叟曝言》中的男男女女是贞洁而合礼的人物，结成模范夫妻。这本小说之所以被视为淫书，其唯一原因为作者把书中男女，有意处之尴尬之环境。但是他的最大成果，确为婚姻与家族问题之可信的辩论,并发扬了母性精神。这一个对于"性"的见解为孔教学说关于情欲之唯一表彰者,子思在《中庸》中对于人类七情之意见,盖反复申述"中和"以为教焉。

中国人之讲情理的精神与其传统的厌恶极端逻辑式的态度,产生了同等不良的效果,那就是中华民族整个的不相信任何法制纪律。因为法制纪律,即为一种机械,总是不近人情的,而中华民族厌恶一切不近人情的东西。中国人厌恶机械制度如此之甚,因之厌恶法律与政府的机械论的观法,致使宪法政府之实现为不可能。严厉峻刻之法制统治权,或非人情政治的法律,在吾国盖已屡屡失败,它的失败盖由于不受人民之欢迎。法制政治之概念,在第三世纪中,吾国曾有大思想家建议而付诸实施,商鞅即为实验法制政治之一人。他是一个出类拔萃的大政治家,相秦孝公,威震诸侯,奠定了秦国强大的基础,但其结果,把他的头颅偿付了政治效力的代价。秦本为僻处甘肃边陲的次等邦国,历史上怀疑其混合有野蛮的部落,赖商鞅之努力擘画,建立了勇武的军队,征服了全部中国。乃其统治权曾不能维持四十年,反抗者蜂起,秦社稷卒悲愁地倾覆。此无他,盖其以商鞅所施于秦国之同样政治方式,施之于中国人民全体之故耳。秦代之建筑万里长城,确有其不朽之功绩,然亦为不可恕之"不近人情",致断送了秦始皇的帝统。

加以中国人文主义者不断宣传其教义,而中国人民在过去常统治于个人政权之下,故"法制纪律"中国人称为"经"者之不足,常能赖"便宜行事"中国人称为"权"者来弥补。所谓"权以经济之穷"。与其受治于法治的政治,中国宁愿赞成贤能的政府,贤能政府是比较的近人情,比较的有伸缩性。这是一个大胆的思想——天生有如此众多的贤人,足以遍布全境而统治一个国家!至谓德谟克拉西能从点算普通人民意见混杂的投票中获得真理,亦属同样大胆的论断。两种制度都有不可免的缺点,但以人为标准的制度总是对于中国人的人文主义,中国人的个人主义和爱好自由,是较合脾胃的。

这个癖性,缺乏纪律,成为吾国一切社会团体的特性,一切政治机关、大学校、俱乐部、铁路、轮船公司——一切的一切,除掉外国人统治的邮政局与海关——都有这样的特性。其结果则为引用私人,嬖宠弄权,随时随地如法炮制有不学而能者。只有一颗不近人情的心,铁面无私的性格,始能撇开私人的感情作用而维持严格之纪律,而这种铁面在中国殊不受大众欢迎,因为铁面都是不纯良的孔教徒。这样养成了缺乏社会纪律之习惯,为中华民族之最大致命伤。

是以中国之错误,毋宁说是太讲人情。因为讲人情其意义相同于替人类天性留余地。在英国对人说"做事要讲情理",等于教人放任自然。你读过萧伯纳著的《卖花女》吗?那剧本中那位卖花姑娘的爹爹杜律得尔要向歌琴斯教授敲一张五镑钞票的竹杠时,他的理由是:"……这样合理吗?……这女儿是我的。你要了去,我的份儿呢?"杜律得尔更进一步地表征中国的人文主义的精神,他只索取五磅,而拒绝了歌琴斯教授所欲付给的十磅。因为金钱太多了会使他不快活,而真实的人文主义者所需要的金钱只消仅够快活,仅够喝一杯酒。换言之,杜律得尔是一位孔教徒,他知道怎样求快活,且也只需要快活。因为时常与情理相接触,中国人的心上,发育了一种互让的精神,盖为中庸之道的天然结果。倘有一位英国父亲打不定主意,是把他的儿子送进剑桥大学呢,还是送进牛津大学?他可以最后决定把他送进伯明翰(Birmingham)。这样,那儿子从伦敦出发而到达了白莱却莱,既不转而东向剑桥,又不转而西向牛津,却是笔直地北指而往伯明翰。他恰恰实行了中庸之道。这一条往伯明翰之路是有相当价值的,因为笔直地北去,既不东面得罪了剑桥,也不西面得罪了牛津。倘使你明白了这个中庸之道的使用法,你便能明白近三十年来全盘的中国政治,更能从而猜测一切中国政治宣言的内幕而不致吃那文字火焰之威吓了。

四　道教

然则孔子的人文主义能否叫中国人感到十分充分的满足呢？答复是：它能够满足，同时，也不能够满足。假使已经完全满足了人民的内心的欲望，那么就不复有余地让道教与佛教得以传播了。孔子学说之中流社会的道德教训，神妙地适合于一般人民，它适合于服官的阶级，也适合于向他们叩头的庶民阶级。

但是也有人一不愿服官，二不愿叩头。他具有较深邃的天性，孔子学说未能深入以感动他。孔子学说依其严格的意义，是太投机，太近人情，又太正确。人具有隐藏的情愫，愿得披发而行吟，可是这样的行为非孔子学说所容许。于是那些喜欢蓬头跣足的人走而归于道教。前面已经指出过，孔子学说的人生观是积极的，而道家的人生观则是消极的。道家学说为一大"否定"，而孔子学说则为一大"肯定"。孔子以礼义为教，以顺俗为旨，辩护人类之教育与礼法。而道家呐喊重返自然，不信礼法与教育。

孔子设教，以仁义为基本德行。老子却轻蔑地说："失道而后德，失德而后仁，失仁而后义……"孔子学说的本质是都市哲学，而道家学说的本质为田野哲学。一个摩登的孔教徒大概将取饮城市给照的A字消毒牛奶，而道教徒则将自农夫乳桶内取饮乡村鲜牛奶。因为老子对于城市照会、消毒、A字甲级等，必然将一例深致怀疑，而这种城市牛奶的气味将不复存天然的乳酪香味，反而氤氲着重大铜臭气。谁尝了农家的鲜牛奶，谁会不首肯老子的意见或许是对的呢？因为你的卫生官员可以防护你的牛奶免除伤寒菌，却不能防免文明的蠹虫。

孔子学说中还有其他缺点，他过于崇尚现实而太缺乏空想的意象的成分,中国人民是稚气地富有想象力,有几许早期的幻异奇迹,吾人称之为妖术及迷信者,及后代仍存留于中国人胸中。孔子的学说是所谓敬鬼神而远之;他承认山川之有神祇,更象征地承认人类祖考的鬼灵之存在,但孔子学说中没有天堂地狱,没有天神的秩位等级,也没有创世的神话。他的纯理论,绝无掺杂巫术之意,亦无长生不老之乐。其时虽笼罩于现实氛围的中国人,除掉纯理论的学者,常怀有长生不老之秘密愿望。孔子学说没有神仙之说,而道教则有之,总之,道教代表神奇幻异的天真世界,这个世界在孔教思想中则付阙如。

故道家哲学乃所以说明中国民族性中孔子所不能满足之一面。一个民族常有一种天然的浪漫思想,与天然的经典风尚,个人亦然。道家哲学为中国思想之浪漫派,孔教则为中国思想之经典派。确实,道教是自始至终罗曼史的:第一,他主张重返自然,因而逃遁这个世界,并反抗狡夺自然之性而负重累的孔教文化。第二,他主张田野风的生活、文学、艺术并崇拜原始的淳朴。第三,他代表奇幻意象的世界,加缀之以稚气的质朴的"天地开辟"之神话。

中国人曾被称为实事求是的人民,但也有他的特性的罗曼史的一面,这一面或许比现实的一面还要深刻,且随处流露于他们的热烈的个性,他们的爱好自由和他们的随遇而安的生活。这一点常使外国旁观者为之迷惑而不解。照我想来,这是中国人民之不可限量的重要特性。每一个中国人的心头,常隐藏有内心的浮浪特性和爱好浮浪生活的癖性。生活于孔子礼教之下倘无此感情上的救济,将是不能忍受的痛苦。所以道教是中国人民的游戏姿态,而孔教为工作姿态。这使你明白每一个中国人当他成功发达而得意的时候,都是孔教徒,失败的时候则都是道教徒。道家的自然主义是服镇痛剂,所以抚慰创伤了的中国人之灵魂者。

那是很有兴味的,你要知道道教之创造中华民族精神倒是先于孔子,你再看他怎样经由民族心理的响应而与解释鬼神世界者结合同盟。老子本身与"长生不老"之药毫无干系,也不涉于后世道教的种种符箓术。他的学识是政治的放任主义与论理的自然主义的哲学。他的理想政府是清静无为的政府,因为人民所需要乃自由自在而不受他人干涉的生活。老子把人类文明看做退化的起源,而孔子式的圣贤,被视为人民之最坏的腐化分子。宛似尼采把苏格拉底看做欧洲最大的坏蛋,故老子俏皮地讥讽说:"圣人不死,大盗不止。"继承老子思想,不愧后起之秀者,当推庄子。庄子运其莲花妙舌,对孔教之假道学与不中用备极讥诮。

讽刺孔子哲学,固非难事,他的崇礼义,厚葬久丧并鼓励其弟子钻营官职,以期救世,均足供为讽刺文章的材料。道家哲学派之憎恶孔教哲学,即为浪漫主义者憎恶经典派的天然本性。或可以说这不是憎恶,乃是不可抗的嘲笑。

从彻头彻尾的怀疑主义出发,真只与浪漫的逃世而重返自然相距一步之差,据史传说:老子本为周守藏室史,一日骑青牛西出函谷关,一去不复返。又据《庄子》上的记载,庄子钓于濮水,楚王使大夫二人往先焉,曰:"愿以境内累矣。"庄子持竿不顾,曰:"吾闻楚有神龟,死已三千岁矣,王巾笥而藏之庙堂之上。此龟者,宁其死为留骨而贵乎?宁其生而曳尾于涂中乎?"二大夫曰:"宁生而曳尾于涂中。"庄子曰:"往矣!吾将曳尾于涂中。"从此以后,道家哲学常与遁世绝俗、幽隐山林、陶性养生之思想不可分离。从这点上,吾们摄取了中国文化上最迷人的特性即田野风的生活、艺术与文学。

或许有人会提出一个问题:老子对于这个逃世幽隐的思想该负多少责任?殊遽难下肯定之答复。被称为老子著作的《道德经》,其文学上之地位似不及"中国尼采"庄子,但是它蓄藏着更为精练的俏皮智慧之精髓。据我的估价,这一本著作是全世界文坛上最光辉灿烂的自保的阴谋哲学。它不第教人以放任自然，消极抵抗，抑且教人以守愚之为智，处弱之为强，其言曰："……不敢为天下先。"它的理由至为简单，盖如是则不受人之注目，故不受人之攻击，因能立于不败之地。所以他又说："……以其不争。故天下莫能与之争。"尽我所知，老子是以浑浑噩噩藏拙韬晦为人生战争利器的唯一学理，而此学理的本身，实为人类最高智慧之珍果。

老子觉察了人类智巧的危机，故尽力鼓吹"无知"以为人类之最大福音。他又觉察了人类劳役的徒然，故又教人以无为之道，所以节省精力而延寿养生。由于这一个意识使积极的人生观变成消极的人生观。它的流风所被染遍了全部东方文化色彩。如见于《野叟曝言》及一切中国伟人传记，每劝服一个强盗或隐士，使之与家庭团聚而重负俗世之责任，常引用孔子的哲学理论；至遁世绝俗，则都出发于道德的观点。在中国文字中，这两种相对的态度称之为"入世"与"出世"。有时此两种思想会在同一人心上蹶起争斗，以其战胜对方。一个人一生的不同时期，或评比两种思想也会此起彼伏，如袁中郎之一生。举一个眼前的例证，则为梁漱溟教授，他本来是一位佛教徒，隐栖山林间，与尘世相隔绝；后来却恢复孔子哲学的思想，重新结婚，组织家庭，便跑到山东埋头从事于乡村教育工作。

中国文化中重要特征之田野风的生活与艺术及文学，采纳此道家哲学之思想者不少。中国之立轴中堂之类的绘画和瓷器上的图样，有两种流行的题材：一种是合家欢，即家庭快乐图，上面画着女人、小孩正在游玩闲坐；另一种则为闲散快乐图，如渔翁、樵夫或幽隐文人，悠然闲坐松荫之下。这两种题材，可以分别代表孔教和道教的人生观念。樵夫、采药之士和隐士都接近于道家哲学，在一般普通异国人看来，当属匪夷所思。下面一首小诗，它就明显地充满着道家的情调：

> 松下问童子，
> 言师采药去。
> 只在此山中，
> 云深不知处。

此种企慕自然之情调，差不多流露于中国所有的诗歌里头，成为中国传统的精神上一主要部分。不过孔子哲学在这一方面亦有重要贡献，崇拜上古的淳朴之风，固显然亦为孔门传统学说之一部分。中华民族的农业基础，一半建筑于家族制度，一半建筑于孔子哲学之渴望黄金时代的冥想。孔子哲学常追溯尧舜时代，推为历史上郅治之世。那时人民的生活简单之至，欲望有限之至，有诗为证：

> 日出而作，日落而息。
> 掘井而饮，耕田而食；
> 帝力于我何有哉！

这样崇拜古代即为崇拜淳朴。在中国，这两种意识是很接近的，例如人们口头常说"古朴"，把"古代"和"素朴"联结成一个名词。孔子哲学对于家庭之理想常希望人能且耕且读，妇女则最好从事纺织。

下面吾又摘录一首小诗，这是十六世纪末期陈眉公（继儒）遗给其子孙作为家训的箴铭的。这首词表面上似不属于道家哲学，而实际上歌颂素朴生活无异在支助道家哲学：

闲居书付儿辈（清平乐）

有儿事足，一把茅遮屋。若使薄田耕不熟，添个新生黄犊。

闲来也教儿孙，读书不为功名。种竹浇花酿酒，世家闭户先生。

中国人心目中之幸福，所以非为施展各人之所长，像希腊人之思想，而为享乐此简朴田野的生活而能和谐地与世无忤。

道家哲学在民间所具的真实力量，乃大半含存于其供给不可知世界之材料，这种材料是孔教所摈斥不谈的，《论语》说："子不语怪力乱神。"孔子学说中没有地狱，也没有天堂，更没有什么精魂不灭的理论。他解决了人类天性的一切问题，却把宇宙的哑谜置而不顾。就是于解释人体之生理作用，也属极无把握。职是之故，他在他的哲学上留下一个绝大漏洞，致令普通人民不得不依赖道家的神学以解释自然界之神秘。

拿道家神学来解释宇宙之冥想，去老庄时代不久即见之于淮南子（前179—前122），他把哲学混合于鬼神的幻境，记载着种种神话。道家的阴阳二元意识，在战国时代已极流行，不久又扩大其领域，参入古代山东野人之神话，据称曾梦见海外有仙山，高耸云海间，因之秦始皇信以为真，曾遣方士率领五百童男童女，入海往求长生不老之药。由是此基于幻想的立脚点遂牢不可破，而一直到如今，道教以一种神教的姿态在民间获得稳固之地位。尤其是唐代，道教曾经长时期被当做国教，因为唐代皇裔的姓氏适与老子同为"李"字。当魏晋之际，道教蔚成一时之风，其势力骎骎乎驾孔教而上之。此道教之流行，又与第一次中国文学浪漫运动有联系的关系，并为对待经汉儒改制的孔教礼义之反动。有一位著名诗人曾把儒者拘拘于狭隘的仁义之道譬之于虮虱爬行裤缝之间。人的天性盖已对孔教的节制和他的礼仪揭起了革命之旗。

同时，道教本身的范围亦乘机扩展开来，在它的学术之下，又包括了医药、生理学、宇宙学（所谓宇宙学大致是基于阴阳五行之说而用符号来解释的)、符咒、巫术、房中术、星相术,加以天神的秩位政体说以及美妙的神话。在其行政方面,则有法师大掌教制度——凡属构成通行而稳定的宗教所需之一切行头,无不应有尽有。它又很照顾中国的运动家,因为它还包括拳术之操练。而巫术与拳术联结之结果,产生汉末的黄巾之乱。尤要者,它贡献一种锻炼养生法,主要方法为深呼吸,所谓吐纳丹田之气,据称久炼成功,可以跨鹤升天而享长生之乐。道教中最紧要而有用之字,要算是一"气"字,但这气字未知是空气之气,还是嘘气之气,抑或是代表精神之气?气为非可目睹而至易变化的玄妙的东西,它的用途可谓包罗万象,无往而不适,无往而不通,上自彗星的光芒,下至拳术深呼吸。以至男女交媾,所可怪者交媾乃被当做追求长生过程中精勤磨炼的技术之一,尤多爱择处女焉。道家学说总而言之是中国人想揭露自然界秘密的一种尝试。

五　佛教

佛教为输入中国而构成中国人民思想一部分之主要的异国思想。它的影响之深远,可谓无远弗届,吾人至今称小孩儿的人形玩具或即称小孩儿自身为小菩萨,至若慈禧太后也称为"老佛爷"。大慈大悲观世音与阿弥陀佛成为家喻户晓之口头语。佛教影响及与吾人之语言,及与吾人之饮食,及与吾人之绘画雕刻。浮屠之兴建,尤为完全直接受佛教之感动,它刺激了吾们的文学和整个思想界。光头灰氅,形貌与和尚无辨的人物,构成吾国社会的内层,佛教的寺院超过孔庙之数量,且为城市与乡村生活的中心,年事较长者常会聚于此以断一村之公事,并举行年祭有如都市中之公会。和尚及尼姑都能出入人家参与琐碎家务,如婚丧喜庆,非僧尼固不容顾问者,故小说上往往描写寡妇之失节，处女之被诱奸时，常非请此等宗教人物从中牵线不可。

佛教在中国民间之效用，有如宗教之在其他国家，所以救济人类理性之穷。中国近世，佛教似较道教更为发达，各地建筑之道教的"观"倘有一所，则佛教的"庙"当有十所，可作如是比例。以前如一九三三年至一九三四年，西藏班禅喇嘛广布圣水，受布者光是在北平南京两处已达数万人，其中包括政府大员如段祺瑞、戴季陶辈。而且庄严地受中央政府以及上海、杭州、南京、广州各市政府之隆重款待。又如一九三四年五月，另一西藏喇嘛名诺拉·葛多呼多者，曾为广东政府之贵宾，他竟公开夸耀：力能施展法术解除敌军施放之毒气，俾保护市民，而他的高明的星相学与巫术却着着实实影响某一军事领袖，使他掉转了炮口。其实倘使中国果能彻底整饬军备以抗御外族之侵略，宗教的影响力就不会如此之大，现在外族既不断压迫，中国之公理至此而穷，故他们转而乞灵于宗教。因为中国政治不能复兴中国，他们乃热望阿弥陀佛加以援手。

佛教一面以哲学，一面以宗教两种性质征服了中国。它的哲学的性质所以适应于学者，它的宗教的性质所以适应于民间。似孔子哲学只有德行上的哲理，而佛教却含有逻辑的方法，含有玄学，更含有知识论。此外，应是它的运气好，佛经的译文具有高尚的学者风格，语句简洁，说理透辟，安得不感动学者而成为哲学上的偏好品呢？因此佛教常在中国学术界占领优势，基督教固至今未能与之颉颃也。

佛教哲学在中国影响之大，至改造了孔子哲学的本质。孔教学者的态度，自周代以降，即所谓述而不作，大抵从事于文字上的校勘和圣贤遗著之诠释。佛教之传入，众信约当耶稣纪元第一世纪，研究佛教之风勃兴于北魏东晋之际，孔教学者受其影响，乃改变学风，自文字校勘变而从事研究易理。及至宋代，在佛教直接影响之下，兴起数种新的孔教学派，称为"理学"。由于他们的传统的成见，他们的治学精神还是着重于道德问题，不过将种种新名词像性、理、命、心、物、知，置于首要地位。那时热心于《易经》的研究，猛然抬头；《易经》一书，乃为专事研究人事变化的学术专著；宋代理学家尤其是程氏兄弟，都经深研佛学，挟其新获得的悟性，重归于孔教。故真理的认识，如陆九渊，即用佛学上的字义，称为"觉"。佛教并未改变此等学者的信仰，却改变了孔子哲学本身的要旨。

同样强大的是它所影响于著作家的力量，如苏东坡之辈，他们虽立于与理学家对抗的地位，但也颇以游戏三昧的姿态，用他们自己的轻松而爱美的笔调，玩玩佛学。苏东坡常自号曰"居士"，这两个字的意义为：一个孔教学者幽栖于佛学门下而非真为和尚者。这是中国发明的一种特殊方式，它容许一个佛教徒过其伉俪的生活，但茹素戒杀而已。苏东坡有一位要好的朋友，便是一位有学问的和尚，叫做佛印。苏东坡与佛印二人之不同，仅在其彻悟的程度之差。此时正当佛教在钦命保护之下发皇的时代，国家至为立官书局专事迻译佛经。一时僧尼之众，达五十万余人。自苏东坡称居士以后，大半由于他的文才之雄伟的影响力，许多著名学者多仿效之，倘非真的出家为僧，则竟称居士而玩玩佛学。每当政局紊乱或朝代更易之秋，无数文人往往削发逃禅，半为保全生命，半为对于乱世的悲观。

在一个混乱的国家，一个宗教以世界为空虚可能提供逃避尘世悲痛多变之生活的去处，这种宗教之流行而发达，固非怪事。一个学者出家始末的传记，常能增进吾人对于佛教流行因素之某种程度的了解。明代陆丽京的传记，便是有价值的材料之一，此传记出自他的女儿的手笔，首尾完好，堪为珍爱。陆丽京为明末清初之人物，年事已高，一日忽告失踪。隔了许多岁月，曾一度重进杭州城，来治疗胞弟的疾病；他的妻儿即住居贴邻的屋子，而他竟掉首不顾，竟不欲一行探望自己的家庭。他对于这人生的现象应有何等彻悟，才取如此行径！

你倘使读了陆丽京传记，便不难明白：一个人彻悟的程度，恰等于他所受痛苦的深度，按陆丽京早年负诗名，为西泠十子之冠。清初，庄廷史祸作，陆氏被株连入狱，提解北京，阖家锒铛就道。庄廷以大不敬论罪，预其事者，法当诛，丽京自分无生望，行前因往诀别于宗祠，跪拜时曾默祷曰，万一侥幸得全首而南归，当削发为僧。系狱久之，果得白，遂践宿诺出家。由此看来佛教乃为生死关头不自觉的现形，是一种对抗人生痛苦的报复，与自杀出于同一意味。明代有许多美丽而才干之女子，因时局之不幸的变迁，丧失其爱人，因遂立誓出家。清世祖顺治之出家，其动机与此有同一之意味。

但是除了此种消极的向人生抗议，尚有佛教的态度，佛教在民间已具有类乎福音的潜势力，大慈大悲即为其福音。它的深入民间最活跃最直接的影响为轮回转生之说。佛教哲学并未教中国人以厚遇禽兽，但很普遍的约制牛肉之消费。中国固有的中庸之道，颇似鼓励人民消费猪肉，认为这是不得已的罪过，其理由为猪猡一物，除供食用以外，其用途远较牛马为小。但是中国人的先天的觉性上，总感觉宰牲口的屠夫是犯罪的，而忤逆菩萨之意旨的。当一九三三年的大水灾，汉口市政府下令禁宰牲口三天，谓之断屠，所以向河神赎罪。而且这个手续是很通行的，一遇水旱灾荒，随处都会实行起来。茹素忌荤，难于以生物学的见地来辩护，因为人类是生而为肉食的；但是他可以从仁爱的立场上来辩护，孟子曾感觉到这种行为的残忍，但却舍不得完全摒弃肉食，于是他想出了一条妙计，遂宣布了一个原则，说"是以君子远庖厨也"，理由是一人未经目睹庖厨中宰杀的残忍行为，就算孔教哲学的良心借以宽解下来了。这个食物困难的解决方法，即是中庸之道的典型。许多中国老太太颇有意于巴结菩萨，却是舍不得肉食，便在另一个方式下应用中庸之道，那便是间续的有定期的吃蔬斋，斋期自一日至三年不等。

然大体上，佛教确迫使中国人承认屠宰为一不人道之行为。这是轮回转生说的一种效果，转生说盖使人类仁爱同侪，亦仁爱畜兽。因为报应之说，使人警戒到来生可能的受苦；像眼前目睹的病痛苦楚的乞丐，或污秽恶臭的癞皮狗，都可为有力的直接教训，胜于仅凭臆说而无确证的尖刀山地狱。实在一个忠实的佛教徒确非常人来得仁爱、和平、忍耐，来得慈悲。然他的博爱，或许不能在道德上占高估的价值，因为每施舍一分钱或布施一杯茶于过客，都是希望为自己的未来幸福种下种子，所以是自私的。可是哪一种宗教不用此等诱饵呢？威廉·詹姆士俏皮地说："宗教是人类自私史上最重要的一章。"人，除了真挚的仁人君子，似颇需要此等诱饵。总而言之，佛教确促起了一般富裕人家的伟大事业，使他们慷慨掏其腰包在大暑天气用瓦缸满盛冷茶，备置路旁，以便行人。不管他的目的何在，总算是一件好事。

许多中国小说，确有描写僧尼之卑劣行为者，所是基于全人类的某种天性，总喜欢揭露伪善者的内幕。所以把中国和尚写成卡萨诺瓦（Casanova）那样的人物，加上以巫术与春药之类的秘技，是很平常的。实际也确有这种事情，例如浙江省的某处，那里的一所尼姑庵实在是一个秘密卖淫窟。不过就大体上讲，大多数和尚是好的，是退让谦逊优雅的善人，倘把罪恶加之一切僧尼是不公平的。倘有任何恶僧的干犯法纪，只限于少数个人，而小说中的描写，因为要绘声绘形，写得生动，也未免言过其实。照我个人的观察，大部分和尚是营养不足，血虚体弱之辈，不足以闯乱子。此外，一般人对于中国之"性"与宗教的关系，尚未观察得透彻，致有误会。在中国，和尚之与艳丽华服的妇女接触之机会，比较其他任何各界人士为多。譬如每逢诵经拜忏，或到公馆人家做佛事，或在寺院中做功德，使他们日常的与一般妇女相接触。她们平时老与外界社会相隔绝，受了孔教束缚女性之赐，她们欲一度抛头露面于社会，其唯一可靠之借口，只有拜佛烧香之一道，每逢朔望或胜时佳节，寺院变成当地美人儿的集会所，妇人闺女，个个打扮得花枝招展，端庄动人。倘有和尚暗下里尝尝肉味，他也难免不偶尔干干越轨行动，除此之外，许多大寺院每年收入着实可观，而许多和尚手头也颇为富裕，这是近年来发现的许多不良案件之原委所在。一九三四年，曾有一位尼姑胆敢具状上海法院，控告一位大和尚诱奸。什么都可能发生在中国！

我在这里举一个文学上美丽的例子，他描写僧尼的性的烦闷，这是一段昆曲，叫做《思凡》，那是很受欢迎的题材，故采取此同样题材，被之管弦者，曾有数种不同之歌曲。下面一段是从中国著名剧本《缀白裘》里头拣选出来的，其文辞堪当中国第一流作品之称而无愧色，其形式采用小尼姑的口吻独白。

思　凡

削发最可怜，禅灯一盏伴奴眠，光阴易过催人老，辜负青春美少年。

小尼赵氏，法名色空，自幼在仙桃庵内出家，终日烧香念佛，到晚来孤枕独眠，好凄凉人也！

小尼姑年方二八，正青春被师父削去了头发，每日里在佛殿上烧香换水。见几个子弟们游戏在山门下，他把眼儿瞧着咱，咱把眼儿瞧着他。他与咱，咱与他，两下里多牵挂。冤家怎能够成就了姻缘，就死在阎王殿前，由他把那碓来舂，锯来解，把磨来挨，放在油锅里去炸，阿呀，由他！只见那活人受罪，哪曾见死鬼带枷？阿呀，由他！火烧眉毛，且顾眼下！火烧眉毛，且顾眼下！

只因俺父好看经，俺娘亲爱念佛，暮礼朝参，每日里在佛殿上烧香供佛，生下我来疾病多，因此上把奴家舍入在空门。为尼寄活，与人家追荐亡灵，不住口地念着弥陀；只听得钟声法号，不住手的击磬摇铃，擂鼓吹螺；平白地与那地府阴司做功课，《蜜多心经》都念过，《孔雀经》，参不破。唯有莲经七卷是最难学，咱师父在眠里梦里都叫过，念几声南无佛哆咀哆萨嘛呵的般若波罗；念几声弥陀，恨一声媒婆，念几声娑婆呵，唉！叫……叫一声没奈何；念几声哆咀哆，怎知我感叹还多？

越思越想，反添愁闷，不免到回廊下散步一回，多少是好。

（她走到五百尊罗汉旁边，一个个塑得好庄严也。）

又只见那两旁罗汉塑得来有些傻角铎，一个儿抱膝舒怀，口儿里念着我，一个儿手托香腮，心里儿想着我；一个儿倦眼半开，朦胧的觑着我，唯有布袋罗汉笑呵呵。他笑我时光挫，光阴过，有谁人，有谁人肯娶我？这年老婆婆！降龙的恼着我，伏虎的恨着我，那长眉大仙愁着我，说我老来时有什么结果！

佛前灯前，做不得洞房花烛，香案积厨做不得玳筵东阁；钟鼓楼做不得望夫台，草蒲团做不得芙蓉软褥。奴本是女娇娥，又不是男儿汉，为何腰系黄绦，身穿直缀，见人家夫妻们洒乐，一对对着锦衣罗。阿呀，天呵！不由人心热如火，不由人心热如火。

今日师父师兄多不在庵，不免逃下山去，倘有机缘亦未可知。

奴把袈裟扯破，埋了藏经，弃了木鱼，丢了铙钵。学不得罗刹女夫降魔，学不得南海水月观音座，夜深沉，独自卧；起来时，独自坐。有谁人孤栖似我，似这等削发缘何？恨只恨说谎的僧和尼，哪里有天下园林树木佛，哪里有枝枝叶叶光明佛，哪里有江湖两岸流沙佛，哪里有八万四千弥陀佛。从今去把钟楼佛殿远离却,下山去寻一个年少哥哥,凭他打我骂我,说我笑我,一心不愿成佛,不念弥陀般若波罗。

好了,且喜被我逃下山来了。

佛教一方面固镇压了僧尼的情欲,另一方面替一般在俗的善男信女开辟了一条情感上的出路。第一点,它使得妇女们的礼教束缚不似前此之严密而较为可耐。妇人之常喜光顾庙宇,其心比之男性为热切,盖即出于天然的情感上之需要,俾领略领略户外生活;而妇女常多立愿出家,未始非出于此同样动机。因此每月朔望或胜时佳节,姑娘太太们在深闺里十几天前就在焦急地巴望着了。

第二点,每年春季的香讯,才给予消瘦的浪游欲者以适宜之出路。此香讯大抵在每年的仲春,适当耶稣复活节前后。倘有不能作远距离旅行者,至少可以在清明日到亲友坟上去痛哭一场,同样可获得情感上的出路之效果。凡环境许可的人,可以穿一双芒鞋,或坐一顶藤轿,到名山古刹去朝拜一番。有许多厦门人,每年春季,至今一定要坐着手摇船,远远地经过五百里路程,到浙江宁波沿海的普陀去进香。在北方则每年上妙峰山作朝山旅行是流行习俗,几千几万的香客,男男女女,老老少少,都背一只黄袋,曳一根手杖,蜿蜒前进,夜以继日,巴巴地去参拜圣寺。他们之间,流露着一种欢愉的神情,一如乔叟(Chaucer)当时,一路上谈谈山海经,宛与乔叟所写的故事相仿佛。

第三点,他给予中国人以欣赏山景的机会,因而大多数寺院都建筑于高山美景之处。这是中国人度着日常乏味生活之后的一乐。他们到了目的地,则寄寓于清雅的客舍,啜清茶,与和尚闲谈。这些和尚是文雅的清谈家,他们款待香客以丰盛的素斋而收获可观的报酬于银柜。香客乃挟其饱满的新鲜精力,重返其日常工作,谁能否认佛教在中国人生机构中占有重要的地位呢?

| 吾国与吾民
My Country and My People |

下部　**生活**

导言

通览前篇之所述，吾人可得一中华民族之精神的与伦理的素质之鸟瞰，同时并领略其人民之一般的人生理想，人生理想也者，谓为左右人民生活的基本范型之一大原动力，殆非过夸之词。然吾人于中国人民生活之实际情况——其两性关系，其社会的、政治的、文学的、艺术的各方面，尚待续予探讨，概括言之，下篇所讨论之范围，将包含妇女问题、社会问题暨文学与艺术各端。最后一章，并殿以专论中国人民的生活艺术之文字，此所谓生活艺术，为中国人民素所怀服而习行者。此等材料，又可分归两大部类，妇女、社会、政治三者，天然具有互为连锁之关系；盖了解了妇女生活和家庭的情况，你将联想地理会得中国人民之社会生活，而真切地了解了中国人民的社会生活，始可理解中国政治与司法的行政机构之内情。这些有形而显著的人民生活景象又自然而然导引至研究文化上较为微妙而不甚显著的问题，特殊若艺术园地，它的观察的眼界与发展的历史盖完全不同于西洋而为中国所独有者。中国文化为世界数种纯粹固有文化之一，故与西洋文化一加比较，可发现许多饶有兴味之特点。

文化也者，盖为闲暇之产物，而中国人固富有闲暇，富有三千年长期之闲暇以发展其文化。在此长长三千年中，他们固饶有闲暇时间以清坐而喝香茗，悄然冷眼地观察人生；茶坊雅座，便是纵谈天地古今之所，捧着一把茶壶，他们把人生煎熬到最本质的精髓，他们还有许多闲暇时间来谈论列祖列宗，深思熟虑前代俊彦之功业，批评他们的文艺体裁和生活风度之变迁，参照历史上之因果，借期理解当代人生的意义。由于这样的闲谈熟虑，历史的意义乃始见伟大，它被称为人生之"镜台"，它反映出人类生活的经验，俾资现代人民之借鉴，它好像汇合的川河，不可阻遏，不尽长流。史籍的写作因以成为最庄严重要的一种文学，而诗的写作成为最高尚最优美的抒情的手段。

每当酒香茶热，炉烟袅袅，泉水潺潺，则中国人的心头，将感到莫名的欣悦；而每间隔五百年或当习俗变迁，新势力笼罩之下，他们的创造天才将备感活跃，或在诗歌的韵律方面，或在瓷器的改良方面，或在园艺的技术上，常有一种新的发明，民族的生命乃复继续蠕动而前进。他们常喜悬拟所谓永生不灭的一种幻想，虽只当它是永远不可知，永远是揣测的一个哑谜，却不妨半真半假，出以游戏三昧的精神，信口闲谈闲聊。用同样的态度，他们揣测着自然界的神秘：雷霆、风雪、闪电、冰雹，以及人体机构之作用，如涎液与饥饿之关系。他们不用试验管和解剖刀。他们有时觉得世间一切可知的知识都给自己的祖宗发掘穷尽了，人类哲理的最后一字已经道出，而书法艺术的最后风韵，已经发明。

职是之故，他们终生营营，着重于谋生存，过于谋改进。他们耐着无穷痛苦，熬着倦眼欲睡的清宵，所为者，乃专以替自私的庭园花草设计，或则精研烹调鱼翅之法，五味既调，乃出以波斯不可知论诗人欧玛尔·海亚姆（Omar Khayyam）同等之特别风味而咀嚼之。如是，他们在生活艺术之宫既已升堂入室，而艺术与人生合而为一。他们终能戴上中国文化的皇冕——生活的艺术——这是一切人类智慧的终点。

第五章

妇女生活

一 女性之从属地位

中国人之轻视女性的地位，一若出自天性。他们从未给予妇女以应得之权利，自古已然。阴阳二元的基本观念，始出于《易经》，此书为中国上古典籍之一，后经孔子为之润饰而流传于后世者。

尊敬妇女、爱护女性，本为上古蛮荒时代图顿民族之特性，这种特性在中国早期历史上，付之阙如。即如《诗经》所收"国风"时代的歌谣中，已有男女不平等待遇之发现，因为《诗经·小雅》上记载得很明白：乃生男子，载寝之床，载衣之裳，载弄之璋。其泣喤喤，朱芾斯皇，室家君王。乃生女子，载寝之地，载衣之裼，载弄之瓦。无非无仪，惟酒食是议，无父母诒罹。（这首歌谣的年代至少早于孔子数百年）但彼时妇女尚未降至臣属地位，束缚妇女之思想，实肇端于文明发达之后。妇女被束缚的程度，实随着孔子学说之进展而与日俱深。

原始社会制度本来是母系社会，这一点颇值得吾人的注意，因为这种精神的遗痕，至今犹留存于中国的妇女中。中国妇女在其体质上，一般地说，是优于男性的，故虽在孔教家庭中，吾人仍可见妇女操权的事实。这种妇女操权的痕迹，在周代已可明见，盖彼时一般人之族性，系取自妇人之名字，而个人之名字系所以表明其出生之地点或所居之官职者。通观《诗经》中所收之"国风"，吾人殊未见女人有任何退让隐避之痕迹。女子选择匹偶之自由，如今日犹通行于广西南部生番社会者，古时亦必极为流行，这种方法是天真而自由的，《诗经·郑风》上说：

> 子惠思我，褰裳涉溱；
> 子不我思，岂无他人。
> 狂童之狂也且！
> 子惠思我，褰裳涉洧；
> 子不我思，岂无他士。
> 狂童之狂也且！

这首诗的意思，表现得何等活泼，何等坦直而明显。《诗经》中还有许多女子偕恋人私奔的例证，婚姻制度当时并未成为女性的严重束缚若后代然者。两性关系在孔子时代其情景大类罗马衰落时期，尤以上层阶级之风气为然。人伦的悖乱，如儿子与后母的私通，公公与媳妇的和奸，自己的夫人送嫁给邻国的国王，佯托替儿子娶媳妇之名而自行强占，以及卿相与王后通奸，种种放荡卑污行为，见之《左传》之记载，不一而足。女人，在中国永远是实际上操有权力的，在那时尤为得势，魏国的王后甚至可令魏王尽召国内的美男子，聚之宫中。离婚又至为轻易，而离婚者不禁重嫁娶。妇女贞操的崇拜，并未变成男子的固定理想。

后来孔教学说出世，始萌女性须行蛰伏的意识；隔别男女两性的所谓礼教乃为孔门信徒所迅速地推行，其限制之严，甚至使已嫁姊妹不得与兄弟同桌而食。这种限制，载于《礼记》。《礼记》上所明定的种种仪式，实际上究能奉行至若何程度，殊未易言，从孔氏学说之整个社会哲学观之，此隐隔女性的意义，固易于了解。孔氏学说竭力主张严格判别尊卑的社会。它主张服从，主张承认家庭权力等于国家政治上的权力，主张男子治外女子治内的分工合作，它鼓励温柔的女性型的妇女。不消说自必教导这样的妇德像娴静、从顺、温雅、清洁、勤俭以及烹饪缝纫的专精，尊敬丈夫之父母，友爱丈夫之兄弟，对待丈夫的朋友之彬彬有礼，以及其他从男子的观点上认为必要的德行。这样的道德上的训诫既没有过甚的错误，更由于经济地位的依赖性与其爱好社会习俗的特性，女子遂予以同意而接受此等教训。或许女人的原意，是想做好人，或许她们的本意初在取悦于男子。

儒家学者觉得这种分别对于社会的和谐上是必要的，他们的这种见解也许很相近于真理。在另一方面，他们也给予为妻子者以与丈夫平等的身份，不过比较上其地位略形逊色，但仍不失为平等的内助。有如道教象征阴阳之二仪，彼此互为补充。在家庭中，它所给予为母亲者之地位，亦颇崇高。依孔教精神的最精确的见解，男女的分别，并不能解作从属关系，却适为两性关系的调整而使之和谐，那些善于驾驭丈夫的女人倒觉得男女这样的分配法，适为女子撑权的最犀利的武器；而那些无力驾驭丈夫的女人，则懦弱不足以提出男女平权的要求。

这是孔教学说在未受后代男性学者影响以前对待妇女及其社会地位之态度。它并未有像后世学者态度的那种怪癖而自私的观念，但其女性低劣的基本意识却是种下了根苗。有一劣迹昭彰的例子可引为证明，即丈夫为妻子服丧只消一年，而妻子为丈夫服丧却要三年。又似通常子女为父母服丧为三年，至已嫁女子倘其公公（丈夫的父亲）犹健在，则为生身父母服丧只一年。典型的妇女德行如服从、贞节，经汉代刘向著为定则，使成为一种女性伦理的近乎不易的法典。此伦理观念与男子的伦理大不相同。至若《女诫》的女著作家班昭竭力辩护女子的三从四德。所谓三从，即女子未嫁从父，已嫁从夫，夫死从子。最后一条，当然始终未能实行，盖缘孔教的家庭制度中，母性身份颇为高贵也。当汉代之际，妇女为殉贞节而死，已受建立牌坊或官府表题之褒扬，但妇女仍能再嫁，不受限制。

倘欲追寻寡妇守节这一种学理的发展过程，常致陷于过分重视经典学说的弊病。因为中国人总是实事求是的人民，对于学理，不难一笑置之。因而实践常较学理为落后，直至清朝时代，守节的妇德盖犹为仅所期望于士绅之家，意在博取褒扬，非可责之普通庶民之族。即在唐代，古文作家韩愈的女儿，且曾再嫁。唐代公主中，有二十三位再嫁，另有四位公主且三度做新嫁娘。不过这种传统观念早在汉代已经萌芽，经过数百年孕育传播，此早期传统观念终致渐见有力，即男子可以续弦，而女子不可再嫁。

后乎此，又来了宋代理学家，他们注定妇女必须过那掩藏的生活，而使妇女的再嫁成为犯罪行为。崇拜贞节——这是理学家在妇女界中竭力鼓吹的——变成心理上的固定的理想，妇女因此须负社会道德上的责任，而男子则对此享着免杀的特权。妇女更须负责以保全名誉而提高品格。这一点，男人家也常热烈予以赞美，盖至此其主眼已从寻常家庭妇德移转于女性的英雄主义与节烈的牺牲精神。早如第九世纪，已有一寡妇深受儒家学者的颂扬，因为她正当文君新寡，当她在陪护丈夫灵柩回籍途中，投宿旅舍，那个旅舍主人见色起意，拉了拉她的臂膀。她认为这条臂膀受了玷污，咬紧牙关把它割掉。这样，受到社会上热烈的赞美。又如元代，另有一个寡妇盛受奖许，因为她在病中拒绝裸显其患有溃疮的乳峰于医生，而英勇地不治而死。

到了明朝，这种守寡贞节的道德，递演而成为公家制定的法典，凡寡妇守节起自未满三十岁的任何一年龄，能继续保持达五十岁者，可受政府的褒奖而建立牌坊，她的家族并可蒙其荫庇而享受免除公役的权利。这样，不独妇女本身以其清贞而受赞美，即其亲属中之男子亦同蒙其庥。寡妇的贞节道德，不独受男人和她的亲属的欢迎，同时亦为她本人在名誉上邀取显扬的捷径。而且沾光着她们的荣誉的人，不仅限于她们的亲戚，更可及于整个村庄或部落。由于这种理解，贞节遂成为流行的固定理想，只有极少数的孤立人物偶尔发生一些反感而已。因为这个鼓励寡妇守节的训旨，致令孔教学说在一九一七年文艺革新时代被骂为"食人的宗教"。

随着孔教学理的进展而并行着的，是实际生活的不息的川流，其立足点基于社会的习俗与经济的压力，而经济压力的势力尤为大。比之孔教学说的影响更为重要之事实，则为经济权的操于男子之手。因而一方面孔教学说将妇女守节制成为宗教式的典型，而一方面珍珠、宝石却将一部分妇女转化为小老婆，为荡妇。魏晋之际，大氏族之兴起，资产积聚于少数豪贵，加以政治之紊乱，实一面促进女子嫁充妾媵之风，一面加甚父母溺毙女婴孩之惨剧，因为贫穷的父母无力担负此一笔嫁女妆奁的巨费。那时许多高官豪富还蓄有私家歌伎舞女自数十人至数百人不等；放荡淫逸的生活及女人的温情的服侍，颇足以满足登徒子之迷梦。晋石崇姬妾数十人，常屑沉香末布象床上，使妾践之，无迹者赐珍珠百琲，有迹者即节其饮食，令体轻。总之，女人至此已变成男子的玩物。然中国妇女地位之如此低落，此等作祟之力，超过于孔教学说。其情形无异于古代之罗马与现代之纽约。妇女缠足制度于是乃沿着此种情况的进展而成熟。这妇女缠足制度是男人家的幻想中之最卑劣的癖性。

好像出乎情理之外，却就当这个时代，中国妇女以善妒著名。那些怕老婆的高官显宦，常带着被抓伤的面貌入朝议政，致劳君王降旨以惩罚这些善妒的妻子。晋时刘伯玉尝于妻前诵《洛神赋》，语其妻曰："得妇如此，吾无憾焉。"妻忿，曰："君何以善水神而欲轻我？吾死何愁不为水神？"其夜乃自沉而死。死后七日，托梦语伯玉曰："君本愿神，吾今得为神也。"伯玉寤而觉之，遂终身不复渡水。有妇人渡此津者，皆坏衣柜妆然后敢济，不尔，风波暴发；丑妇则虽盛妆而渡，其神亦不妒也。妇人渡河无风浪者，莫不自以为己丑。后世因称此水为"妒妇津"（津在山东省）。

妇人善妒的心理乃与蓄妾制度并兴，其理易见。因为悍妒可视作妇女抵抗男子置妾的唯一自卫武器。一个善妒的妻子只要会利用这一种本能的力量，便可以阻止她的丈夫娶妾，即在现代，此等例子仍数见不鲜。倘男子的头脑清楚足以了解婚姻为妇女至高的唯一的任务，他将宽容这种专业性的伦理观念，不问曾经娶妾与否。吾们有一位学者俞正燮在一八三三年早已发明一条原理，谓妒忌并非为女子之恶德，妇女而失却丈夫之欢心者，其感想仿佛职业界伙计的失却老板的欢心；而不结婚的女子，具有与失业工人同一的感想。男人家在商业场中营业竞争的妒忌性，其残忍寡慈恰如女人在情场中的妒忌，而一个小商人当其出发营业之际，他心中之欲望，宛如一商店主妇之目睹丈夫恋识另一女人。这便是女人的经济依赖性的逻辑。讥笑拜金主义的淌白姑娘者，其原因实出于不了解此种逻辑，因为淌白不过为得意商人之女性方面的复印本。她们的头脑应比之她们的姊妹为清楚，她们系抱了商业精神将其货物售卖于出价最高之主顾，卒获如愿以偿。营业成功的商人和淌白姑娘抱着同一目的——金钱——所以他们应该互相钦佩对方的清敏的心灵。

二　家庭和婚姻

在中国什么事情都是可能的。著者有一次尝到苏州乡下去游玩一番，却让女人家抬了藤轿把我抬上山去。这些女轿夫拼命着要把我这臭男子抬上山去，那时我倒有些恧颜，没了主意，只得忸怩地让她们抬了这么一程。因为我想此辈是古代中国女权族长的苗裔，而为南方福建女人的姊妹。福建女人有着笔挺的躯干，堂堂的胸膛，她们扛运着煤块，耕种着农田，黎明即起，盥洗沐发，整理衣裳，把头发梳得清清净净，然后出门工作，间复抽暇回家，把自己的乳水喂哺儿女。她们同样也是那些豪富女人统治着家庭统治着丈夫者的女同胞。

女人在中国曾否真受过压迫？这个疑问常常盘桓于我的脑际。权威盖世的慈禧太后的幻影马上浮上了我的心头，中国女人不是那么容易受人压迫的女性。女人虽曾受到许多不利的待遇，盖如往时妇女不得充任官吏，然她们仍能引用其充分权力以管理一个家——除掉那些荒淫好色之徒的家庭是例外，那里的女子只不过被当做一种玩物看待。即使在这等家庭中，小老婆也往往还能控驭老爷们。更须注意者，女子尝被剥夺一切权利，但她们从未被剥夺结婚的权利。凡生于中国的每一个姑娘，都有一个自己的"家"替她们准备着。社会上坚决的主张，即如奴婢到了相当年龄，也应该使之择偶。婚姻为女子在中国唯一不可动摇的权利，而由于享受这种权利的机会，她们用妻子或母亲的身份，作为掌握权力的最优越的武器。

此种情形可使两面观，男子虽无疑地尝以不公平态度对待女子，然有趣的倒是许多女子偏会采取报复手段者。妇女的处于从属地位，乃为一般地认女人为低能的结果,但同时也由于女子的自卑态度,由于她们的缺乏男子所享受的社会利益,由于她们的教育与知识的比较浅薄,由于她们的低廉而艰难与缺乏自由的生活,更由于她们的双重性本位——妻妾。妇女的痛苦,差不多是一种不可明见的隐痛,乃为普遍的把女性认作低能的结果。倘值夫妇之间无爱情可言,或丈夫而残暴独裁,在此场合,妻便没有其他补救的手段,只有逆来顺受。妇女之忍受家庭专制的压迫,一如一般中国人民之忍耐政治专制的压迫。但无人敢说中国之专制丈夫特别多,而快乐婚姻特别少,其理由下面即可见之。妇女的德行总以不健谈不饶舌为上,又不要东家西家地乱闯闲逛,又不宜在街头路侧昂首观看异性。但是有许多女人却是生来格外饶舌,有许多女人便是喜欢东家西家地乱闯,有许多女人偏不客气地站立街道上观看男人。女子总被期望以保守贞操而男子则否。但这一点并不感觉有什么困难,因为大部分女人是天生的贞节者,她们缺乏社交的利益,如西洋妇女所享受者。但是中国妇女既已习惯了这种生活,她们也不甚关心社交的集会,而且一年之间,也少不了有相当胜时令节,好让她们露露头面,欣赏一番社会活动的欢愉景象,或则在家庭内举行宴会,也可以尽情畅快一下。总之,她们除了在家庭以内的活动,其他一切都属非主要任务,在家庭中,她们生活行动有她们的快活自由。故肩荷兵器以警卫市街之责任,亦非她们所欲关心者。

在家庭中,女人是主脑。现代的男子大概没有人会相信莎士比亚这样的说法:"水性杨花啊!你的名字便是女人。"莎翁在他自己的著作中所描写的人物李尔王的女孩儿和克利欧佩特拉(Cleopatra)所代表者,便否定了上述的说法。倘把中国人的生活再加以更精密的观察,几可否定流行的以妇女为依赖的意识。中国的慈禧太后,竟会统治偌大一个国家,不问咸丰皇帝的生前死后。至今中国仍有许多慈禧太后存在于政治家的及通常平民的家庭中，家庭是她们的皇座，据之以发号施令，或替她儿孙判决种种事务。

凡较能熟悉中国人民生活者，则尤能确信所谓压迫妇女乃为西方的一种独断的批判，非产生于了解中国生活者之知识。所谓"被压迫女性"这一个名词，决不能适用于中国的母亲身份和家庭中至高之主脑。任何人不信吾言，可读读《红楼梦》，这是中国家庭生活的纪事碑。你且看看祖母贾母的地位身份，再看凤姐和她丈夫的关系，或其他夫妇间的关系（如父亲贾政和他的夫人，允称最为正常的典型关系），然后明白治理家庭者究为男人抑或女人。几位欧美的女性读者或许会妒忌老祖母贾老太太的地位，她是阖家至高无上的荣誉人物，受尽恭顺与礼教的待遇。每天早晨，许多媳妇必趋候老太太房中请安，一面请示家庭中最重要事务。那么就是贾母缠了一双足，隐居深闺，有什么关系呢？那些看门的和管家的男性仆役，固天天跑腿，绝非贾母可比。或可细观《野叟曝言》中水夫人的特性，她是深受儒教熏陶的一个主要角色。她受过很好的教育而为足以代表儒家思想的模范人物，在全部小说中，她无疑又为地位最崇高的一人。只消一言出口，可令她的身为卿相的儿子下跪于她的面前，而她一方面运用着无穷智慧，很精细地照顾全家事务，有如母鸡之护卫其雏群。她的处理事务用一种敏捷而慈祥的统治权，全体媳妇是她的顺从的臣属。这样的人物或许是描摹过分了一些，但也不能当做完全虚构。不差，阃以内，女子主之，阃以外，男子主之：孔夫子曾经明白地下过这样分工的定则。

女人家也很明白这些。就在今日上海百货商店里的女售货员，还有着一副妒忌的眼光侧视那些已经出嫁的女人，瞧着她们手挽肥满的钱袋，深愿自身是买客而不复是售货员。有时她们情愿替婴孩结织绒线衫裤而不复是盘数现金找头、穿着高跟鞋赓续站立八小时之久，那真是太长久而疲倦的工作。其中大多数都能本能地明了什么是比较好的事情。有的甘愿独立，但这所谓独立，在一个男子统治权的社会里存在的事实不多。善于嘲笑的幽默家不免冷笑这样的"独立"。天生的母性欲望——无形、无言、猛烈而有力的欲望，充满了她们的整个躯体。母性的欲望促起化妆的需要，都是那么无辜，那么天然，那么出于本能；她们从仅足以糊口的工薪中积蓄下来，只够买一双她们自己所售卖的丝袜。她们愿意有一个男朋友送些礼物给她们，或许她们会暗示地、羞答答地请求他们，一方面还要保全她们的自重的身份。中国姑娘本质地是贞洁的，为什么不可请求男人家买些礼物送她呢？她们还有什么别的方法购买丝袜呢？这是本能告诉她们是爱情上的必需品。人生是一大谜！她们的悟性再清楚没有，她们很愿意终身只有一个人购买礼物给她。她们希望结婚，她们的直觉是对的。那么婚姻上有什么不对，保护母性又有什么不对？

结合了家庭，女人们踏进了归宿的窝巢。她们乃安心从事于缝纫与烹调。可是现在江浙中等人家女人倒不事烹调与缝纫，因为男子在她们自己的圈地上打倒了她们，而最好的缝工和司厨是男人而不是女人。男子大概将在其他事业上继续排挤她们，除了结婚是唯一的例外。因为男子在任何方面所可获得的机会、便利远优于女子，只有结婚为否。至于婚姻分内，女子所可获得的便利，优于男子，这一点她们看得很清楚。任何一个国家中，女人的幸福，非依赖乎她们所可能享受的社交机会之众多，却有赖乎跟她们终身做伴的男人的品质。女人的受苦，多出于男人的暴戾粗鲁过于男人的不够公民投票资格。倘男人而天生的讲情理，脾气好，慎思虑，女人便不致受苦。此外，女人常挟有"性"的利器，这对于她们有很广的用途。这差不多是天所予以使她们获得平等的保证。每一个人，上自君王，下至屠夫，烘饼司务，制烛工人，都曾经责骂过他的妻子而亦曾受过妻子的责骂。因为天命注定男人和女人必须以平等身份相互亲密着。人生某种基本关系像夫妇之间的关系，各个不同的国家民族之间，所差异的程度至微；远非如一般读了游历家的记述所想象的。西洋人很容易想象中国人的妻子当做像驴子样的供丈夫做奴隶。其实普通中国男子是公平的讲情理的人物。而中国人则容易想象认为西洋人因为从未领受过孔子学说思想的洗礼，所以西洋妻子不关怀丈夫的衣服清洁与果腹事宜，终日身穿宽薄衬裤，逍遥海滩之上，或纵乐于不断的跳舞会中。这些天方野乘、异域奇闻，固为双方人民茶余酒后之闲谈资料；而人情之真相反忘怀于度外。

那么实际生活上，女人究并未受男人之压迫。许多男人金屋藏娇，逢着河东狮吼，弄得在女人之间东躲西避，倒才真是可怜虫。此另外有一种不可思议的性的吸引力，使各等亲属的异性之间不致嫌恶过甚，是以女人倒不受丈夫或公公的压迫；至于姑嫂之间，系属平辈，纵令彼此不睦，不能互相欺侮。所剩留的唯一可能事实，是为媳妇之受婆婆虐待，这实在是常遇的事情。中国大家庭中，媳妇的生活，负着许多责任，实在是一种艰难的生活。不过应该注意的是：婚姻在中国不算是个人的事件，而为一个家族整体的事件，一个男人不是娶妻子，而是娶一房媳妇，习惯语中便是如此说法。至若生了儿子，习惯语中多说是"生了孙子"。一个媳妇是以对翁姑所负的义务较之对丈夫所负者为重大。盛唐诗人王建尝有一首咏新嫁娘绝句，真是足以引起人类共鸣的传神的笔墨：

三日入厨下，洗手做羹汤。
未谙翁食性，先遣小姑尝。

一个女人能取悦于一个男子，是一种珍贵的努力，至能取悦于另一女人，不啻为一种英勇的行为，所惜许多是失败的。做儿子的，介乎尽孝于父母与尽爱于妻子二者之间,左右为难,从不敢大胆替妻子辩护。实际上许多虐待女人的残酷故事,都可以寻索其根源系属一种同性间的虐待。不过后来媳妇也有做婆婆的日子,倘她能达到这个久经盼望的高龄,那实在是荣誉而有权力的身份,由一生辛苦中得来的。

三 理想中的女性

女人的深藏,在吾人的美的理想上,在典型女性的理想上,女人教育的理想上,以至恋爱求婚的形式上都有一种确定不移的势力。

对于女性,中国人与欧美人的概念彼此大异。虽双方的概念都以女性为包含娇媚神秘的意识,但其观点在根本上是不同的,这在艺术园地上所表现者尤为明显。西洋的艺术,把女性的肉体视作灵感的源泉和纯粹调和形象的至善至美。中国艺术则以为女性肉体之美系模拟自然界的调和形象而来。对于一个中国人,像纽约码头上所高耸着的女性人像那样,使许许多多第一步踏进美国的客人第一个触进眼帘的便是裸体女人,应该感觉得骇人听闻。女人家的肉体而可以裸裎于大众,实属无礼之至。倘使他得悉女人在那儿并不代表女性,而是代表自由的观念,尤将使他震骇莫名。为什么自由要用女人来代表?又为什么胜利、公正、和平也要用女人来代表?这种希腊的理想对于他是新奇的。因为在西洋人的拟想中,把女人视为圣洁的象征,奉以精神的微妙的品性,代表一切清净、高贵、美丽和超凡的品质。

对于中国人,女人爽脆就是女人,她们是不知道怎样享乐的人类。一个中国男孩子自幼就受父母的告诫,倘使他在挂着女人裤子的裆下走过,便有不能长大的危险。是以崇拜女性有似尊奉于宝座之上和暴裸女人的肉体这种事实为根本上不可能的。由于女子深藏的观念，女性肉体之暴露，在艺术上亦视为无礼之至。因而德勒斯登陈列馆（Dresden Gallery）的几幅西洋画杰作，势将被视为猥亵作品。那些时髦的中国现代艺术家，他们受过西洋的洗礼，虽还不敢这样说，但欧洲的艺术家却坦白地承认一切艺术莫不根源于风流的敏感性。

其实中国人的性的欲望也是存在的，不过被掩盖于另一表现方法之下而已。妇女服装的意象，并非用以表人体之轮廓，却用以模拟自然界之律动。一位西洋艺术家由于习惯了的敏感的拟想，或许在升腾的海浪中可以看出女性的裸体像来；但中国艺术家却在慈悲菩萨的披肩上看出海浪来。一个女性体格的全部动律美乃取决于垂柳的柔美的线条，好像她的低垂的双肩，她的眸子比拟于杏实，眉毛比拟于新月，眼波比拟于秋水，皓齿比拟于石榴子，腰则拟于细柳，指则拟于春笋，而她的缠了的小脚，又比之于弓弯。这种诗的辞采在欧美未始没有，不过中国艺术的全部精神，尤其是中国妇女装饰的范型，却郑重其事地符合这类辞采的内容。因为女人肉体之原形，中国艺术家倒不感到多大兴趣，吾人在艺术作品中固可见之。中国画在人体写生的技巧上，可谓惨淡地失败了。即使以仕女画享盛名的仇十洲（明代），他所描绘的半身裸体仕女画，很有些像一颗一颗番薯。不谙西洋艺术的中国人，很少有能领会女人的颈项和背部的美的。《杂事秘辛》一书，相传为汉代作品，实出于明人手笔，描写一种很准确而完全的女性人体美，历历如绘，表示其对于人体美的真实爱好，但这差不多是唯一的例外。这样的情形，不能不说是女性遮隐的结果。

在实际上，外表的变迁没有多大关系。妇女的服装可以变迁，其实只要穿在妇女身上，男人家便会有美感而爱悦的可能，而女人呢，只要男人家觉得这个式样美,她便会穿着在身上。从维多利亚时代钢箍扩开之裙变迁而为二十世纪初期纤长的孩童样的装束,再变而至一九三五年的梅·韦斯特(Mae West)模仿热,其间变化相差之程度,实远较中西服式之为异尤为惹人注目。只消穿到女人身上,在男人们的目光中,永远是仙子般的锦绣。倘有人办一个妇女服饰的国际展览会,应该把这一点弄得清清楚楚。不过二十年前中国妇女满街走着的都是短袄长脚裤,现在都穿了顶长的旗袍把脚踝骨都掩没了;而欧美女子虽还穿着长裙,我想宽薄长脚裤随时有流行的可能。这种种变迁的唯一的效果,不过使男子产生一颗满足的心而已。

尤为重要者,为妇女遮隐与典型女性之理想的关系,这种理想便是"贤妻良母",不过这一句成语在现代中国受尽了讥笑,尤其那些摩登女性,她们迫切地要求平等、独立、自由,她们把妻子和母性看做男人们的附庸,是以贤妻良母一语代表地道的混乱思想。

让我们把两性关系予以适宜之判断。一个女人,当她做了母亲,好像从未把自己的地位看做视男人的好恶为转移的依赖者。只有当她失去了母亲的身份时才觉得自己是十足的依赖人物。即在西洋,也有一个时期母性和养育子女不为社会所轻视,亦不为女人们自己所轻视,一个母亲好像很适配女人在家庭中的地位,那是一个崇高而荣誉的地位。生育小孩,鞠之育之,训之诲之,以其自己的智慧诱导之以达成人,这种任务,在开明的社会里,无论于谁都绝非为轻松的工作。为什么她要被视为社会经济上依赖男人,这种意识真是难于揣测的,因为她能够担负这一桩高贵的任务,而其成绩又优于男子。妇女中亦有才干杰出、不让须眉者,不过这样的才干妇女其数量确乎是比较少的,少于德谟克拉西所能使吾人信服者。对于这些妇女,自我表现精神的重要过于单单生育些孩子。至于寻常女人,其数无量,则宁愿让男人挣了面包回来,养活一家人口,而让自家专管生育孩子。若云自我表现精神，著者盖尝数见许多自私而卑劣的可怜虫，却能发扬转化而为仁慈博爱、富于牺牲精神的母性，她们在儿女的目光中是德行完善的模范。著者又曾见过美丽的姑娘，她们并不结婚，而过了三十岁，额角上早早浮起了皱纹，她们永不达到女性美丽的第二阶段，即其姿容之容光焕发，有如盛秋森林，格外通达人情，格外成熟，复格外辉煌灿烂。这种情况，在已嫁的幸福妇人怀孕三月之后，尤其是常见的。

女性的一切权利之中，最大的一项便是做母亲。孔子称述其理想的社会要没有"旷男怨女"。这个理想在中国经由另一种罗曼史和婚姻的概念而达到了目的。由中国人看来，西洋社会之最大的罪恶为充斥众多之独身女子。这些独身女子，本身无过失可言，除非她们愚昧地真欲留驻娇媚的青春；她们其实无法自我发抒其情愫耳。许多这一类女子，倒是大人物，像女教育家、女优伶，但她们倘做了母亲，她们的人格当更为伟大。一个女子，倘若爱上了一个无价值的男子而跟他结了婚，那她或许会跌入造物的陷阱，造物的最大关心，固只要她维系种族的传殖而已；可是妇女有时也可以受造物的赏赐而获得一鬈发秀美的婴孩，那时她的胜利，她的快乐，比之她写了一部最伟大的著作尤为不可思议；她所蒙受的幸福，比之她在舞台上获得隆盛的荣誉时尤为真实。伊莎多拉·邓肯（lsadora Duncan）女士足以忠实明了这一切。假使造物是残酷的，那么造物正是公平的，他所给予普通女人的，无异乎给予杰出的女人者。他给予了一种安慰，因为享受做母亲的愉快是聪明才智女人和普通女人一样的情绪，造物注定了这样的命运而让男男女女这样地过活下去。

四　我们的女子教育

中国女性型理想之不同，包含一种不同的教育我们女儿的方法。盖中国家庭之训练女儿，绝然不同于训练男孩子者。施于女儿的管束，可谓远较施于男孩子者为严谨，更以通常女性成熟期的较早，女孩子能服习于此家庭纪律之时期亦为较早，故女孩子跟同年龄的男孩子作比较，其仪态总来得温文而端庄。女孩子无论怎样，其孩子气总比之男孩子为轻。一到了十四岁以上，她便开始躲藏起来，学习着温柔典型女性的模样儿了。因为中国人的概念很着重于温柔的女性：她清晨起身，比弟兄辈为早，穿衣服比弟兄为整洁，还得帮忙佐理家政，她得下厨房裹助烹饪，得帮助喂哺她的小弟弟的膳食。她少玩弄玩具而多做工作，讲话比较文静，走路比较雅致，坐相比较端正，腿儿总是紧紧并拢。她们牺牲了轻快活泼的精神而竭力装作端庄。那些孩子脾气的开玩笑说废话，她是没有的，而且她从不破口狂笑，却只是微微一哂而已。她重视处女的贞操，所谓童贞。而童贞在古老的中国是比世界上任何一切学问艺术来得高贵的一种财产。她轻易不让陌生人瞧她一眼，虽然她自己躲于屏风背后却常偷看人。她培育着一种神秘的，可望而不可即的迷人的魔力，越是遮遮掩掩，那么价值尤高。确实，照男人家的心思，一个女子禁闭于中古式堡垒之中，比之你天天可以见面的姑娘来得动人而可爱。她学习着针线刺绣，用她的年轻的目光和犀利的指尖，她做得一手出色的工作，而工作的进行，比较起算三角题来得迅速。刺绣这种工作是可喜的，因为它给予她时间，俾得进入梦的幻境，而年轻人常常是幻梦的。照这样，她便准备着负起贤妻良母的责任的才能。

士绅之家的女儿，亦复学习读书写字。中国曾经出了不少女才子，而现代也至少有半打以上的女作家，获得全国推崇的荣誉。两汉之时，有许多著盛名的饱学妇女；后来魏晋之际，也出了不少人才。其中有一位谢道韫多才善辩，往往能替她的夫弟王献之解脱宾客的问难。博学多能，在中国不论男女，总觉得有限得很，但缙绅士族还是不怠慢教其女儿写字读书。此种文学教育的内容，不外乎文章诗词历史和采自孔子经书的人类智慧、道德训诫。女子所学者止乎此。其实男子之所学，其进乎此者，亦极几微。文学、历史、哲学和人生之格言，加以几种医药上的特殊的知识与政府之法规，不过是人文学识之总和。妇女的教育，则限于更狭义的人文主义。其不同乃在于知识深进之程度而非在于范围之广狭。

中国人的见解，殆适与波普（Alexander Pope）的格言背道而驰。中国人认为：才学过高，对于妇女是危险的，故有"女子无才便是德"的说法。诗和绘画的园地上，她们也常参加一些，因为短行诗歌的写作，好像特别适合于妇女的天才。这些诗都是短短数行，辞藻典丽温雅，却缺少魄力。李清照（1084—约1151）为中国最伟大的一位女词人，遗留给我们寥寥几首大珠小珠落玉盘般的词，充满着雨夜烦闷的情绪与失而复得的快乐。中国女诗人的数量虽较男性诗人为少，其传统却一向延续而未尝中断。单单清朝一代，吾们发现差不多上了千数的女诗人，她们都有作品发表于印刷的集子中，其数量亦不可谓少。自从清朝出了一位袁枚（他是很反对女子缠足的一位诗人），在他的影响之下，树立了女子写诗的新的范型。可是这个新范型引起另一位大学者章实斋的批评，因为这对于女性典型的优良理想是一种损害。其实写作诗文并不侵及做母亲妻子的责任，李清照便是一位好妻子，而不是希腊女诗人萨福（Sappho）。

古代中国闺女实际上比之欧美女子缺少接触社会的机会，不过受了较好家庭教育，则她可以增厚一些培养为良母贤妻的基础。而她的一生也没有旁的事业，只有做做贤妻良母而已。中国男人们现在临到了一个难关，便是他的选择妻子，摩登女子与旧式女子二者之间孰优。最好的标准妻子有人说过：要有新知识而具旧德行的女子。摩登女子与旧式女子的思想上的冲突，需要常识的无情判断（新女子以妻为一独立的不依赖的人格而轻视良母贤妻的说法）。当作者将知识与教育之增进认为一种进步并尤接近女性典型之理想时，敢深信绝非谓吾人将求一闻名世界的女子钢琴名手或女大画家。我深信她的调治羹汤，应较其作诗会有益，而她的真正杰作，将为她的雪白肥胖的小宝宝。依著者的愚见，一位典型的女性还该是一位智慧仁慈而坚定的母亲。

五　恋爱和求婚

有一个问题可以发生：中国女子既属遮掩深藏，则恋爱的罗曼史如何还会有实现的可能？或则可以这样问：年轻人的天生的爱情，怎么样儿地受经典的传统观念的影响？在年轻人，罗曼史和恋爱差不多是寰宇类同的，不过由于社会传统的结果，彼此心理的反应便不同。无论妇女怎样遮掩，经典教训却从未逐出爱神。恋爱的性质容貌或许可以变更，因为恋爱是情感的流露，本质上控制着感觉，它可以成为内心的微鸣。文明有时可以变换恋爱的形式，但也绝不能抑制它。"爱"永久存在着，不过偶尔所蒙受的形象，由于社会与教育背景之不同而不同。"爱"可以从珠帘而透入，它充满于后花园的空气中，它拽撞着小姑娘的心坎。或许因为还缺少一个爱人的慰藉，她不知道什么东西在她的心头总是烦恼着她。或许她倒并未看中任何一个男子，但是她总觉得恋爱着男子，因为她爱着男子，故而爱着生命。这使她更精细地从事刺绣而幻化地觉到好像她正跟这一幅彩虹色的刺绣恋爱着，这是一个象征的生命，这生命在她看来是那么美丽。大概她正绣着一对鸳鸯，绣在送给一个爱人的枕套上，这种鸳鸯总是同栖同宿，同游同泊，其一为雌，其一为雄。倘若她沉浸于幻想太厉害，她便易于绣错了针脚，重新绣来，还是非错误不可，她很费力地拉着丝线，紧紧地、涩涩地，真是太滞手，有时丝线又滑脱了针眼，她咬紧了她的樱唇而觉得烦恼，她沉浸于爱的河涛中。

这种烦恼的感觉，其对象是很模糊的，真不知所烦恼的是什么；或许所烦恼的在于春，或在于花，这种突然的重压的身世孤寂之感，是一个小姑娘的爱苗成熟的天然信号。由于社会与社会习俗的压迫，小姑娘们不得不竭力掩盖住她们的这种模糊而有力的愿望，而她们的潜意识的年轻的幻梦总是永续地行进着。可是婚前的恋爱在古时中国是一个禁果，公开求爱真是事无前例，而姑娘们又知道恋爱便是痛苦，因此她们不敢让自己的思索太放纵于"春""花""蝶"这一类诗中的爱的象征，而假如她受了教育，也不能让她多费功夫于诗，否则她的情愫恐怕会太受震动。她常忙碌于家常琐碎以维护她的感情之圣洁，譬如稚嫩的花朵之保护自身，避免狂蜂浪蝶之在未成熟时候的侵袭。她愿意静静地守候以待时机之来临，那时候恋爱变成合法，而用结婚的仪式完成正当的手续。谁能逃免纠结的情欲的便是幸福的人，但是不管一切人类的约束，天性有时还是占了优势，因为像世上一切禁果，两性吸引力的锐敏性，机会以尤少而尤高。这是造物的调剂妙用。照中国人的学理，闺女一旦分了心，什么事情都将不复关心。这差不多是中国人把妇女遮掩起来的普遍心理背景。

小姑娘虽则深深遮隐于闺房之内，她通常对于本地景况相差不远的可婚青年，所知也颇为熟悉，因而私心常能窃下主意，孰为可许，孰不惬意。倘因偶然的机会她遇到了私心默许的少年，纵然仅仅是一度眉来眼去，她已大半陷于迷惑，而她的那一颗素来引以为傲的心儿，从此不复安宁。于是一个秘密求爱的时期开始了。不管这种求爱一旦泄露即为羞辱，且常因而自杀；不管她明知这样的行为会侮蔑道德规律，并将受到社会上猛烈的责难，她还是大胆地去私会她的爱人。而且恋爱总能找出进行的路径的。

在这两性的疯狂样的互相吸引过程中，那真很难说究属男的挑动女的抑或是女的挑动男的。小姑娘有许多机敏而巧妙的方法可以使人知道她的临场。其中最无罪的方法为在屏风下面露出她的红绫鞋儿；另一方法为夕阳斜照时站立游廊之下；另一方法为偶尔露其粉颊于桃花丛中；另一方法为灯节晚上观灯；另一方法为弹琴（古时的七弦琴），让隔壁少年听她的琴挑；另一方法为请求她的弟弟的教师润改诗句，而利用天真的弟弟权充青鸟使者，暗通消息。这位教师倘属多情少年，便欣然和复一首小诗。另有多种交通方法为利用红娘（狡黠使女），利用同情之姑嫂，利用厨子的妻子，也可以利用尼姑。倘两方面都动了情，总可以想法来一次幽会。这样的秘密聚会是极端不健全的，年轻的姑娘绝不知道怎样保护自身于一刹那；而爱神，本来怀恨放浪的卖弄风情的行为，乃挟其仇雠之心以俱来。爱河多涛，恨海难填，此固为多数中国爱情小说所欲描写者。她或许竟怀了孕！其后随之以一热情的求爱与私通时期，软绵绵的，辣泼泼的，情不自禁，却就因为那是偷偷摸摸的勾当，尤其觉得可爱可贵，惜乎通常此等幸福，终属不耐久啊！

在这种场合，什么事情都可以发生。少年或那小姑娘或许会拂乎本人的意志而与第三者缔婚，这个姑娘既已丧失了贞洁，那该是何等悔恨。或则那少年应试及第，被显宦大族看中了，强制地把女儿配给他，于是他娶了另一位夫人。或则少年的家族或女子的家族阖第迁徙到遥远的地方，彼此终身不得复谋一面。或则那少年一时寓居海外，本无意背约，可是中间发生了战事，因而形成无期的延宕。至于小姑娘困守深闺,则只有烦闷与孤零的悲郁,倘若这个姑娘真是多情种子,她会患一场重重的相思病(相思病在中国爱情小说中真是异样的普遍)。她的眼神与光彩的消失,真是急坏了爹娘,爹娘鉴于眼前的危急情形,少不得追根究底问个清楚,至依了她的愿望而成全了这桩姻事,俾挽救女儿的生命,以后两口儿过着幸福的一生。

"爱"在中国人的思想中因而与涕泪、惨愁与孤寂相糅合,而女性遮掩的结果,在中国一切诗中,掺进了凄婉悲忧的调子。唐以后,许许多多情歌都是含着孤零消极与无限悲伤,诗的题旨常为闺怨,为弃妇,这两个题目好像是诗人们特别爱写的题目。

符合于通常对人生的消极态度,中国的恋爱诗歌是吟咏些别恨离愁,无限凄凉,夕阳雨夜,空闺幽怨,秋扇见损,暮春花萎,烛泪风悲,残枝落叶,玉容憔悴,揽镜自伤。这种风格,可以拿林黛玉临死前,当她得悉了宝玉与宝钗订婚的消息所吟的一首小诗为典型,字里行间,充满着不可磨灭的悲哀:

> 侬今葬花人笑痴,
> 他年葬侬知是谁?

但有时这种姑娘倘遇运气好,也可以成为贤妻良母。中国的戏曲,固通常都殿以这样的煞尾:"愿天下有情人终成眷属"。

六 妓女与妾

这在女人的本分中,实属无可非议。女人是"贤妻良母"。她既忠贞,又柔顺,而常为贤良的母亲,亦且她是出于天性的贞洁的,一切不幸的扰攘,责任都属于男子。犯罪的是男子,男子不得不犯罪,可是每一次他犯罪,少不了一个女人夹在里头。

爱神,既支配着整个世界,一定也支配着中国。有几位欧美游历家曾冒昧发表意见谓:在中国,吾人觉得性之抑制,反较西洋为轻,盖因中国能更坦直地宽容人生之性的关系。科学家哈夫洛克·蔼理士(Havelock Ellis)说过:现代文化一方面把最大的性的刺激包围着男子,一方面却跟随以最大的性的压迫。在某种程度上性的刺激和性的压迫在中国都较为减少。但这仅是真情的片面。坦率的性的优容只适用于男子而不适用于女子。女子的性生活一向是被压迫的,最清楚的例子可看冯小青的一生。她生活于恰当莎翁创作其杰作的时候(1595—1612),因为嫁充侧室,被其凶悍的大妇禁闭于西湖别墅,不许与丈夫谋一面。因而她养成了那种自身恋爱的畸形现象。她往往乐于驻足池旁以观看自己倒映水中的倩影。当其香消玉殒之前,她描绘了三幅自身的画像,常焚香献祭以寄其不胜自怜之慨。偶尔从她的老妈子手中遗留下来残存的几篇小诗,看出她具有相当的作诗的天才。

反之,男子实不甚受性的压迫,尤其那些较为富裕的阶级。大多数著名的学者像诗人苏东坡、秦少游、杜牧、白居易之辈,都曾逛过妓院,或将妓女娶归,纳为小妾,固堂而皇之,毋庸讳言。事实上,做了官吏的人,侍妓侑酒之宴饮,无法避免,也无虑乎诽谤羞辱。自明以迄清代,金陵夫子庙前的污浊的秦淮河,即为许多风流艳史的产生地。这个地点的邻近夫子庙畔,是适宜而合于逻辑的,因为那是举行考试的地点,故学子云集,及第则相与庆贺,落选则互致慰藉,都假妓院张筵席。直至今日,许多小报记者犹津津乐道其逛窑子的经历,而诗人学者都曾累篇盈牍写其妓寮掌故,因而秦淮河三字便极亲密地与中国文学史相追随着。

中国娼妓之风流的、文学的、音乐的和政治关系的重要性，无须乎过事渲染。因为由男人想来，上等家庭的妇女而玩弄丝竹，如非正当，盖恐有伤她们的德行，亦不宜文学程度太高，太高的文学情绪同样会破坏道德；至于绘图吟诗，虽亦很少鼓励，然他们却绝不寻找女性的文艺伴侣。娼妓因乘机培养了诗画的技能，因为她们不需用"无才"来做德行的堡垒，遂益使文人趋集秦淮河畔。每当夏夜风清，黑的天幕把这污浊的秦淮河转化成威尼斯运河，他们静坐于大篷船中，听着那些来来去去的灯船上的姑娘唱着热情的小调儿。

在这样的环境下，文人遂多寻访这种艺伎，她们大都挟有一技之长，或长于诗，或长于画，或长于音乐，或长于巧辩。在这些天资颖慧、才艺双全的艺伎中——尤以明代为盛——当推董小宛允称个中翘楚，最为一般所爱悦，她后来嫁给名士冒辟疆为妾。在南北朝，则以苏小小领袖群芳，她的香冢至今立于西子湖畔，为名胜之一，每年骚人游客，凭吊其旁者，络绎不绝。至其攸关一国政局兴衰者，亦复匪鲜。例如明末的陈圆圆本为吴三桂将军的爱妾，李自成陷北京，掳之以去，致使吴三桂引清兵入关，原谋夺还陈圆圆，谁知这一来大错铸成，竟断送了明祚而树立了清朝统治权。可异者，吴三桂既助清兵灭亡明室，陈圆圆乃坚决求去，了其清静之余生于商山特建之别院中。吾人又可观李香君之史迹，她是一个以秉节不挠受人赞美的奇女子，她的政治志节与勇毅精神愧杀多少须眉男子。她所具的政治节操，比之今日的许多男子革命家为坚贞。盖当时她的爱人迫于搜捕之急，亡命逸出南京，她遂闭门谢客，不复与外界往来，后当道权贵开宴府邸，强征之侑酒，并迫令她歌唱，香君即席做成讽刺歌，语多侵及在席的权贵，把他们骂为阉竖的养子，盖此辈即为她爱人的政敌。正气凛然，虽弱女子可不畏强权，然岂非愧杀须眉？此等女子所写的诗，颇有流传至今者。中国才女之史迹,可窥见其一部于薛涛、马湘兰、柳如是等几名名妓的身世中。

青楼妓女适应着许多男性的求爱的、罗曼史的需要,盖许多男子在婚前的青年时代错过了这样风流的机会。我用"求爱"这个字眼是曾经熟思的,因为青楼妓女不同于一般普通放荡的卖淫妇也。她须得受人的献媚报效。这样在中国等同于尊重妇女之道。有一部专事描写近代青楼艳事的小说叫做《九尾龟》,告诉我们许多男性追求那看来很容易到手的姑娘,往往经年累月,花费了三千四千两银子,始得一亲芳泽。这种不合理的情形,为妇女遮藏时代始有之现象。然男人们在别处既无法追寻异性伴侣,一尝风流的罗曼史况味,则此等情形亦属事理之常。男子对于结交异性既无经验,在家庭中又吃不消黄脸婆子的絮聒,始乃颇想尝尝西洋人在婚前所经历的所谓"罗曼史"的滋味。这样的人见了一个颇觉中意的妇女,不由打动心坎,发生类乎恋爱的一股感觉。青楼女子经验既富,手段娴熟,固不难略施小技,把男子压倒在石榴裙下,服服帖帖。这便是中国很正当而通行的一种求爱方法了。

有时,一种真实的罗曼史也会发生,有似欧美人士之与情妇恋爱者。如董小宛与冒辟疆之结合经过,自从其初次会见之艰难以至其时日短促的新婚幸福生活,读来固无殊其他一般之罗曼史也。罗曼史之结局,有可悲者,亦有可喜者。如李香君则长斋礼佛,终其生于寺院中;顾横波、柳如是则享受其贵妇生活于显宦家庭中,为后世所艳美。

妓女是以叫许多中国男子尝尝罗曼史的恋爱的滋味,而中国妻子则使丈夫享受比较入世的近乎实际生活的爱情。有时这种恋爱环境真是扑朔迷离。至如杜牧,经过十年的放浪生活,一旦清醒,始归与妻室重叙。所谓"十年一觉扬州梦,赢得青楼薄幸名"也。有的时候,也有妓女而守节操者,像杜十娘。另一方面,妓女实又继承着音乐的传统,没有妓女,音乐在中国恐怕至今已销声匿迹了。妓女比之家庭妇女则比较上反觉得所受教育为高,她们较能独立生活,更较为熟习于男子社会。其实在古代中国社会中,她们才可算是唯一的自由女性。妓女之能操纵高级官吏者,常能掌握某种程度的政治实权,关于官吏的任命,凡有所说项,有所较议,胥取决于她的妆阁之中。

妓女的归宿,总无非是嫁做小妾,或则做人外室情妇,像上面所提过的几位,都是如此。置妾制度之历史的久远,殆不亚于中国自身之年龄。而置妾制度所引起的问题,亦与一夫一妻制之成立而并兴。倘遇婚姻不如意,东方人转入青楼北里,或娶妾以谋出路;西洋人的解决方法则为找一情妇,或则偶尔干干越礼行为。两方社会行为的形态不同,然其基本关键则不谋而合。其差异之由来,则出于社会态度,尤其妇女界本身对待此等行为之态度。中国人之娶妾,如经公众之容认而为堂皇之行为,在西洋则有耻言姘妇之习俗。

坚持以男性为中心的嗣续观念,亦为鼓励娶妾之一大主因。有些中国好妻子,倘值自己不能生产男孩子,真会自动要求丈夫纳妾的。明朝的法律且明白规定,凡男子年满四十而无后嗣者,得娶妾。

此外,娶妾这一个方法亦即所以代替欧美之离婚事件。结婚和离婚为最困难的社会问题,至今犹无人能解决之,人类的智慧上还没有发明过完全解决的办法,除非如天主教的办法可算是一种解决之道,它盖整个儿否认此种问题之存在。吾人所可断言者,即婚姻为妇女唯一之保障,无论何时,男子的道德倘有疏懈,受痛苦者,厥为女性,不论是离婚是娶妾是重婚或滥施恋爱。在性的关系中,好像有一种天生的永久不平等和不公平。因为性的平等这一个名词,非造物所知，造物之所知者，厥为种族之延续而已。所谓现代婚姻，男女双方以五十比五十为基本原则者，生产了小孩以后，实际总成为七五比二五之男性占便宜。倘今有一个妇人当双方爱情冷淡时真肯诙谐地解除男人之束缚，则四十岁男人所能享受的利益，那个离了婚的四十岁老妇人且为生过三个孩子的母亲者不能享受。真实的平等是不可能的。

利用此种概念，可资以辩论娶妾制度。中国人把婚姻看做一个家庭的事务，倘婚姻不顺利，他们准许娶妾，至少可使家庭保全为一社会的单位。欧美人则反乎是，他们把婚姻认为个人的罗曼史的情感的事务，是以准许离婚，可是这一来，拆散了社会单位。在东方，当一个男子成了大富，无事可做，日就腐化，乃不复爱其妻子，为妻子者，不得不勉自抑制其性欲；不过她居于家庭中，仍能保持其坚定崇高之地位，仍为家庭中很有光荣的首领，围绕于儿孙之间，在生命的另一方面领受其安慰。在欧美，那些摩登夫人向法院提出了离婚的诉讼，敲一笔巨额生活费，走出了家庭，多半是去再嫁的。是那些不被丈夫爱护而仍能保持家庭中荣誉地位者的比较幸福呢，还是拿了生活费而各走各路的比较幸福呢？这一个问题殆为一迷惑不可解的一大哑谜。在中国妇女尚未具备有西方姊妹们之独立精神时，那些弃妇常为无限可怜的人物，失掉了社会地位，破碎了家庭。世界上大概有一个幸福妇人，便另有一个无论怎样尽人力所总不能使她成为幸福的妇人。这个问题就是真正的妇女经济独立也不能解决它。

在中国，这样的情形每日都有见闻，而那些摩登姑娘以其残忍的心肠攘出人家原来的妻子，照我看来，跟我们的祖宗的野蛮思想相差不过毫厘之间，虽然她们的摩登足以不容另一女人以同等的身份同居。在过去，往往有一个实际是好妇女，受了环境关系的支配，致勾搭上了已经结了婚的男子,而她又衷心爱他,因服顺自动地愿充偏房之选,并甘心谦下地服侍大妇。而现在则各不相让,彼此掮着一夫一妻制的招牌,想攫出另一个人而攘取她的地位。这在现代女子看来,可以认为较为进步的方法。这是摩登的、解放的与所谓文明的方法。倘妇女界自身喜欢这种办法,让她们干下去好了,因为这就是她们自身才是第一个受到影响的人。年轻貌美的女人,自然在她们的二同性斗争中会获得胜利而牺牲了老的女人。这个问题实在是既新而又长久了的。婚姻制度是以永久不完美,因为人类天性是不完美的,我们不得不让这个问题以不了了之,或许只有赖天赋之平等均权意识和父母责任心之增进,始能减少这种案件的数量。

当然,辩护娶妾制度是废话,除非你准备同时辩护一妻多夫制。辜鸿铭是爱丁堡大学的硕士,是一位常喜博引卡莱尔(Thomas Carlyle)和爱诺尔文字的学者,他曾经辩护过多妻制度。他说:"你们见过一把茶壶配上四只茶杯,但是可曾见过一只茶杯配上四把茶壶吗?"这一个比喻的最好的答辩莫如《金瓶梅》中西门庆的小老婆潘金莲说的那句话:"哪有一只碗里放了两把羹匙还会不冲撞的?"潘金莲当然不是无意义地说这句话的。

七 缠足的习俗

缠足的本义和起源曾被一般人大大地误解过。但无论怎样,它曾是代表一种束缚并压迫女性的记号,而且这个方法是很适宜于这种效用的。宋时,儒学大师朱熹也曾很热心地推行缠足制度于南部福建,作为传播汉族文化的工具而教人以男女有别。倘使缠足只当做压迫女性的记号看待,那一般做母亲的不会那么热心地替女儿缠足。实际上缠足的性质始终为性的关系，它的起源无疑地出于荒淫君王的宫闱中。它之所以获得男子的欢迎，乃缘于男人崇拜金莲和绣鞋儿作为恋爱的偶像，并欣赏其婀娜的步态，其所以能获得妇女的欢迎，则缘于她们的欲勾动男人的爱悦而已。

缠足制度的起源时代问题，为一大争辩的题目。这其实是不必要的，因为比较适宜一些的，还是谈谈它的演进吧。所谓缠足的唯一确切之解释为用几码长条子的布，把足部束紧起来而废弃短袜。这种方法历史上第一次有明确记载者为南唐后主的艳迹，其时期约当第十世纪初期或宋代之前。唐代的杨贵妃还穿着短袜，因为她死后有一只短袜流落于一个老妪手中，而辗转传览于民间，凡纳钱百文，都得一观。疯狂样地赞美女人之纤足和她们的弓鞋的风气盛行于唐代。弓鞋的式样系鞋头向上弯翘，大类罗马划船的船首，或即为缠足之起源或一种初步的形式。此种弓鞋本为宫中舞女所用，在这种奢华的氛围中，充满着女性的舞蹈、笙歌，萦绕着麝香龙涎、锦绣珠帘，天然会产生一种别出心裁的意匠，其结果即为此种性的矫饰。这一个创造的心意，系属于南唐后主，他原来是一个细腻的诗人，他有一个缠了足的宫女，能轻盈地缓步于六尺高的金质莲花瓣上，四周复缀以珠花金链。从此这个风尚受民间的模仿，这缠小了的足，因以夸饰地称为金莲或香莲，此等字眼且常点缀于诗句中。这个"香"字倒是下得很有意义，因为它指示出中国富贵家庭中的多肉欲的气息，他们的书斋固充溢着异香，而巨帙著作便写作于这样的书斋中。

妇女们非但极愿意而且很爱悦牺牲其肉体上一部分之安适以趋应时髦。这样的特性，非为中国女子所特具。晚近如一八二四年，英国女子很愿意躺卧地板上，让她的母亲手足并施地用鲸须束压她的身体。那时有本时装杂志上说："束鲸索的方法，小姑娘应该面部向下的躺伏闺房地板上,她的母亲可将一足紧踏于她的背部腰际,俾易于用力绞转,这样,不难使鲸索两端接合。"这种鲸须一定大有助于十八世纪及十九世纪初期欧洲女子在适当场合的昏晕。妇女在中国,可以成为懦弱,但从不趋时髦以至于昏晕。俄罗斯舞队中的足尖舞,是肉体痛苦造成的美的另一模型,然此种痛苦,可美其名曰艺术。

中国妇女的小脚不仅使男人的眼光感觉可爱,却是微妙地影响及于妇女的整个风采和步态,致使她们的粉臀肥满而向后凸出,其作用等于摩登姑娘的穿高跟皮鞋;且产生一种极拘谨纤婉的步态,使整个身躯形成弱不禁风,摇摇欲倒,以产生楚楚可怜的感觉。看缠足妇女的走路,有如看走绳索的舞女,使人可望而不可即,撩起无限烦愁的心绪。缠足却为中国人在性的理想上最高度的诡秘。

此外,完全无关于女性姿态的本身,男人们乃从而歌咏之,崇拜之,盖把小脚看做恋爱的偶像。金莲的尊崇,无疑导源于性的诡秘境界。鉴赏各种不同式样的缠足艺术之著作之多,不让于批评唐诗之著作。倘你能设想真正纤小的形式美观的小脚之稀少——大率一个城市里找不到十双——那就很容易明白男人见了这样的小脚,将如何感动,岂将不如受精美的诗的感动一样?清人方绚,尝著一部专书,叫做《香莲品藻》,专门论述缠足的艺术,将各式各样的小脚分成五大类十八品式。谓香莲(小足)有三贵,一曰肥,二曰软,三曰秀。又说:

> 瘦则寒,强则娇,俗遂无药可医矣!故肥乃腴润,软斯柔媚,秀方都雅,然肥不在肉,软不在缠,秀不在履。且肥转或可以形求,秀但当以神遇。

凡能明了时髦在女子心理上所占之势力者，类能明了这种制度的何以能持续而不衰。所更可怪者，康熙皇帝禁止汉人缠足之圣旨不多几年就被废弃，而满族妇女反迅速地模仿汉人也缠起足来，直到乾隆皇帝再度下旨而禁止她们。母亲凡欲望其女儿长大成为少奶奶典型而得嫁给士绅之家，便得从小把她的足好好缠起来，这一举动为做父母的一种先见之明。至新嫁娘受了人家对于她的小脚的赞美，宛像受了孝顺的赞美。因为次于容貌的美丽，妇女便以其脚之纤小无限地引为自傲，有如摩登姑娘之夸耀其足踝骨的瘦小，因为此等足踝使她们在任何社交集会中立刻引人注目。妇女的缠足是痛苦的，毫无悲悯的痛苦，当其发育之际；但一旦缠成美丽的一双小脚，她的光荣，终身享受不尽。

但这种可怕而怪僻的嗜好，至少受过三位学者的驳斥，那三位学者是《镜花缘》作者李汝珍（约1763—约1830）、诗人袁枚（1716—1798）和经学家俞正燮（1775—1840）。这三位学者都是具有独立的精神和伟大的精神的。但这种风尚不遽废止，直至基督教会推行社会改革事业时始渐有收效。这种改革事业，中国妇女对之应该深深感谢的。但基督教会的成效，也受了当时环境的协助，因为中国妇女从其他方面获得了较可忍受的代替品，即摩登姑娘的高跟鞋。高跟鞋提高了女人的形体，发展一种婀娜的步姿，更产生一种幻象，使觉得她们的足部看去好像较实际者为小。李笠翁所著关于生活的艺术的精深的观察，至今犹为真理。其语云："尝有三寸无底之足而与五寸有底之鞋同立一处，反觉四五寸之小而三寸之大者；以有底则趾尖向下，而秃者疑尖；无底则玉笋朝天，而尖者似秃故也。"此种对于无聊人生之精深的观察，常为中国人天才之特性。

八　解放运动

妇女束缚，现在已成过去。它的消逝如此迅速，凡在十年前离开中国而重返者，可以发现中国女子之体力与智力的状况变迁得如此广博，几难以置信。现代妇女之气质、装饰、举止和自立的精神，完全不同于十年前的所谓时髦姑娘。这种变迁乃由于各方面的势力在发生作用。总括地说，它们可以称为西洋势力的影响。

变迁之显著者是一九一一年从帝制的革命而为民国，承认男女平等。新文化运动开始于一九一六年至一九一七年，由胡适博士与陈独秀为之领导，他们诅咒吃人的宗教（孔教）之寡妇守节制度和双重性标准。一九一九年的五四运动或学生运动乃由于凡尔赛会议协约国秘密出卖中国所激起的怒吼，使男女青年第一次在政治领域上崛起重要活动。一九一九年秋季，北京大学第一次招收女学生入学，随后，其他各大学遂继起实行男女同学。男女学生之不断参加政治活动，导致一九二六年至一九二七年的国民革命，大部分实即为国民党和共产党联合指导与鼓励下的学生的功绩，而在上述两党的工作中，中国女子很活动地担任党务、看护，甚至担任士兵的工作。南京国民政府成立以后，女党员供职中央党部，占据首要位置者继续不辍。一九二七年以后各政治机关任用女公务员之风勃兴；南京政府公布法律，承认女子享有平等承继权；多妻制度消灭；女子学校盛行。一九三〇年以后，女子在运动界崭露头角，尤其一九三四年的女子游泳成绩之优异。裸体照相盛受社会欢迎，报章杂志日有披露。一九二二年山额夫人的来华，因之节制生育及性教育渐见普遍；避孕器械的介绍与输入（这可说是伦理革命的唯一原动力）；各大报章发行《妇女周刊》的附刊，专以讨论妇女问题；张竞生《性史》出版，张竞生是位留法国学生，而《性史》这本大作颓废色彩未免太重。葛丽泰·嘉宝、瑠玛·希拉、梅·韦斯特的影响,中国电影明星的轰动,电影杂志的流行,跳舞场、咖啡馆到处林立,这是一九二八年之际始传入中国。在这些跳舞场、咖啡馆里,中国姑娘行动态度的改变,使任何人大吃一惊。英国高跟鞋,巴黎香水,美国丝袜,高衩旗袍,西式紧身马甲(所以代替老式肚兜者)和独幅女子浴衣,才是时代的骄儿。

自从缠足以至独幅浴衣,诚为一长远之距离,而此等变迁虽看似甚觉浅薄,却不妨其奥妙的意味。因为人生就是由这些浅薄的现象所构成的,变换了它们,即变换了吾人的人生观。

摩登姑娘以其行为浅薄,受尽了许多中国杂志的讥讽嘲笑,比如她们爱好奢侈,不耐劳动,缺乏其他家庭美德。因为梅·韦斯特的影响力,远过于华尔兹敦诺克弗(Mary Wollstonocaft)的影响力。事实是这样:妇女有两种不同的典型,一种显露其头角于都市社交生活,另一种则安稳隐没于好好家庭中,后者是谨饬而聪慧的人物,可是不甚通行。有几位在政治上占重要地位的妇女,公开施展其蛊惑手段,才是妇女界最坏的恶棍,所以此辈不足以代表中国新女性。总之,此等摩登风尚应作为自由主义化的影响,大体上是为了中国女性的幸福而工作着,从而及于整个中华民族的幸福。第一件主要的影响为女子之体格。在运动会中显露的姑娘们的大腿,常为守旧的人们蹙额惋惜不止,其实最后倒有利于国家民族。由于体育的发展,产生一种运动,比之培育于闺房之内的缠足运动远较为天然而高洁。

体育变迁的结果,又产生对于女性美的观念的变迁,从昔时矫揉造作的所谓娴静温雅变至较为适合于人类天性的活泼健美相近于欧洲妇女。女人之能做出真性的狂笑,实较之咮咮而浅笑为可爱。孔教学说所予妇女界之人为的限制和过分划分的性的区别,必须让其地位于适合人类天性的观念而不复回复。不过这样的结果,恐怕性别将完全消灭而丧失纯粹女性型的女人。妇女的想模拟男性的行为这种意念,其本身实即为一种女性的束缚。还是让女人珍惜其固有的性型,因为只有实现她们的自身的性型,她们的庄重的使命才配称得起伟大。不过把中国妇女与欧美女子作一比较,则中国摩登女性还是比较稳足而庄重,但在另一方面,她们比之西洋姊妹们似较为缺少自动的和自立的精神。或许这种根性是存在于她们的血胤里面的。假令如是,一切不如任其自然,因为忠实保持固有民族之本来面目,亦足称为伟大。

第六章

社会生活和政治生活

一 公共精神的缺乏

中国是一个个人主义的民族,他们系心于各自的家庭而不知有社会,此种只顾效忠家族的心理实即为扩大的自私心理。在中国人思想中初无"社团"这个名词的存在,不可谓非奇事。在孔教的社会和政治哲学里面,吾们可以看出人民组织范型的接续阶段乃自家直接上升于国。《大学》有云:"古之欲明德于天下者,先治其国,欲治其国者,先齐其家……"又曰:"……身修而后家齐,家齐而后国治,国治而后天下平。"欲求一与"社团"这个字眼意识最相近的名词,在中文里头乃不能不推两个单字缀成的"国家"这个连语,这是中国抽象名词构成原则而来的。

"公共精神"为一新名词,"公共意识"一词亦然,"社会服务"一词亦然,中国原来没有这种东西。但"社会事件"当然也是有的,如婚丧喜庆、僧侣仪仗、四时令节。所缺乏者,乃属于那些足以构成英美人士的社会生活者,如运动,如政治结社,如宗教,这是很显而易见的。中国没有教堂也没有教会。中国人视谈论政治如宗教上的禁例,他们不投票,也没有讨论政治的党社。他们不事放纵于运动,运动乃为联系合群的最佳方法,固为英美人士社会生活的基础。当然,中国人也玩玩种种游戏竞技以资消遣,不过此等游戏竞技大率系属于中国人个人主义的特性的。中国式的游戏并不把竞技者的分组对立两大组合,如斗蟋蟀,并非以一个组合对另一组合而作竞赛。组合这件事情,向非所知。中国人的斗牌游戏,每人各自为战。中国人欢喜打扑克一类的牌戏而不欢喜 Bridge 一类的牌戏（Bridge 与 Whist 相类,系四人成局以两人为一组,两两相对的一种牌戏）。中国人常喜搓麻将,固已久著盛名,麻将即近似扑克,非似 Bridge。从这个麻将哲学中,可以看出中国人个人主义的素质。

中国人的个人主义的例证,可见之于中国新闻纸的组织。中国人经营报纸,譬如搓麻将。著者常见《中国日报》请了主任编辑,专门担任写写社论;国内新闻,另有主编的人,他有他的固定的篇幅;国际电讯,又另有主编的人,他有他的固定篇幅;本埠新闻也另有编辑的人,他也有他的固定园地。如此四人各自掌理各自的部分,好比搓麻将的四个搭子,各人要竭力揣摩别人手中捏着的什么牌,各人想让自己先挺张,而掉出所不要的牌给下家的人。倘遇国内新闻过于拥挤,他可以随随便便地移入本埠新闻版,倘谓本埠新闻亦甚拥挤,又可移入盗警火警栏的地位（对于读者向来不通知）。这样一来,固需乎第一版的特意编排,材料无须乎选择,没有调和作用,也没有首要次要之分,每个编辑先生都能写写意意早些回府。制度本身固已很够简单,加以编者和读者,两方面都是生而为个人主义者。出版新闻为编辑先生的职务,而阅读新闻,乃在读者,故两方互不相涉。这是中国几种最老最大最广销的报纸所沿用迄今之专门技术。

假定你要问为什么没有调和作用,其唯一答句即为缺乏公共精神。因为假使总编辑而意欲施行改组,或许觉得本埠编辑之庸暗而欲予以开除,他就与家庭制度相冲突。他的干涉他人事务,居心何在?是不是他的用意在撵出这位本埠编辑,敲碎他的饭碗,更连带地使一切依赖于这位编辑身上的人同陷饥饿;更倘遇这位本埠编辑的夫人是老板的外甥女,他能不能撵他出去呢?这还了得!假使这位总编辑稍具中国式的社交觉悟,他不致干出这等事情;若遇这位总编辑是新近回国的美国密苏里新闻专科学校毕业生,还是快些走开为上策。于是来一个熟知中国人社交方式者取而代之,旧的制度乃仍延续工作下去,读者照样赖以查阅新闻,而报纸照样扩展其发行额而赚钱。

许多这样的总结都隐藏于一切中国人的社交往来后面,吾们可以很容易举出许多例子显示缺乏公共精神,简直使二十世纪的西洋人难以置信。我所说"二十世纪的人",因为他已经接受过十九世纪博爱主义的精神的教养而具有较为广阔的社会眼界。举一个典型的例子,这个例子真堪为中国社会事业的思想代表。下面一段是我逐句从《论语》两周刊(一种幽默杂志)上摘录下来的,它记述一位中国军阀对于民众教育运动的演说。有些青年醉心于现代美国社会服务的热情,组织一种团体,推行"扫除文盲"运动。这位军阀便发挥其鸿论说:"学生应该勤勉读书而不宜干预外界事务。人家吃饱了自己的饭,干自家的事情,而你们却要扫除他们!"那动听的论据是这样说法的:不识字的人不来干预你们,为什么你们偏偏要去干预他们?这些字句何等简短,何等有力,而且那样真实。因为这些字句，字字直接发自演说者的心坎，毫无遮隐，毫无润饰。在中国人看来，社会工作常视作干预他人的事。一人热心于社会改革或任何其他公共事业，看来常觉得有些可笑。吾们不顾他的诚意，又不能了解他为什么跑出来干这些事业，用意何在？是不是在向社会公众献殷勤？为什么他不效忠于家庭，更为什么不巴图上进，升官发财，俾及早帮助其亲戚和自己的家庭？吾们决定他因为是年轻，或则为正常人类典型的迷路者。

常有这样迷失人类正常典型的人物被称为豪侠，可是这些人无疑即为盗贼或漂泊浮浪的人物。他们是单身汉，不结婚，有一颗浮浪不肯安稳的心儿，常很愿意纵身入水以拯救一个不相识的小孩。或则他们是结了婚的人，而死的时候，往往身后萧条，不名一文，让他的妻子含辛茹苦以度日。吾们欢迎这种人，爱这种人，但不愿我们自己的家庭中产生这样一个人物。当我们瞧见一个孩子具有公共精神太丰富，勇于参加困难纠纷，吾们将确信地预言这个孩子定为父母的致命伤。倘使吾人能及早挫折他，压服他，他或许会从家庭流浪出去而加入行侠的盗伙。这就是为什么他们是被认为舍离正道的理由。

这样的情形怎会发生，中国人不是那样的邪教徒，深陷于罪孽若基督徒所想象者。虽然中国人因为不是基督徒，仍可用受尽基督教诅咒的"邪教徒"这个名词加诸其身。倘基督教会能尽力以求了解他们，而从根源攻击他们的劣点，则似较为适宜，因为劣点的背后是一种完全不同于基督教的社会哲理观念，这不同就是双方观点不同之由来。受了现代教育的中国最优秀之青年还是不能明了西洋妇女一定要组织"禁止虐待动物会"的意义，她们为什么高兴去替狗担心事，又为什么不好好坐在家里看护看护自家的孩子。吾们可断定她们是因为没有孩子，因之在家里也没有更好的事情可做，这样的推断或许往往是不差的。矛盾常存在于家族观念与公共精神二者间,一个人倘勤俭积财,而悭吝得够程度,常可发现其家族观念在发生作用。

因为家族制度是中国社会的根底,中国的一切社会特性无不出自此家族制度。家族制度与村社制度——村社制度为家庭组织进一步而范围稍为扩大的范型——可以统括地说明一切中国社会生活的现象。面子、宠嬖、特殊、报恩、礼仪、官吏贪污、公共组织、学校、基尔特(同业联合会)、博爱、慈善、优待、公正,而最后全部中国政治组织——一切都出自此家族及村社制度,一切都从它摄取特质和状态,更一切都从它寻取解释特殊性质的说明。从家族制度里头产生了家族观念,更从家族观念产生社会行为的某项法规。将此等特性加以研究是很有兴趣的,吾们将看出人生在缺乏公共精神的环境里,怎样作为社会一分子而行动着。

二 家族制度

吾国古时并无所谓"家族制度"这种社会学上的名词。吾们所知道的"家",它只是为"契本"或为人类社会之本的家。家族制度渲染了吾们一切社会生活的色彩。它是属人主义的,即吾人对于政府之概念亦系把它看做人格化的。家族制度所教导吾们的孩子们的第一个课程,是在人与人之间的社交的义务:自重、礼貌、责任心和相互调整补充的要务。责任心的意义,是阐述得很明确的,即是对于父母的感恩图报的义务观念和对于长老的敬意。它很近乎代替宗教的作用而给予人们以社会长存与家族永续的意识,因以满足人类巴求永生的愿望。经由崇拜祖先的制度,它使永生的意识倍显活跃。它教导人以一种家族光荣的意识，此种意识在西方固不难搜得类似的例证。

家族制度的影响于吾人，就恰恰在于私人的日常生活中。它从吾们手中剥夺了订婚权，而以之授予我们的父母；它使吾人结婚不是娶了一个妻子，却是娶了一房媳妇，更使吾人妻子生产儿子成为"养孙子"；它把新娘的义务加重了百倍；它使年轻夫妇白昼掩扉成为非礼行为，而使"秘密"二字成为中国人所不知的名词。譬方一架收音机，它使吾人安于闹的习惯，闹的婚礼，闹的葬仪，闹的饮食，以至于闹的睡眠。它麻痹了我们的神经而发展了吾们的耐性。欧美人民好像一个闺女，她它只消照顾自身，因之她只消使她自己外观整洁美丽；中国人民则好像一位大家庭中的媳妇，她有许许多多家庭的本分须行料理，吾们是以在很小的年龄就已养成了端庄性，它使吾们的青年人恪守本分；它过度保护我们的孩子，不知道怎么倒很少有孩子反抗家庭而出走的。凡父母太以自己为中心而太专制，它时常剥夺了青年的事业心和发明天才。著者认为这一点是家族制度所施于中国人的特性最恶劣的影响。父母的丧仪又涉及士子应试的机会，居父母之丧的读书人，必须停止应考三年，同时又为士大夫阶级提出辞呈的最好理由。

家族主义之伦理哲学甚至限制吾人之远游与运动，因为在《孝经》中，产生了一个学理，殆为每个小学生都须熟记者，即"身体发肤，受之父母，不敢毁伤"。曾子为孔子门人之佼佼者，当其临终之际，这样说："启予足，启予手。"盖曾子保全其身体发肤而终，可告无愧于祖宗。此种思想已极临近于宗教思想。它又限制我们的向外发展，因为孔子说过："父母在，不远游，游必有方。"游历的最好形式，本应该是无一定目的地、无预定目的地的，依照孔子的学理，这便不可能了。所谓孝子，应该慎惜身体，不可爬高山，不可走险路。

这样一来，阿尔卑斯俱乐部（Alpine Club）中遂找不出一个配称孝子的人了。

总之，家族制度为个人主义之否定，它又限制个人的活动有如骑士之缰索控制阿拉伯野马的奔驰。有时遇着骑师是个好人，他帮忙良马在赛马会中夺取锦标，而骑师不常是好人，有时控制马匹的且不是一个骑师而仅为一辆不中用的货车，你看还成怎个样子。中国社会固无所庸于阿拉伯良马，其最充分之明证即为中国社会之从不产生良马，中国社会把良马屠杀个精光，把它们穷追驱入山林，或把它们禁闭入收容所。中国社会所需要的马为呆滞鲁钝服缰之马，果然，吾们的社会上便真饶有这样的驽马。

"名分学说"，即孔子学说通常所被称之代名词，实为家族制度背后的社会哲学。这是一种道理乃所以维持中国社会之秩序者，它同时为社会组织与社会控驭之原理。其基本理想为名分。名分赋予每一个男子或女子在社会上所应处的一定之地位。有如人文主义者的理想欲"令任何事物都归于适当地位"。名分的社会理想亦为个人都处于适当地位。"名"的意义为名称，"分"的意义为本分。孔子学说实际上常被称为"名教"或即为"名分的宗教"。名称是一个称号，所以给予人表明各个在社会上所处的一定地位，即身份，更表明其与别个人的关系。缺乏一个名号，或在社会关系中的定限，一个人就不知道他自己的本分，从而也不知道怎样控制他的行为。孔子的理想便是这样，倘使每个人知道自己的本分，而其行动适合于自己的地位，则社会秩序便能有把握地维持。关于中国社会所宗奉的五大人伦，其中四伦是与"家"有关的。此五大人伦即君臣之关系、父子之关系、夫妇之关系，以及兄弟朋友之关系。其最后一伦朋友之关系可为之合并于家庭，因为朋友乃为那些可以包括入"家"的范围内的人——他们是家族间的朋友。家族是以可为一切道德行为的出发点。

不过吾人于此必须提示者：孔子从未想把家族意识去夺取社会意识或民族意识的地位，亦并未想把它发展成一种高度自私的形式——后世的结果，尽孔子全部实践的智慧，实未能料及。家族制度的劣点，在韩非子时代已很明显（约当基督前三世纪末期）。依著者愚见，韩非子实为那时代最伟大的政治思想家。《韩非子》一书所记载的当时政治实况的描写，可以映出今日中国的形貌。例如由于亲贵偏宠而使文官制度的崩坏，不啻攘夺了国家资产而增富了私家。高官显宦之建筑富丽的别庄，渎职官吏之缺乏任何制裁，因此缺乏公民观念和一般的缺乏社会意识。此等劣点都经韩非子一一指出，他主张组织一个法治的政府，他认为法治政府才是政治上唯一的出路。可是韩非子自己的结局却是被迫仰药而死，类乎苏格拉底的命运。

但至少在学理上，孔子并非有意牺牲了社会的完整而使家族意识发展为自私观念的。在他的道德律里面，他也曾容许某种程度的超家族的仁爱。他把家庭内的道德训练作为普通道德训练的基础，他计划想从此普通的道德训练，实现一个社会，这个社会是要很适宜于和谐幸福的共同生活的。只有在这种悟性里面一个人才能了解重视孝道的意义。孝在中国伦理观念里面，是居于百善之先的。中国文字里头，那个教育的教字甚至是从"孝"字蜕化而来的。《孝经》上对于孝的意义，作下面的解释：

> 子曰："君子之教以孝也，非家至而日见之也；教以孝，所以敬天下之为人父者也。教以悌，所以敬天下之为人兄者也。教以臣，所以敬天下之为人君者也。"

在另一节里，孔子又说：

> 爱亲者，不敢恶于人；敬亲者，不敢慢于人。

由于这种意义，孔子对他的弟子曾子说：

> 夫教，德之本也，教之所由生也。复坐，吾语汝，身体发肤，受之父母，不敢毁伤，孝之始也。立身行道，扬名于后世，以显父母，孝之终也。夫孝，始于事亲，中于事君，终于立身……

全部道德哲理，在社会上，基于模拟的学理；在教育上，基于习惯的学理。社会教育的方法，即自儿童时代培植纯正的心智态度，其出发点乃天然开始于家庭中。这种方法，并为差误。它的唯一弱点为政治与道德的混合，其结果对于家庭是有优良的成效的，而对于国家则为危害。

家族制度又似社会制度，它是坚定而又一贯的。它肯定地信仰一个宜兄宜弟、如手如足的民族应构成一个健全的国家。但是从现代的眼光看来，孔氏学说在人类五大人伦中，脱漏了人对于异域人的社会义务，这遗漏是巨大的灾难。博爱在中国向非所知而且实际加以消极地抑制的。学理上，博爱的精义可谓已包容互助说里面。孔子称君子者谓："夫仁者，己欲达而达人，己欲立而立人。"但是这个施仁于他人的热忱，却是不列于五伦之内，亦无明确之定义。一个家族，加以朋友，构成铜墙铁壁的堡垒。在其内部为最高的结合体，且彼此互助，对于外界则取冷待的消极抵抗的态度。其结局，由于自然的发展，家族成为一座堡垒，在它的外面，一切的一切，都是合法的可掠夺物。

三　徇私舞弊和礼俗

每个家族，在中国，实际系一互助小组织，在这个组织里头，各人尽其力而取所需。其间分子与分子的互助，发展到很高的程度，盖受着一种道德意识和家族光荣的鼓励。有时一个兄弟会渡海离家数千里，以恢复那破了产的哥哥的名誉。一个环境较好的人常拨其全家消费的大部分，苟非全部，以资助其侄儿的就学，此固视为寻常事，非有任何功绩可言者。一个功名利达的人做了官，常使好差使支配给他的亲戚；而倘没有现成的差使，亦可以生产几个拿干俸的闲职。这样拿干俸和徇私的习惯，随着每度政治变革运动而发展起来。这种习惯加上经济的压迫，变成一种不可抗拒之力，毁损人而不受人之毁损。这种力量是异常巨大的，虽经政治改革期的屡次努力，秉着十分热情的好意也终于收了失败的结局。

公平地观察一下，徇私并不劣于别种恶习的"情面"。一个部长，不独位置其侄儿于部内，同时还须安插其他官员的侄儿——倘这些官员是比他高级的，还写着荐贤书给他，那么许多贤侄儿往哪里去安插呢？除非拿干俸或予以咨议顾问之类的名义。经济压力和人口过剩的排挤是那样尖锐，而同时又有那么许多能够写得一手好文章的读书人，却没有一个人会修理一座碳化器或配置一架收音机，致令每一个新公事机关成立或官吏就职之日，就有数百封介绍书蜂拥而来。是以那是很天然，慈善事业乃从家族为始，因为家族应看做中国传统的失业保险制度。每个家各自照顾自己的失业分子，既经照顾失业分子，其第二步较好的工作为替他寻觅位置。这种办法应略胜慈善事业一筹，因为它教训那些运气不佳的分子以自立的意识，而那些受到这样资助的人又转而帮助家族其他分子。此外，这些大官僚掠夺了国家的财产以私肥自己的家族，或给养当世的一代，或可接续蓄养三四代，积资常自数十万至数千万，仅志在光耀门楣而为家族中的好分子。营利舞弊，敲诈钱财，对于公众是一种恶行，对于家族却是美德。因为一切中国人都是家族的好分子，是以中国语言文法中最普通的动词活用，像辜鸿铭说过是动词"把"字（英文本原文系 Squeeze 一词，有榨取剥削的意义），好似吾们的常用语中"我把你……你把他……他把我……你把那冤枉的事……我把你这卖国的奸臣……他把我带到这儿……"这个把字是正规的动词。

如是，中国式的共产主义，培养出了个人主义，而限于家族以内的合作观念，产生了盗窃狂的结果，此盗窃狂却又带着利他主义的色彩，真是妙不可言。盗窃狂——舞弊的习性——又可以和个人的诚实性并行而不悖，甚至可以和博爱并行而不悖，这情形在欧美，也不是陌生的。那些社会上的巨头——他们是中国报纸上时常浮露其尊容的活动人物——他们对于慈善事业不仅一诺千金，往往轻松地捐个十几万块钱给一个大学或市立医院，这种捐赠，其实不过将其自人民掠夺而来的金钱返还于人民。这样的情形，东亚和欧美却不谋而合，其不同之处仅在欧美则唯恐此等真情之败露，而在东亚则似获得社会的默许的。

在中国，即使一个人为了偷窃金钱而被捕，他的被捕罪名不是为了偷盗国家资产。就是北平故宫博物院里的无价之宝，被博物院管理当局所盗窃而经社会揭发，仍不当做盗窃国家财产看待。因为吾人好像有一种政治腐败的宿命，这宿命在逻辑论体系上是紧随着"贤能政府"的学理（参阅第九节"贤能政府"）。孔子教导我们，政府要受贤人君子的统治，吾们乃真当这班统治者做贤人君子看待，没有预算，也没有决算（政府岁支报告），人民没有立法上之同意表决权，政治犯也没有牢狱。其结果，他们的道德素养，敌不住摆在眼前的引诱，因而大多数忍不住舞弊起来。

不过这样掠夺来的或盗窃来的金钱，仍常能渗漏而返还之人民，这殆便是德谟克拉西精神的美处,这返还的途径倘不经由大学,则经由一切依赖在他身上或服侍他的人民下至听差走役。那些仆人揩揩东家的油水,不过在帮助他东家返还金钱于人民,而他们的揩揩油水是有着清楚的心意的。侍役的背后,也有一个家庭问题,虽其量的大小与东家不同,家庭问题之性质则无异。

除了上述偏爱徇私和政治腐败之外,另有种种社会特性起自家族制度。它们可以统括地称为缺乏社会训练。它打消了任何形式的社会组织,恰如它的徇私恶习破坏了文官考试制度,它教人"各人自扫门前雪,莫管他人瓦上霜"。这不是何等的恶行,更坏的是使人倾倒垃圾于邻居的门口。

家族制度的最好的例证,莫如所谓中国人的殷勤礼貌,这是很被误解的论旨。中国人的殷勤礼貌,不能依照爱默生(Emerson)氏所下的定义"做事情的欣快的样子"来下界说。中国人办事的殷勤程度完全要看谁是他所与工作之人,他是不是同一家族中的人或家族的朋友。中国人对待家族及其朋友以外的人,他们的礼貌恰如英国人在殖民地上对待其同种族以外的人。有一个英国人告诉我说:"我们对待自己人是从不骄傲的,这是可喜的一点。"这在英国人应该很感满足了,因为他们的自己人布满于全球。中国人对待其朋友及其熟悉的人是并非无礼貌的,但超出了这个界限,则在社会行动上常对其旁边人取积极的敌意的;如果他是公共汽车的同车乘客,或戏园子卖票间附近的客人,彼此的争先恐后,不让于世界大战时火线上冲锋的勇猛。

著者有一次在一个下雨天,在内地的公共汽车站瞧见一位同车乘客,他正在发狂一样争夺一个座位,谁知所占据的乃是司机的座位,却还是坚决地拒绝车站职员的要求,不肯让座。只要用一些社会常识考虑一下,谁都知道没有司机,车中任何人都不得回家,可是他竟缺乏这一些常识。假使你更进一步地分析，这个人是不是被认为可耻？吾们先要知道为什么这样下雨天只有一辆车子以容纳八十多个乘客。原来其他车辆被当地的军事长官征调去充运输之用，所运输的是他私人的物件——那么这位军官的社会常识是在哪里呢？制度既经紊乱，人们被迫发狂样地争夺座位，大家耽搁于离家三十里的路程上，在一个下雨天，谁不焦急着盼望早些回家？倘若那个占着司机座位的人站了起来，谁保不有第二人来抢夺这个座位呢？拿这件事情可以作为标准：它显示农村的天真而田野风的礼貌与时代进展速度二者之间的差率的欠整理，显示政治的紊乱，这一切驱使个人之间起争夺，而缺乏新的社会意识的遗传法式，是需要时间去补救而发育生长的。

缺乏社会常识正足以说明为什么许多公共汽车公司都折了本，许多采矿公司都关了门。缺乏社会知识的范围，延展至广，自图书馆章程以至土地法。高级官吏破坏了主要法典，小官吏破坏关系较小的法典，其结果即为全部缺乏社会训练和普遍的蔑视公众章程和规律。

事实是如此的，原来家族制度处在极端的个人主义与现代社会意识二者之中途，这社会意识在欧美是包括了整个社会的。中国的社会，已被家族制度割裂成许多小个体；在它的里面存在着其固有的合作，但个体与个体之间，没有真实统一的联系，除了国家。因为过去中国在这个世界上实际是孤零零地生存着，未受剧烈的竞争倾轧，因而国家观念和民族主义，没有积极地发展起来。如是，家族意识替代了欧美的社会意识和民族意识。有几种类似民族主义形式是在发展着，但欧美人士毋庸为之吃惊。"黄祸"不会从中国出发。中国人的本质里头，深深伏有一种根性，吾们愿意为自己的家族效死，但不欲为国家而死，更没有一个人肯为世界而死。

倘把民族全盘地考察一下，吾人好似有意地保存守旧生活。

一九三五年曾游历过日本与中国的游历家，可以很容易看出最大可能的对照情形。把日本人比较一下：他们终日忙忙碌碌，读报纸的时间总是在电车上或火车上；他们带着固执猛烈的脸色，咬紧坚决的下颔，在他们的眉头，罩着一层迫近眉睫的国难暗影，看似具有果决的主意：若非日本粉碎这个世界，便是在第二次世界大战中为别人所粉碎，是以必须准备这个时代的来临。而中国人穿了长袍，宽衣博带，雍容温静，优游自得，一若这个世界上永远不会有什么可以把他从酣梦中摇醒过来。无论你走进中国家庭，上中国馆子，走在中国街道上，你真不会相信世界的惨祸或国难行将临头！中国人常自承自己的国家像一盘散沙，每一粒沙屑不是一个个人而是一个家庭。另一方面，日本国家是结合在一起，像一块花岗石。这也是一件好事情，因为花岗石虽然坚固，世界大战的巨弹，或许会把它爆裂开来；但是那一盘散沙，你至多仅能使它散开一下，沙粒固然仍为原来的沙粒。

四　特权与平等

　　社会上区别身份之主义，或恪守本分的理想，用很巧妙的方法穿越平等的理想。先明了这一点，俾明了中国人社会行为的全部精义，无论为善为恶。人文学者的癖好，是在郑重区别各种事物的身份，是以男女之区别（为妇女遮藏之结果，上文已有所述），贵贱之区别，长幼之区别。孔门学者常自以为一种文化势力，宣扬此等区别而建立社会秩序。他们希望用道德之力量把社会结合起来，想教导统治阶级以仁爱，而被统治阶级以服从，使长者慈祥而幼者敬老，兄长友爱而弟执谦恭，代替社会平等的意识。其着重点好像尖锐地置于确定的区分上面，或可说是构成了阶层的平等，因为中国文字中表示五种主要谊属关系的一个"伦"字，其字义即为本阶级中的平等。

这样的社会，也不是没有它的可爱之处的。例如尊敬长老，常是很动人的。罗斯教授（A.E.Ross）曾指示老年人在中国是最显扬的人物，比之西方的老年人，远为尊崇而受人敬视。至于欧美的老年人，他们总感觉自己过了有用的时期，而眼前是无报酬地白白受着儿孙的豢养，一似他们在其壮年时代曾未出力以养育其小辈的。或则此辈西洋老年人还会不断地大声疾呼，说明他们的精神尚属壮健可用。这样的呼声，徒见其可发一笑。好好受过教育的中国人没有会无故冒犯一个老年人的，恰如西洋君子不会有意得罪女人一样。有些这样的优美习性已经消失，然大部分仍存留在中国家庭里。这就是老年人大多宁静沉着的原因。中国是这样一个国家，那里让老年人生活于其间，满觉得舒服安适。著者敢断言这种普遍敬老情操千倍优于世界各处的养老金制度。

从另一方面言，此社会身份区别主义，产生一种特权，这对于享有特权的阶级自觉得欣欣有味，直到如今，此风不变，尊敬老年无疑为好的习性，但尊敬学者和尊敬官吏阶级则利弊互见。社会一般对于状元——殿试第一名——的赞美敬慕，深深地弹动一般做母亲者的心弦，也激动着一般姑娘们的那颗小心儿。一旦中了状元，风光十足，自不待言。他跨着滚雪般的白马，受着皇帝特颁宠典的装饰，排着花团锦簇的仪仗，游行街市一匝，表扬他是全国最聪明的一个才子，同时又是美貌的"花花公子"。这一点倒也非可轻视，因为中状元的，总应该是个美少年。这是卓越奇才的光荣，也是高官显爵的光荣，每当他出门，则铜锣开道，宣告贵人的即将莅临，衙门差役则清除道路，驱逐过路行人好似扫除垃圾。这些衙门的差役，常能倚仗主子的权势与受宠而叨叨光，有时伤害或杀死一两个人，也算不得一回事。

你倘使读读中国古本小说，免不掉要看到这些场面。吾们不叫它权势与荣华，而叫它"气焰"，盖言其气势如熊熊烈火之盛，不可向迩也。衙门差役唯一所忌惮者，为无意莽撞了别个官员的鲁薄，这个官员，适为较其本家老爷高级者（这便是身份主义发生作用），这官员也许将挫折他的一些气焰。或则他们糊里糊涂伤害或杀死一两个人，适属于较高级官吏的家族者，到此他们才会高喊"小的该死，小的该死"，然终于难免拿捉起来，于是押解给这个高级官吏听凭他的裁判，有时吃打屁股，有时收押监禁，不管合乎法律与否。

像这样的特权是常常具有动人的魔力的。那无疑即便是现代官吏，既已削去了外表的光荣，还是很不愿意放弃这种特权。没有一个人享有这种特权而不觉得窝心、不欢喜它的。不知怎样，那些民主主义者称呼现代官吏做"公仆"，实际上这两个字只配让他们引用在通电里面，他们的内心固恶狠狠痛恨这个名词。一九三四年发生一件案子，有一个高级官员的汽车夫不服从交通信号，在一个热闹转角冲过一条马路，却还扯出一支手枪打伤了一个警察的大拇指，因为这个警察想阻止他。这是他的官火的气焰！不差，特权总是好东西，而且它至今还是光芒万丈。

特权是以为平等的对照名词，而官僚为民主主义的天然敌人。无论何时，只消官吏肯放弃他们的阶级特权，享受较少一些的行动自由，而肯上法庭答辩人家的纠缠，中国真可以一夜之间迅速转变成真正的共和政体。可惜至今此时机犹未成熟也。因为倘若人民获享自由，那么官僚和军阀的自由将从何而来呢？倘若人民享有不可侵犯的民权，则军阀从何而得随意逮捕报馆编辑、封闭报馆，甚至砍戮人头以疗自己的头痛（张毅将军尝在著者本乡福建漳州干过这件事。著者的敢于直指他的大名，因为他业已去世）。当人民敢于不敬他们的官长，或少年敢向父母反唇抗辩，我们将大喊"反了反了"。这四个字的意思是天翻地覆,世界临到末日。

这种意识是很深地种植于中国人的心坎中,其罪恶不只限于官僚,却是像榕树的根盘四射,展延可及数里之遥。又像榕树的顶盖,它向四面展射其寒冷的阴影,掩蔽一切走到它树下来的人。吾们中国人不欲与此大榕树斗争,而却趋躲它的荫盖之下。吾们不会弹劾官吏,像美国人;也不会焚烧富人屋宇,像布尔什维克党员。吾们只想做做权势人家的守门人,沾沾他们的官势的光。

五 社会阶级

清清楚楚,中国只有两个阶级,一个是衙门阶级,他们享有治外法权而不用领事裁判,享权的起源,远在欧洲人来华之前。其他是非衙门阶级,他们须付纳捐税而服从法律。说得尖刻一些,中国只有两种阶级,上层奴才与下层奴才,二者彼此互有浮沉。托于乐观的命定观念,中国人服习这种纲要很豁达而自然。其实中国并没有固定的社会阶级,只有不同家族之升降,依各家财产的兴败为准则。社会上有侥幸的衙门家族,及有运气欠佳的家族,他们的儿子没有入衙门为官做宰,他们的女儿没有嫁进衙门世界,然各家族没有绝对的孤立的。由于通婚或由于交谊往来,在中国任何家族中,不难觅得一个远房表亲,他认识张三少爷的教师先生,这位张三少爷的舅嫂是某一局员的大阿姨,这么牵丝攀藤的关系,逢到有事临头,须对簿公庭的时候,极有用处。

衙门家族,再可以用榕树来作比喻:它的根柢纠纷盘结,转辗旋绕,复向四周作扇形的辐射。中国官僚社会可以比之于生在山巅的榕树。经过一番调整的作用之后,大家都在向日光的方面争取一席地,既已得之，则互相安静地过着日子。有几棵站在机会比之别棵较优越的地位，他们都是彼此互相回护着的——中国有句俗语，叫做"官官相护"。普通平民可比之于泥土，所以培养这些树木，供给他们以种种营养质料，俾使之生长。如孟子当其辩护君子小人之别时所说："无君子，莫治野人，无野人，莫养君子。"又似《论语》上说："齐景公问政于孔子，孔子对曰：'君君臣臣父父子子。'公曰：'善哉，信如君不君，臣不臣，父不父，子不子，虽有粟，吾得而食诸？'"如是，那些树木上承日光煦照，下接土地气液之营养，因以发育繁滋。有些树木比较来得繁荣，它从泥土吸收较多液汁，而人民坐在他们的荫蔽之下欣赏其茂密的绿叶者，不知此乃吸收土地之液汁而荣发者。

唯官府老爷们则对此情形，固熟知其内容。那些候补知县闷坐在北京城里候缺的时候，心上牢牢记着，更不断互相讨论着某县缺肥，某县缺瘠。他们又把国家税收用文学的辞藻称为"民脂民膏"。收刮民脂民膏的本领是一种科学，其精妙而变化多端，可比之于有机化学。一个优良化学师能把甜菜根炼成糖，更有本领的能从空气抽收氮素而制成肥料。中国官场的本领，比之毫无逊色。

可取之处为中国向无固定的阶级之分，没有所谓贵族政治。衙门阶级并非为永久的世袭制度，像欧洲封建地主的贵族政治那样；也不可以把它跟任何私人的党派相混合。中国未曾有任何家族足以自夸其祖先在过去五百年中能拱坐而食，未尝一劳动其手足像法兰西的几个贵族或奥地利赫斯堡王族者，除掉一个唯一的例外，那便是孔子的后裔，世袭衍圣公，的确在过去两千年中拱手未尝劳作。满族旗兵的子孙，他们的祖先在一六四四年征服了中国，其后三百年中可以说真正拱手未尝劳作，而至今清社虽废，他们还是懒惰不肯操作——这是指其大部分而言。他们现成为社会学者最感兴趣的研究问题的对象：且看一个阶级，受国家的扶养经过三百年之久将生何等后果？他们是中国的真正的有闲阶级，但他们又是唯一例外。介乎衙门与非衙门阶级之间，其实找不出任何显著而固定的区分痕迹。

所谓家族，非为世袭的阶级而为社会的单位组织。此等家族之沉浮升降，真是说不尽的千变万化，不可捉摸。过了四十岁的人，都能亲眼经历：某些人家，怎样由贫贱而兴隆；某些人家，怎样由富贵而衰落。社会的德谟克拉西，无论在中国或在欧美并非由于任何法制为之维系，却是被我们的放荡的败家浪子所维系着，像有位学者曾这样指出过，此等浪子在中国出品颇为丰富，他们的阔绰的挥霍，使富贵家系的永续成为不可能，因是浪子乃系德谟克拉西的屏障。文官考试，像中国的科举之类，常可使怀才的志士从社会底层升腾上来。中国的科举考试，无人不可参加，除非是乞丐或娼家的儿子。一方面，教育的费用并不昂贵，不致仅让富裕阶级的儿孙独沾利益。读书求学，为有才之士所享的特权，却非是富裕家庭所享受的特权；学问的进修，也从未受贫穷之累而遭遇任何严重的阻挠，由是看来，可以说人人都是机会平等的。

中国社会依着士农工商的次序而分成四个阶级。在初期农业社会里，人民的精神是根本上属于德谟克拉西的，而中国差不多一向滞留在农业社会的阶段。中国没有阶级敌对的心理，因为没有此种必要。士农工商四个阶级间的互相往来，不受阶级意识和势利心的破坏，除非是上面说过的衙门阶级。一个富商或一位高等官吏可以很和气亲睦地跟一位木匠师傅对坐品茗，谈天说地，这是很平常的，或许比之英国大地主的家人跟佃农说话较少虚文。农夫、工匠、商人，都是土地的滋液，大家都是很卑逊、安静、自重的人民。农人受了孔子学说的影响，被置于农工商三阶级之首，因为关心米谷之中国人，常能明了粒粒盘中餐从何而来，是以对农夫感戴无限。农夫与商人和工匠，大家都景仰读书人——士——认为是一种赋有特权而应受人礼遇的阶级。更由于中国文字辨认的困难，此对于书生的尊敬系出自心底的真情。

六 阳性型的三位一体

但是这些读书人是否配受这样的尊敬？智力的劳动，当然较高于体力的劳动，二者之间的不平等，看似没有什么不自然。人类的征服禽兽，乃赖于人类的较高脑力发展。由于智力的不断发展，人遂获得动物界中优越的地位。但是当然有人可以发问这样一个问句——从动物的观点上——是否人类有权从狮虎夺取山林，从野牛夺取草泽。犬或许予以同意而狼或许另一想法。人类的得以辩解其正当，仅恃其较高智谋。读书人在中国，与此情形一般无二。只有读书人，才知道知识的宝藏，只有读书人才知道历史和法律，也只有读书人才知道怎样在诉状中机巧地运用字句，以一字而杀人。学问既如此复杂，对之起敬自非异事。这些读书人及其同类人物，在中国构成所谓"上流社会"，亦即所谓破靴党。倘再把树木来作比喻，则此辈破靴党便是寄生虫，他们可以不用费力而爬上最高树木顶巅，而一切中国榕树，都受着此辈寄生虫的包围。换一句话说，他们能够爬上树木，附耳说些甜言蜜语，以求土地的滋液，附带地揩些油水。更进一步，他们时常从树木担任吸吮土地滋液的工作。

这就是所谓"包税"与"专利"制度。它一方面摧毁人民的经济基础，一方面侵害国家税收本身。此等捐税专利为本地土豪劣绅的衣食父母，这是一种罪恶，自从民国建立以来曾经大书特书。实际上一种抽税专利权系从地方政府购得，倘其报效额为三千元一年，常可产生两倍至三倍的利润,土地的滋液,乃似专以豢养这些寄生虫,可惜人民受了欺压而毫无裨益于政府或社会,不过肥胖了寄生虫的家庭。

寄生虫又是根深蒂固地盘踞于地方上,致任何新的统治权势必俯就他们,与之合作,或交托他们经手。他们分配着屠宰税,书寓捐,赌台捐,从他们的投资动机上着想,他们天然希望捞取最大的报酬。此最大报酬的理想,即足证明对于人民的弊害。他们的贪欲没有限制,因为"最大"一词没有确定的范围。而他们用了专业的知识,又可以发明新的捐税。每位新上任的官府大老爷,他的夹袋里也都带着这些破靴党。而他们倘与大老爷有一面之缘,也可以自动地公事上或非公事上跟衙门保持着关系。他们或许上衙门去拜访老爷一次,当其啜茗纵谈上下古今的当儿,他们往往会感叹地说:"唉!想想看,每一县至少应有一万五千只豢养猪只的槽钵,每十县就有十五万只,定每只槽钵抽捐一元,其数目就很可观了。"说着咕噜咽一口上好龙井茶。当许多这样的感叹和见识闪现时,那老爷很敏捷地多学了几种搜刮民脂民膏的技术了。这位老爷真不胜其感激,还半含无此见识的自愧。他正在世道上慢慢儿熟练起来。而接连上猪钵捐,这破靴党的读书人又想出棺材捐,又想出花轿捐。

在著者的想象中,常把这些读书人与中国绘画中之圣洁而美丽的白鹤联想在一起,它们是那样清白,那样非尘俗态,故能代表道家隐栖的象征,而仙家都跨之以升天。有人或许会想它们是赖吸取天空清虚之气以生活的,其实它们却吃着蛙类和蚯蚓而生活着。它们的羽毛既如此白洁而光辉,它们的步伐姿态又如此堂皇,就吃些蛙类蚯蚓下肚,那有何妨呢!讨厌的是它们要吃了东西才能生活。破靴党先生们知道一切人生的事物,又知道必须生活,而要生活他们一定要有金钱。

七　阴性型的三位一体

由于社会上的名分原理和分阶层的平等概念，某种关于社会行为之规律遂应运而生。它们是中国人经验思想体系中三大不变的定律，其永久不变性超乎罗马天主教教条，其权威超越乎美洲合众国的联邦宪法。它们实在是统治中国的三女神，权势过于当时执政的军政要人以外。至于它们的名称便是叫做：面情、命运和恩典。此三姊妹永久统治着中国，至今犹然。唯一有价值的革命，是以应为反抗此阴性的三位一体的革命。所困难者，此三女子这样的会体贴人，又这样的迷人。她们堕落了我们的祭司，谄媚着我们的统治阶级；保护权势，勾引富人，催眠穷汉，小赏怀野心者而腐化革命团体。她们又会麻痹司法界，使各种法令条文不生效力，讥笑德谟克拉西，藐视法典，以人民权利为笑料，破坏交通规则和俱乐部章程，任意横行于人民的私人花园。假使她们是专制君王，或则她们是丑陋不堪的，她们的势力或许不能维持如此久远；可是她们的声调恰恰是柔软的，她们的仪态恰恰是文雅的，她们的足无声地践踏到法庭上，她们的手指轻巧地把司法机关拨个凌乱，当她们抚弄法官的面颊的时候：不差，那是不可限量的慰藉去崇拜这些淫荡妇人的神座。她们的统治势力是以在中国一时还不会消灭。

欲知恩典之概念，务先明了中国人生活之优美的简朴性，中国人的理想社会，常为一种"寡政教，省刑罚"的社会。中国人的政府与法律的概念常深染着人类情感的色彩。中国人普遍地不信任法律与律师和高度机械化的社会。他们的理想中的社会是：人民皆能甘其食，美其服，安其居，乐其俗，是一个保存着上古淳朴之风的优良生活的社会。在这样的人治而非法治的社会环境里头，乃有所谓"恩典"的出现，亦在此等社会环境里头，乃有古代中国特性中最优美的感恩报德的情绪的兴起，报德心乃适为与恩典互为对照的情绪。此种感恩报德的心情，中国普通平民，尤其是农民，莫不充盈满腹。一个农夫倘受了人家恩惠，将志之终身不敢忘，或竟替你刻一方长生牌位，供之家屋，早夕礼拜；或则不辞汤火，替你服务。人民盖并无法律的保障，但有听凭县令的慈悲恻隐之心。倘这县官是宅心仁爱的，则仁爱是比之什么都更受人感激，因为它是不期报酬的。会有千千万万的实例，那些乡民围绕着拦住卸任而行将离别的县官的轿子，跪倒尘埃，感泣零涕。这是中国人的感恩图报的最好表现，也就是中国官吏之恩典的最好表示。因为人民只知它是一种恩典，而不知道它是一种公义。

这种社会环境，为恩典的发源地，它产生于在势者与需要保护的人二者之间的私人关系。它可以代替公义的地位，往往如此。当一个中国人被逮捕，假定是没有正当理由的，那他的亲族的天然倾向，不是去请求法律保障而在公堂上求申雪，乃专门去寻找一位认识县长的人居间说项，祈盼特施恩典。由于重视私人交情和面情，这位居间说项者倘其面子庞大得够程度，则常常是达到目的的。这样办理的方法常觉来得简便，而且它的费用比之耽延时日的诉讼节省多多。一种社会上的不平等乃由是而兴起，就是夹有权势的官吏、富豪及有面子的联络人和贫苦阶级——他们的环境没有那么侥幸。

几年前，安徽发生一件逮捕并监禁二位大学教授的案件，原因是为了一些戏谑的无意批评冒犯了当局，他的亲属没有别的妙法，只有奔向安徽省城晋谒军事领袖恳求恩典。另一方面，在同一省份中，几个青年系与某一有力政党有关，为了赌博而当场遭逮捕，这几位青年于释放之后，便直上省会，请求撤换冒犯了他们的警察当局。沿长江某一城市，有一爿鸦片铺子被搜查，他的存货予以没收，但经某一当地有力者的一个电报，公安局不但须声明抱歉，以谢鲁莽，还得派遣警察卫队送回没收的鸦片。某一牙医生尝替一位显赫将军拔出了一颗牙齿，将军大悦，因授予一个头衔给他。有一次，某一部内的技师打电话给这位牙医生，因直呼了他的名字而未用官衔，他马上跑到部里去，当着许多职员面前，把这技师打了一记耳光。一九三四年七月，武昌有个妇人，因为天热，穿着短裤在户外睡觉而被捕，监禁了不多几天，她就病死在监狱里。后来发现这位妇人是个官太太，那个生事的警察遂被枪决。如此事件，层出不穷。复仇是甜美的，但也有许多妇人不是官太太，有时而遭逮捕，其结局遂不是甜美的复仇。儒家学说即代表此等理想，因为早如《礼记》，已有这样的说法："礼不下庶人，刑不上大夫"。

恩典是以为社会上名分观念的要素，亦为孔子理想中的君子统治的具人性的父母政府之逻辑结果。然则如老子所说"圣人不死，大盗不止"是否是对的呢？孔子的理想，似乎是天真的稚态，他想来一国之内，尽有那么许多贤人君子，尽够遍布全国以统治人民。很明显，他的算盘是打错了。在田野风的初民社会的淳朴生活时期，此种思想或许有实现可能，到了现代这个飞机摩托车时代，它一定失败，凄惨地失败！

可取之处，上面已经说过，为中国没有固定的阶级之分，没有贵族政治。这一点恰使吾人接近"命运观念"，因使社会上的不平等成为可忍受。命运的特征为无人永久地被践踏在下面，而压迫者与被压迫者常有机会互相对易位置。吾们中国人深信凡人皆有得意之一日，而"天理循环"，倘一个人而有才干，意志坚决，拘鱼不凡，总能攀高升腾。谁得预卜？一个卖豆腐的女儿或许突然地引动了一位贵显将军的注目；或许他的儿子交了红运，做了县知事的守门人；或则一个屠夫的女婿，假定是一个贫苦的中年乡村塾师，可以忽然中了进士,像《儒林外史》所告诉我们的。那时或许马上有一个乡绅从城里巴巴地赶来,邀他去他的公馆里住一程;另一个跑来跟他换庚帖,义结金兰;第三个也是富商,送他许多绸缎绫罗,许多袋白银;县知事又亲自送他两位艳婢,一个厨子,以替他的乡下妻子服役。这个屠夫乃乔迁至城中大公馆,不胜从心坎底部快乐出来,忘却往时他怎样的时常欺凌其女婿,却说他一向坚信女婿必有发皇之一日,现在他准备放下他的屠刀,而受女婿的奉养。女婿中了进士,岳父也交了好运。吾们羡慕他,但吾们不称他不公平,因为吾们叫它命运或幸气。

命运主义不单是中国人的智力的习惯,也是孔教传习意识的一部分。信仰命运与名分观念的关系如是密切,致使吾人有句流行俗语,叫做:"安分守己,听天由命。"孔子在称述其自己的精神进展时说:"五十而知天命。"又说:"六十而耳顺。"这个命运主义的原理为人们精力和知足精神的源泉,亦所以产生温和平静的中国精神。因为没有人常能交好运,而好运又不能临到每个人头上,人遂很愿意容忍这种不平等,认为一种合乎天然的法则。经由科举考试之路,有志才干之士常能获得一种上进的机会;更经由运气或经由才干,一个人可由非特权阶级升入特权阶级,就是他的得势的日子。一旦踏进了特权阶级,他便爱弄特权。随着地位的变迁,因生心理的变迁,他乃开始爱好一切社会不平等和一切特权。此种转变的面目,为现代每个革命成功人的显著特例,他握紧他的铁腕以限制报纸言论自由,比之他在革命初期所高呼打倒的军阀还要来得猛鸷。

因为现在他有了大面子,他站立于超越乎法律与宪法的地位,交通规则和博物院章程于他微不足道。这面子是心理作用的,仿佛中国人的生理面貌那样有趣,心理的面子更为神妙而动人。它不是一张面孔,可以揩洗或刮须,却是可以"得""失""争取",更可以当礼物一样"赠送"。这里吾们达到中国人社会心理最微妙奇异的一点，抽象而不可捉摸的，但却是最高等最精细的规范。中国人的社交往来，莫不依此为准则。

中国人的面子，倒是容易举几个例子而难于下一界说。例如首都官吏，可以用每小时六十里速率开驶汽车，而交通规则限定每小时只许三十五里为最高速率，这就是有面子。倘若他的车子撞倒了人，当警察前来，他写写意意从小皮夹掏出一张名片，优雅地微笑一下，一声不发地拨开机轮，驶开去了，那他的面子才大得了不得。倘逢这警察不愿给他面子，假装不认识他，这位官老爷乃开口打其官话，询问他可认识本人的老子否？说罢，歪歪嘴，吩咐车夫开车，那么他的面子更大了。再倘使这警察坚持须把这车夫带入局，于是这官员打个电话给警察局长，局长便将车夫开释，而下令把那小警察革职，因为他有眼竟不识泰山，于是他的面子真是大得和"天官赐福"一样了。

"面子"的意义，不可翻译，亦无从予以定义。它好像是荣誉而不是荣誉，它不能用金钱购买却给予男男女女一种实质的光辉。它是空虚无实际的，而却是男人家争夺的目标，又有许多妇女为它而死。它是不可目睹的，但是它却存在而展开于公众之前。它存在于太空之间，其声息似可得而闻，且其声崇高而充实；它不负公理上的责任，却服从社会的习俗，它耽搁诉讼，拆散家产，引起谋杀和自尽。但它也常使人经过同乡人辱骂之后，勉力自拔于流浪无赖的恶行；它的被珍视，高于尘世上一切所有。它比之命运、恩典，更有势力，而比之宪法更见重视。它常能决定兵家之胜负而毁坏整个政府机构。就是这空洞的东西，乃为中国人所赖以生活者。

倘把"面子"与西洋的荣誉观念混缠，那是大大错误。中国女子常为面子而死；假如她的裸着的玉体无意中给男人家瞧见了，便羞不欲生，好像有些欧美妇女，为了私生子，很想投河自尽那样。在欧美，一人吃了耳光而不能决斗以报复，那是他失了荣誉，不是失了面子。另一方面，倘有一位道台老爷的丑陋公子逛窑子受了侮辱，他马上回去带一队巡警来逮捕这个妓女，并封闭那妓院。那是他有面子，吾们实在不能说他保持了他的荣誉。

战争曾经失利，帝国曾经牺牲，都是为了将军们要挟求索几个尊荣的头衔；否则大可为了战略关系退守新阵地。今有两起经过热烈的争辩，各自坚持己见的辩驳拖延不决的法律争点，由聪明的裁判者听来，明知其间并无实际使双方不可和解的缘由，只消想出一个文雅一些的解决办法，那办法恐怕是道歉了事。一位军事领袖，因为当众受了同志的侮辱，可以分裂政党至变更整个革命进程。男人女人自愿大暑天气整天劳顿，不辞辛苦，俾遵循丧礼而保家声，家声即家族的面子。那些世代书香的破落户宁可破产，甚至终身负债，都是为了同一理由。

不给人以面子，是不可宽恕的无礼，犹似欧美人的向人挑斗。许多官吏一夜须应酬三四处宴饮，宁可伤碍正常的消化机能，万不能使任何主人失面子。许多失败的军阀理应斩首或监禁，却常遣送出洋，被以考察实业，考察教育的名义，所以为其投降的代价。这办法保全了他们的面子，也就是中国周期循环的内战的原因。四五年前，全体内阁因为避免某一阁员之撤职而提出辞呈，解散整个内阁以保全此一阁员之面子，其实此人老实不客气地说应该滚蛋，或许还得受徒刑的处分（撤职将使阁员失面子，因为此时并无内阁之更迭）。人情，一切太讲人情，这个吾们的"面子"！但它又是志气的刺激物，力能克服中国人贪爱金钱的心理。它曾使一位教员先生感觉老大没趣，因为他的外国校长坚决要增加他的薪水，从十八元增至十九元。他情愿受取十八元，否则须二十元，不然则宁可自杀，却不愿被呼为"十九块人"。一位丈人以不肯留其无聊赖的女婿吃顿夜饭,这样下了他的面子,恐怕丈人的本意仅欲使其女婿改过做个像样的人;或许当此女婿垂头丧气,踽踽独行的归途中,倒就是他的努力向上的起点。

倘欲跟人家合伙出门,倒是跟没有面子的人结伴,比较面子太大的来得安全。有二位丘八太爷乘一条行驶长江的轮船,坚欲卖面子走进一间装着多箱硫黄的舱间,这间舱本来是禁止闲人入内的,两位大爷走进了去,便在硫黄箱上坐下,抽出香烟呼呼地吸起来,又把香烟屁股很不经意地竟随随便便抛掷,轮船买办的忠告央求,一概置之不理。结局,这一条轮船竟着火爆裂起来,于是此两位丘八太爷获得了面子丧失了生命,同时还牺牲了别人。这样的事情,不关乎有知识和无知识的问题。有一位受教育的军官五年前乘坐飞机,自量面子庞大,足以超过飞机的载重限量,故不顾机师的劝告,硬把笨重行李装载上去,还不止此,他还要在他来送行的朋友面前卖弄特别面子,吩咐机师在机场上空绕一周匝,因为他是有势力的军官,这个面子当然要得。可是把这机师弄得团团转,不免着慌,这机身老是不肯保持平衡而上升,竟触撞了一棵大树,结果这位将军折断了一条腿,以支付面子的代价。任何人苟相信获得面子之利益,足以补偿飞机载重过量所生之危险,则应该折断他的腿,还得谢谢他。

由此观之,面子这样东西虽无从下一定义,但差不多有一点可以确定,即在每个人失掉他的面子以前,中国将不成其为真正的民主国家。平民无论怎么样,总没有多大面子。问题是到什么时候官僚阶级才肯放弃他们的面子?等到街巷闹市之间消失了面子,我们才有安全的交通。等到法庭上面消失了面子,我们才有公平的裁判。等到内阁各部之间消失了面子,而以面子统治的政府让给了法治政府,吾们才能有一个真实的民国。

八　乡属制度

在缺乏社会精神的环境里，何以能有博爱慈善的精神？团体公益事业，采取何种形式？其说明可以从乡属制度获得之。它就是家族制度升晋至较高一级的模型。由于爱好家庭，生爱好氏族之心，由于爱好氏族心理，发展一种沾着乡土的心理。由此萌生一种情绪，可以称为地方主义，在中国文字中叫做"同乡观念"。这种地方主义将同乡的人或同县的人或同省的人联结起来，使之共同负责维持地方上的公立学校、公共积谷仓、同业公会、孤儿院和其他公共机关。基本上，他们是从家族心理萌生出来而始终绝不离开家族的基础观念。它是家族精神的扩大，成为某数种市民合作手段的心理的原动力。

在各大城市中，沿海的或内地的，有许多省的或县的基尔特组织，例如安徽同乡会、宁波同乡会，诸如此类。只要同乡间有了富商巨贾，此等同乡会常能被资助以巨大资金。著者本乡的漳州同乡会，在上海拥有一百万以上的资产，它设立了一所学校，同乡子弟得免费入学。同乡会又常附有公寓旅社的设备，颇似欧美的俱乐部，内部装置，也相当富丽。同乡会间有一种特殊制度，即捐款可以购买董事。同乡会的另一效用为供给游历或过路的商人以各种所在地的向导工作。前清时，全国各地的读书人都得上北京去应三年一度的会试，北京城中就没有一省一县不设有它的同乡会。倘你找不到县同乡会，准可以找到省同乡会。在这种同乡会里，一般举人和候缺的候补知县都赖以栖身，有的且带着家眷同居，宛如永久的逆旅。有几个省份如安徽、山西以网形的组织遍布全国各地，俾本省商人得以便利地通行全国，以贸迁有无。

在本乡，此乡属精神使人民发展一种村镇自治体的政治制度，这在中国为唯一的真实政府，中央政府仅为一班衙门阶级抽收捐税及兵士们所知道的机关，此抽税者及丘八太爷常常为假借公务，张牙舞爪下乡滋扰的热心分子。其时在施行仁政的帝制时代，中央政府所加于人民的捐税，至为轻微，而乡民但觉得"天高皇帝远"，固不知有所谓中央政府的德意。征兵服役，向非人民所知，盖国家承平之日久，既无战争，又无匪贼，只有那些流氓，那些不事生产的无用之徒，才转起当兵的念头。及国家荒乱之秋，那就国家兵卒与地方土匪，怎样也找不出可以清楚区别之点（此当系指军阀时代之情形——译者）。其实就是二者之间加以区别，亦为非必要者。至于讲到法律与裁判的情形，则人民常怕上公堂，百分之九十五的争执是在本地长老辈面前解决的。被卷入诉讼案件，认为事实上的一种羞耻。年老的安分良民，常引生平未进衙门未上公堂以自夸，是以中央政府的三大作用：课收捐税、维持和平和保持公正，直接关涉人民者至微。根据中国式的政治哲学，政府统治之最优良者，应最少发挥统治作用，最少管闲事，即垂拱而天下治。此思想历久而不变，真正统治中国的政治机关，可以称为农村社会主义的政府。凡适用于农村者，亦必为都市共通精神的真髓。

此所谓乡村或市镇的地方政治机关，是非可目睹的。它没有具象的权力体，像市长或议员者。它是实际赖道德的观念受年事较长者之统治。此统治者之资格，亦为年高德劭，同时亦受一般土豪劣绅（破靴党）的统治，则借重其熟悉法律与历史。基本上，它是受习俗和惯例统治着，所谓不成文法律者近之。倘遇发生争端，常请出年老者或族长来公断是非曲直，公断标准不是单纯根据理由而是依照"人情公理"两者兼顾。倒是没有了律师的参加，反而容易察觉谁是谁非，尤其当两造同系生活于同一社会传统之下而彼此系属相识者。因无律师在场，使公正的判断益见可能，而判断公正，常使人心折服。乡村里的绅士似较城市中者清白一些，虽他们的寄生虫的本质是由于经济的关系而决定了的。

也有良好纯正的读书人，他并不视处理争讼为职业，他们因为德行、学问、名誉，也能分享老年人所受的尊敬之权力。在此等老年人和读书人治理之下，人民生活着。临到争执不能用这种方法解决时，好像犯了伤害人命的刑事案件，或如分析家产，或其两造都决心争取面子、誓不甘休的时候，那么他们才请教衙门。但是这仅当两造都准备毁灭自己的时候，因为没有人民不畏怕衙门如同趋避瘟疫病一样。

中国人民常能管束自己，倘所谓政府者能听令自存自没而不加干预，则他们亦很愿意与政府不相往来，尔为尔，我为我，今如给予人民以十年长期的无政府状态，在此时期，政府一词，无人提及，他们很可以安静地生活下去，他们的事业也会发展而兴旺起来，他们会垦殖荒地改成果园，制作用具，转辗传贩之于全国，亦将能发掘地下之宝藏，扩展各人之事业。鸦片将不复有人种植，因为没有人迫使之种植，将自然而然绝种。他们还能积聚些积蓄，足以救济临时的水旱灾荒。让他没有高悬"富国利民"匾额的什么什么税局，则国家将趋于强盛，而人民趋于富足。

九 "贤能政府"

以一个国家为标准，吾们的政治生命中最显著的特点，为缺乏宪法，并缺乏公民权利之观念，这样的特点之存在，只因为一种特殊的社会和政治哲理、道德融和的哲理，而不是一种效力的哲理。它把道德和政治混合在一起，成为一种宪法的基本概念，是在预断地把统治者当做坏坯子看待；他或许会滥用权力而损害我们的权利，吾们乃借重宪法为捍卫吾人权利的武器。中国对于政府的概念，恰与此预断直接地相反。中国人只知道政府是人民的父母，谓之"父母政府"，或者是"贤能政府"。他们将照顾人民之权利,一如父母之照料其子女,是以吾们人民把"便宜行事"的权利交托于政府,便予以无限的信任。在此等人手中,吾人付托以数千百万的资产,从不一问其开支报告;吾们又赋予此辈以无限政治权力,亦从不计及自卫吾人之权益。吾们只把他们当做圣贤君子看待。

对此所谓贤能政府所下的批评,其精审、公平、正确,应无过于两千一百年以前韩非子的伟论,韩非子为属于法家之大哲学家,约生于孔子后三世纪。他是法家哲学派中最后亦为最伟大的一位,他的中心主张便是建立法治政府以代人治政府。他的分析人治政府之罪恶极为精确,而他所描述的当时之政治生活现象极相类似于今日的中国,倘令韩非子复生而亲向吾人口述,亦将不易一字。

依照韩非子的意见,政治智慧之起点,始终摈弃道德之俗论并避免道德之改进。著者亦深信吾人停止谈论人民道德的感化愈早,则吾人之能建立中国之廉洁政府亦将愈早。可是事实上有那么许多人在议论着道德的改进,以为政治罪恶的解决手段,适足以说明他们的思想之幼稚和他们的领悟正确的政治问题之低能。他们应该明了吾人已经继续不断地谈道德的腐论历两千年之久,卒未能用道德之力量改进国家,或使她有一个比较贤明廉洁的政府。中国人民应该明了,倘令道德感化真能有何裨益,中国今日应早已成为天使圣哲的乐园了。依著者愚见,用道德来改善政治的思想和议论,何以如是流行,特殊那些官吏谈得尤为起劲,就因为他们知道这样的改革,至少不会有害于人。可是吾们那些高呼提高道德的大人先生,都是不怀好意,有几个简直有一颗墨黑的良心。著者固知张宗昌督办和别位恢复名教礼,制而揭高他人的道德水准者,通常都广置姬妾,自五人至十五人不等,又为强奸幼女之老手。吾人说"仁义是美德",他们亦将回答说:"不差,仁义是良行。"这样胡胡调,固无伤于任何人。另一方面,吾从未听见吾们的官僚老爷讲起法治政府，因为人民将对之说："很好，我们嗣后将用法律检举你们，而请你们进监狱。"是以吾人停止谈论道德愈早，而移其论旨于严格推行法治，则吾人愈能及早阻止官僚之闪避法律制裁，使他们不再能托故优游外国租界而写写意意诵读孔子经书。

简言之，韩非子时代有两种相对的政治概念，吾人在此现时代亦然。孔子的贤能政府之概念和法治政府之概念，把每个统治者当做贤人君子，因而亦以对待贤人君子之礼待遇之。法治制度的政治概念，则把每个统治者当做坏蛋看待，因进而制备种种条款，以防止其遂行歪曲意念。很清楚，前者是中国传统的见地，而后者是西洋的见地，亦即为韩非子的见地。似韩非子所说："圣人之治国，不恃人之为吾善也，而用其不得为非也。"这就是法家哲学的道德观之基点。换言之，吾人不以统治者为君子而冀其行仁义之道，吾人应目之为潜伏的囚犯而筹谋种种方法与手段以期阻止此等可能的罪行，如剥削人民的权利与卖国。你可以很容易看出后者的制度是较易于收实效，其阻止政治腐化的效用，比之静待此等君子之良心发现高明得多。

在中国，吾们恰恰做了相反的工作。非但不把他们当做潜伏的坏蛋——这是我们老早应该如此的——却把他们当做君子看待。依古老诚实的孔子之道，吾人盼望统治阶级人人成为仁爱的贤人君子而爱民如子。吾们以诚实不期望之，故对他们说："直接地干吧，你们可以任意使用国家公共资产，吾人不要求你们公开预算，或公布岁支账目。"吾们对军阀说："干吧，我们信任你将爱民如子，故吾人将听凭你凭良心抽课人民捐税。"吾们对外交人员说："干吧，吾们对于你们的爱国心具有绝对的信仰，故允许你们有权缔结任何国际条约不用征求人民的同意。"更对全体官吏说："你倘能做像贤人君子，吾们将替你建立牌坊，以资褒扬，但倘你变成坏蛋，吾们不致把你囚入牢狱。"其他国家中，从未有如此拿对贤人君子的态度对待官吏的。假令韩非子生于今日，他将劝导吾人以坏蛋视之，因而对官僚说："吾人不欲箴劝你们行仁义之道，亦不复建立牌坊来褒扬你们，即使你表现为贤人君子的行为；但你胆敢做出欺民亡国的坏蛋行为，则吾人将请你进牢狱。"这办法是消灭腐败政治的比较健全而敏捷的方法。

这里且让吾摘录一节《韩非子》的文字：

>……今贞信之士，不盈于十，而境内之官以百数；必任贞信之士，则人不足官；人不足官则治者寡而乱者众矣。故明主之道，一法而不求智，固术而不慕信。故法不败，而群官无奸诈矣。

韩非子否定所谓仁爱的父母政府会有任何效用，因为他指出人之惰性，莫先于父母，皆见爱，而未必治也。先王之爱民，不过父母之爱子，则民奚遽治哉。韩非子又冷冷地幽默地发问："仲尼，天下圣人也，修行明道以游海内；海内悦其仁、美其义，而为服役者七十人。"以天下之大，而为服役者七十人，岂非是"贵仁者寡，能义者难"的明证？今欲人主务行仁义者皆如孔子，而臣民爱服德行者皆如列徒，岂非梦想？这短短一段文字，含有动人的嘲弄，峻刻的调笑，同时也含有健全的意识。

韩非子所评述的当时韩国的弱点，深与今日中国之过失相暗合，至于那时的官僚和人民的特性竟那么相像，使吾们读了他的文字，直不辨其所描述者是否为现代之中国。他和盘托出当时官吏的腐败和人民的冷淡消极，而认为此等缺点应归源于法律保障的缺乏与制度之不完备。他不赞成改进道德效力，而指出那是政治制度与缺乏法律保障在作祟。他说一切祸患，起于无公正之法。他痛恨那时的儒家而称他们为一群喋喋的愚夫。这称呼实在很适配于今日吾人的许多"长袍的爱国同志"。他说到当时的官吏，称他们的贪污，不啻受着鼓励，因为没有严刑峻罚以制其后。韩非子这样爽直地说："……是故事强，则以外权市官于内；救小，则以内重求利于外；国利未立，封土厚禄至矣；主上虽卑，人臣尊矣；国土虽削，私家富矣；事成则以权长重，事败则以富退处。"这样的字句，很可以引用之于现代优游于大连及上海租界别墅中的寓公。他又说因为缺乏制度，"则以党举官，民务交而不求用于法；释公行，行私术，比周以相为也"。这样的情形，何等暗合于今日，只有那些官僚士大夫阶级肚皮里明白。

《韩非子》中有一重要之章节，其中含有一现代的新名词"公民"一语，殊觉新颖；惟此节文字乃系描述当时人民一般的对于同事之漠不关心的态度。他郑重地说："民之故计，皆就安利而避危穷。今为之攻战，进则死于敌，退则死于诛，则危矣。弃私家之事，而必汗马之劳；家困而上弗论，则穷矣。穷、危之所在也，民安得勿避？故事私门而完廯舍；廯舍完则远战，远战则安。行贿赂而袭当涂者，则求得，求得则私安，私安则所在，安得勿就？是以公民少而私人众矣。"

吾们至今仍感觉到公民的太少，而私人的太多，其理由当归之于适当的法律保障之缺乏。它跟道德的兴衰毫无关系。缺点完全在制度（法）。倘人民的公共精神太丰富，常有惹祸的可能，天然他们对于国事将采取消极的态度。倘官吏贪污而无刑罚为之制裁，那么你要望他不贪污，实在是过于苛求人类的天性了。

韩非子坚决主张设立一种神圣不可侵犯的法律，为统治阶级与被统治阶级所共同遵守，上不避权贵，下不欺庶民。他信仰法律是超然的，在法律的前面，一切人是平等的，而私人的势力与私人间的关系，应该予以打倒而代以法律。所谓去私曲，就公法也。这里我们不仅遇到一种欧美式的平等概念，它使吾十分注意者为一种绝非中国型的思想。可异者，他的思想适与孔子思想立于反对的地位，孔子的格言有"礼不下庶人，刑不上大夫"。而他以其纯粹法家的态度说："法不阿贵,绳不挠曲,法之所加,智者弗能辞,勇者弗敢争,刑过不避大臣,赏善不遗匹夫。"韩非子想象一种法律,要使"贵贱不相逾,愚智提衡而立"。他推行一种机械式的法治,只要有了完备的法治制度,他信仰治理国政,可不用贤能之士——这一种机械的意识,完全不是中国型的。

韩非子的法治制度,也存在有一种道家的基本思想,就是"明君无为于上"。君主所以要虚静无事,无为于上,因为他知道那些君主依一般常情而断,实际上没有任何办事的能力。是以应该筹划一个机械式的政治机关,它的机构作用的行进自然而然公平而完备,不关乎统治者的智愚贤不肖。君主是以成为一个徒负虚名的骸壳,有如现代的立宪政体。英国现代也有一个国王,他的职务好像专门在主持建筑物的奠基典礼、船舶的下水命名和颁发爵士勋位;是以国王的贤不贤、能不能,对于国家完全无若何重要关系,法治制度将自然发生作用。这在基本上是一种君主无为主义的学理,为韩非子所倡导,而现代英国实行而获有成效者。

那位好好先生孔老夫子而被称为政治思想家,不啻是古怪的奇缘。他的懦弱的胡言,竟荣被以政治学理之美名。一种政治思想,至盼望德行统治的政府与仁义的统治阶级之出现,那是多么属于幻想,恐不足以哄骗大学二年生。譬如你管理百老汇交通,不用红绿灯信号指挥,而信托汽车夫的自动努力。任何细心地研究中国史的学生,一定能够注意中国的孔子理想的政府,充满着道德意识,常为举世无双的一大腐败罪恶。他的原因不在乎中国官吏之特别比欧美官吏来得腐败,这清楚而确定的政治历史之真情是:当你以君子礼待官吏如中国向来之习俗者,则其中十分之一将为真君子,而十分之九将为恶棍,但是当你以对待坏蛋的心理视之,若欧美之所为,准备着政治监狱,或示之以监狱之威吓,则真将变成坏蛋者将远少于十分之一,而十足的十分之九将勉力自命为君子，结果你至少获得一个廉洁政府的外貌，这一个外貌未始非值得具有的。这就是中国老早应图改革的真理，也就是韩非子在两千年前当其未仰药酒以结束其生命之前所给予吾人之忠告。

中国所需要者，是以非为增进道德而为增加牢狱以待政客。倘贪官污吏结局仍能安全自由地订购舱位以赴横滨或西雅图，则吾人之谈论建设廉洁政府终属徒然。中国所需要者，既不为仁，亦不为义，又非为荣誉，却为单纯的赏罚，即需要勇气来枪决扫荡这班不仁不义不顾廉耻的官吏。唯一保持官吏廉洁的方法即为加以逮捕而用枪弹来警戒他们。官吏苟感觉痛苦于吾的以法家见地的对于人类本性的观察，应该想一想：他们是否愿意投资于一个股份公司，它的经营方法完全遵守孔子的君子观的原理，既没有股东会议，也没有会计报告，经理或银钱司账员舞弊潜逃，又不能逮捕。中国政府是严格遵奉这种君子观的基本原则处理着的。目前政府组织之稍见进步，乃出于西洋学理的影响，欧美人民盖大胆敢向统治阶级要求公布账目，毫不畏惧含蓄轻蔑之意，致有损统治阶级之君子型的尊严。但直等到这种改革全部完成以前，中国政府将永远像一家杂乱无章的公司，常利于经理及职员，但剥削了股东的权利，股东可拟之于普通人民。

第七章
文学生活

一 文学之特性

中国文学有一种含有教训意味的文学与一种优美悦人的文学两种的区别，前者为真理之运转传达工具，所谓"文以载道"之文；后者为情愫之发表，所谓"抒情文学"。二者之区别，至为明显：前者为客观的，说明的；后者为主观的，抒情的。中国人都一致推崇前者，认为其价值较后者为高大。因为它改进人民的思想，并提高社会道德之水准。从这一个观点出发，他们遂轻视小说戏剧这一类文学，称为"雕虫小技"，不足以登大雅之堂。唯一例外为诗，诗虽同样为抒情文学，他们对之非但不予轻视，且珍爱修养之盛过于欧美。事实上，中国文人全都暗里欢喜读读小说和戏剧，而官吏阶级虽在其冠冕堂皇的论文里说仁道义，可是在其私人说话里往往可以发现他们很熟悉《金瓶梅》或《品花宝鉴》中人物，二者都是淫猥的两性小说。

其理由易见，那些说教的文学大体上均属品质低劣的次等作品，充满了宣扬道德的陈腐之说和质直的理论，思想的范围又为畏惧异端邪说的心理所限。故中国文学之可读者，只是那些含有西洋意识之文学，包括小说、戏剧和诗，这就是幻想的意象的文学而不是思考的文学。读书人本不是经济专家，而偏写讨论捐税的文字；文人学士手未尝一执刈镰，偏写讨论农耕的文字；而政治家本非工程师，乃大写其"黄河保护计划"——这一类是很普遍的题目——在思想限阈内，像中国的俗语说法，读书人都在孔夫子门槛里翻筋斗。他们都轻视庄子，却人人读读《庄子》，庄子为毁谤孔氏学说的伟大著作家。有几位学者胆敢玩玩佛学，不过他们对于佛教仪式并不崇奉，茹素戒荤亦不虔诚。他们的畏惧异端学说，有如畏惧达摩克利斯（Damocles）的利剑，畏惧异端实即畏惧新思想。文学本生存于自然发生的境界中，却配备以经典的传统思想，"心的自由活动"之范围乃大受限制，这在孔夫子门槛里翻筋斗，不问其本领如何高大，终不过是孔门界限里的翻筋斗而已。

总之，一国的学者赓续讨论仁义达两千五百年之久，自难免重复。不是瞎说，一篇荣膺殿试第一名的大文章，倘译成简单的英文，真要以其幼稚浅薄使读者陷于百思不得其解的困境。伟大的智慧所产生的伟大文艺，予人以一种虱子戏一样的异样诙谐的印象。一个作家是以只能在小说戏剧的境界限以内，才能发挥其创作天才，因为他们在小说戏剧的园地上，始能舒泰地保持一己之个性，于是幻想的意象得以活泼地创造。

衡之实际，一切有价值的文学作品，乃为作者心灵的发表，其本质上是抒情的，就是发表思考的文学也适用这种原理——只有直接从人们心灵上发生的思想，始值得永垂不朽。爱德华·杨格（Edward Young）早于一七九五年已在《原始作文之研究》一书中，很清楚地说明这种观点。金圣叹是十九世纪的杰出批评家，在他的著述中屡屡这样说："何为诗，诗者是心之声。可见之于妇人之心中，可见之于婴孩之心中，朝暮涌上你的心头，无时无刻不在心头。"文学之原始实在是这么单纯，不管一切文法上修辞上的技巧，怎样的会叫一般大学里的教授埋头磨炼起来。金圣叹又说："文人非勉强说话，非被迫而说话，但意会所到，出自天机，有不期说而说者。有时叙事，有时舒其胸中积愫，所言者既已尽所欲言，即搁笔不复赘一字。"文学与非文学作品之不同，就在有的写在笔下，备觉美丽；有的写来，拙直无味，自然那些写得越是美丽胜过别人的，越能永垂不朽。

文学之抒情的素性，使吾人得以把文学当做人类性灵的反照，而把一国的文学，当做一国的精神的反映。倘能把人生比作大城市，那么人类的著作可以比作屋于顶阁上的窗口，人们可由以俯瞰全景，读着一个人的著作，吾人乃从作者的窗口以窥察人生，因而所获得的人生之景象一如作者之所见者，星、云、山峰，创出地平线的轮廓，而城市里的一切走廊屋顶，彼此似属相同，但从窗口里面窥探的城市景色是具个性的，是有各自的特殊面目的。检阅一国的文学，吾人是以仅在获取人生的一瞥，一如中国最优智慧所能见到而经由他们特殊的、个性的手段所表现者。

二 语言与思想

中国文学手段，即中国语言之语格，实为决定中国文学特殊发展的主要因素。与欧洲语言一加比较，很可以循索出中国思想与文学之特殊性，乃单纯地受所谓单音语言的影响，其程度至深。中国语言之发音，如金、昌、张，其所生之后果，至可惊人，此单音组织决定中国著作之特性，而此著作特性产生中国文学传统的持续系统，复因而影响及于中国思想之保守性。更进一步，亦为文言与口语分别之原因，这又转而使从事学问，备感艰难，于是其势难免成为少数阶级的专利品，最后，此单音组织直接影响中国文学格调的某些特殊性。

每个国家，都发展一种最适合于本国语言的文学作品。欧洲并未发展一种象形主义的作品，因为印度欧罗巴语派之发音结构，其子音比较地浪费，而其缀合又变化无穷，是以需要一种分析的字母，因而用这种文字于象形的表示，必至陷于不可救药的不正确。因为文字的象形制度，不能单独应用，以中国文字为例，我们觉得它需要发音原理来辅助，始能产生任何重要发展。这些基本的象形文字之连缀，其作用纯在乎求发音上之功效。而实际上中国字典所收录之四万以上的文字，其百分之九十系建筑于缀音原则上面，差不多用一千三百个象形字作为发音记号。语言之单音组织如中国文字者，仅有四百个左右之缀音组合，如秦、昌、张等，也就够用了。但是日耳曼语系中，发明一种新的记号以代表各个新的声音缀合如德文中之 Schlacht 及 Kraft 或英文中之 Scratched 及 Scraped，显然是不可能的，中国语言之未尝发展西洋意味的表声书体，因为象形记号之发音的应用已足敷应付。倘中国语言中曾用到过像德文 Schlacht，Kraft 及英文 Scratched，Scraped 那样的文字，他们感于迫切的需要，老早就发明了一种表声的书体了。

中国单音缀合之语言与书写字体间之完全调整盖易于理会。语言缺乏表声的形式结果，产生多数发声相同的文字，Pao 一个声音，可以表示一打以上的意义：包、抱、饱、泡，依此类推。因为象形原理的应用，只限于具象的事物或行动，在古时已感觉运用之困难，故原始文字"包"用作纯粹的发声符号，而假借以表示其他同声的文字。结果发生很多纠纷，而在汉代文字大定以前，吾们有许多这样的假借文字，以一字表指许多不同的事物。事实上之需要，迫使中国人加添符号（称为字根），Pao 以表示意思的群体，这就是这个 Pao 字欲用以指示者。

发声记号的使用，不是十分严格而正确的，吾们有下例各字在现代中文中读作 Pao 或 Bao 两种读法，但每一个字陪衬着一个分数记号或字根，例如抱、跑、袍、饱、泡、鲍、袍、胞、咆、炮、刨、苞、雹。像这个样子，包加上手旁字根，其意义为怀抱之抱；加足旁字根，意义为奔跑之跑；加衣旁字根，意义为长袍之袍；加食旁字根，意义为吃饱之饱；加水旁字根，意义为泡沫之泡；加火旁字根，意义为花炮之炮；加鱼旁字根，意义为鲍鱼之鲍；加肉旁字根，意义为胞胎之胞；加口旁字根，意义为咆哮之咆；加草头字根，意义为苞芽之苞；加雨字头字根，意义为冰雹之雹；加刀旁字根，意义为刮刨之刨，这就是解决同音异义问题的调整方法。

假定这个问题不是在同音异义的问题上，假定中国文字里头也有像英文里头 Scraped，Scratched 那样的字，则首先就感到有区别发音的必要，这样，恐怕中国文字也就会有了欧洲语系的字母，因而识字的人也会普遍了。

中国文字既属于单音组合，殆无可避免地必须用象形字体。单是这个事实，大大地变更了中国学术的特性和地位。由于它们的自然的本质，中国文字在口语发音中不易多作变化。同一记号，在不同方言中，可以读作个别的声音，不同的方言甚至可以视为不同的语言，如基督十字架的记号在英文中读作 Cross，在法文中可以读作

Croix。这是与中国古代文化的一贯性具有密切的关系的。更重要于此者，使用此等文字使吾人隔了千百年以后还能直接诵读孔氏经书。孔氏的经书在吾们自己的公元第六世纪时几将变成不可诵读。试一想及此，很觉有趣，倘真遇到这样情形，孔子的尊崇地位将受到何等影响呢？

的确，中国文字当秦始皇焚书坑儒之际，发生过重大变革，至今研究孔氏学说的学者，分成两大营垒：其一信仰"古文"的经书本子，所谓古文据说是砌藏于孔氏居宅壁间，得免燔灼，而经后来坏壁发现的原本；别一派信仰"今文"书本，这是年老儒生口授传诵而笔录下来的，这些老儒生系将经书熟记，幸免于暴秦的厄运者。但从此以后（前213年）屡有写作，在形式上有比较不甚重要之改进，此等写作对于孔氏经书之深入中国人心之催眠作用，有很大贡献。凡符合于孔氏经书早期写本者，亦符合于全部文学的传统，继汉代以后者尤然。一个中国学生，凡能诵读百年以前之著作者，即能由此训练诵读第十三世纪、第十世纪甚至第二世纪的著作，亦犹现代艺术家之欣赏维纳斯、欣赏罗丹之作品同样容易。倘令古代学术不能若是易于了解，那古典文学之传统势力还会这样雄大，而中国人的心理还会这么保守吗？怕未见得。

但使用此象形文字，一方面有助于固定不变的文言之产生，致与口语判离而使寻常学子几难于通畅。至于发声组合的字体，天然将依随现行语言的变迁与惯用语法。书写的语言如其不甚依赖发声，在惯用语与文法方面，获得较大之自由。它不消遵守任何口语的法则，它有它自己的结构法则和大量的惯用语，系自历代著作收集而来的文学成语。如此，它乃产生一种独立的实体，多少是服从文学范型的。

随时代之进展，此文学语言与当代通行语言间之差别，愈来愈巨，直至今日，学习古代语言，从心理上感到之艰难，几等于学习外国语言。普通句段结构之法则，书写的文言与口说的白话是不同的，是以你不能仅把古文字眼填入现行字的地位便可算写成一篇古文了。例如一个简单的连语"三两银子"，在文言中却要变更造句法，写成"银三两"；又似现行语中说"吾从未见过"，古文中的惯用语为"余未之见也"。此目的格的一字，经常置于动词之前，倘其动词为否定格的时候。现代中国学生是以常易犯语风上的错误，有如英国学生在学习法语时之说 Je voisvous，恰等于学习外国语言。在一个人真能写确实流利的古文以前（至少需十年），需要范围广泛地使用法之熟习，是以练习之时，经常累月地背诵古代杰作亦为免不了的手续。又恰如很少有人真能畅通外国语言一样，也就很少中国文人真能写确实流利的古文。实际上，中国今日仅不过三四人能写流利的周代经典式的古文。吾们大部分乃不得不苦苦忍耐这种书本上的语言，此在外国人固非难于治理的。这书本上的语言且又缺乏语言本身的真意味。

使用中国的象形文字，使脱离语言真意味的文字得以逐渐发展，文字的与发声原则分离而独立，加速它的单音组合的性质。而且事实上口语中的二连音的字眼，仍可以用单音文字来代表，因为文字本身由其组合作用已使意义表显得很清楚。例如吾们在口语中需要一个二连音"老虎"以资在听觉上辨别与其他读"虎"字音的字眼相混淆，但在书写文字中就用一个虎字已够了。文言是以较之白话更见倾向于单音，因为它的基本是在视觉上，而非在听觉上。

从此极端的单音主义乃发展一种极端简洁的格调，这种格调不能用口语来模仿而获免不可理解的危险的，而此格调亦即为中国文学之特性的美点。如是吾人乃创造一种韵律，恰恰每七字一行，可以包括大致似英文无韵诗的两行那么多字的意义。这种技巧在英文中是不可想象的,在其他别种语言中亦是不可想象的。不论在散文或诗词中,此用字之经济,产生一种风格,其间每一个字每一个音节,其韵调经重衡量务须达到"恰到好处"之程度,而往往负担过分之意义。如那些丝毫不苟的诗人,一字一音莫不细予斟酌。是以此爽利的体裁之真实的练达,实即选用字面之极端老练。由此兴起一种用字矜饰的文学传统,它后来变成社会的传统观念而最终成为中国人的心智之习惯。

文学技巧上的困难,限制了中国识字教育的普遍,识字教育本无须乎推敲修饰的。此识字的限制又转而变更中国社会的全部组织,改易了中国文化的全部容貌。有些人有时真会发生疑问:倘中国人民的语言是一种活用变化的语言,因而使用字母排列的文字,则他们是否将这样驯良从顺,这样尊敬其长上?我有时而感觉到倘中国人能设法在语言中保留较多殿末或起首的辅音字,不但他们将根本摇动孔子的权威,复很可能地早就击碎了传统的政治结构。赖于知识的普遍,经过数千年的闲暇,将进研其他学术而徐徐超越文学之技巧,说不定也能给予世界以较多之发明如印刷火药之类,并影响地球上人类文化的历史了。

三 学术

前面曾述及非经典文学或意象的文学,多属于一般不显著的或无名作家的作品。他们打破了经典传统,他们的作品是从自己的内心的喜悦情绪写出来的,写作的动机,单纯为创造的嗜好。易辞以言之,这些作品在西洋意识中,是富创造性的优美文学。不过在吾人将述及此等小说戏剧之前,似宜先行检讨经典文学的内容,中国学术的品质，并那班知识阶级的生活和修养。他们安坐而食，受人民之供养，虽推进了相当道德教训，然毫无创造。此辈学者写了些什么？什么是他们的智力工作？

中国是学人的领域，学人便是统治阶级，至少当承平之世，人民之崇拜读书人身份的心理常被孜孜不倦地培育着。此学人身份的崇拜，形成一种普遍的迷信形式，有字纸不许随意抛掷，并不许用于不敬的用途，常有专职的人四处收集，聚而燔之于庙宇或学校中。至战乱之世，则此故事稍为变更，因为军人往往闯进学者的居屋，或将古版珍本付之一炬或用以拭鼻，或则连屋子一股脑儿纵火了事。但是这个国家的文学活动力至为雄大，军人焚书尤踊跃，书籍之收藏量尤巨。

当时，约当公元六百年，皇家收藏之书籍已达三十七万册。及唐代，皇家之收藏者，计二十万零八千册。一〇〇五年，当北宋中叶，第一部百科全书——包括各类书籍一千册——告成。后之有御纂丛书《永乐大典》之出世。此书收集精选古代珍本二万二千八百七十七卷，分装一万一千九百九十五册，为明初永乐皇帝（1403—1424）所主持编纂。清时，乾隆皇帝所颁最具有大政治家风度之法令为彻底审查现存未毁之书籍，其表面之目的为保存典籍，但其同等重要之目的则在毁灭那些不满异族统治的著作；及其完成，收集保存本来面目之著作三万六千二百七十五册，分成七部，即著名之《四库全书》。但乾隆皇帝同时又完成另一功业，他下令销毁全部或一部分之书籍凡两千种，兴文字之狱二十余起，其著作人或以革职，或以监禁，或以流配，或处死刑，有时还得毁灭著作人的祖祠而将家眷充作官奴婢——这一切罪戾，都可由误用一字而起。《永乐大典》与《四库全书》，卷帙浩繁，代表依据正统派标准认为值得保存的著作之选集。有许多著作仅在书目提要中予以简短的褒誉之介绍，其本书却不收入《四库全书》俾永传不朽。真实具有创作价值的著作像《水浒传》《红楼梦》当然不蒙选入，虽《四库全书》中仍包括不少笔记，写些零星琐事，自历史考证以至雅茶名泉、神狐水怪、贞节嫠妇之记述。此等笔墨，均为中国学人之兴会所寄者。

然则此等书籍，所写者为何事？试一检阅由《四库全书》流传下来的正统派的图书分类编目法，极有兴味。中国书籍被分成四大部类：（甲）经、（乙）史、（丙）子、（丁）集。经部包括经籍和经籍注释书，此类工作曾耗费极大部分中国学人的光阴。史部包括历代通史、专史、传记、杂录、地理（包括游记、乡土志、名山志）、文官考试制度、法典、律令、书目提要和历史批评。子部名称之由来，本系采自周代诸子，但其内容却包括了中国的一切专门技术与科学（有如西洋大学中之哲学院），其中有军事学、农艺、占星术、天文学、巫术、卜筮、命相、拳击、书法、绘画、音乐、房屋装饰、烹饪、本草、生物学、儒家哲学、佛学、道家的参考书籍和无数上述之笔记，包含些杂乱无章的奇谈野乘，海阔天空，不可分类，凡宇宙间之现象都有记载，而尤多鬼怪神仙之说。各大书局亦有将小说归入子部者。集部亦可称为文学部，因为它包括学者的著述、文学批评和诗词戏曲的专集。

所谓科学之著述，试一审其内容，则觉其内质不如外表之动人。实际上，中国并无所谓专门的科学，除了经籍训诂与历史考证。这其实不过为科学的一分支，它供给埋头苦干者以研究园地。天文学，除了一部分天主教学者的著作，很相近于占星术，而动物学植物学很近似烹调术，因为许多动物果蔬是可食的。医学常处于卜占星相之列，所谓医卜星相。心理学、社会学、工程学、政治经济学都错杂包含于笔记中。有些作家的作品，得列入子部的本草动物学类或史部的杂记类，乃他们的笔记显出较明显之专门特性，而受优越的待遇。但除了特殊超越的几部著作外，其精神与技术在根本上与集部所收的笔记并无多大区分。

中国学者的发抒其特殊天才，简括地分循三条路线：考究、举子业和经籍意识的文学。吾们可以依此把中国读书人分成三个典型：学者、破靴党、文学家。学者的训练和准备应试科举的训练是极不同的，是以早年须于二者之间加以抉择。有些举人——第二级官缺候补资格——竟至终身未读过《公羊传》（十三经之一），也有许多渊博的学者终身不能写一篇八股文应科举考试。

但中国老学究的精神是大可敬佩的。学究之最优秀者，具有欧洲科学家的精神，具有同样治学的毅力，献身学问不辞辛苦，然他们往往缺乏专门的科学方法，他们的著作缺乏西洋明晰的文体与确凿有力的理论。因为中国古来学术需要无限的艰苦，异常的博识，与几乎超人的记忆力，致使学者须穷其毕生之力以研习之，有几个学者竟能背诵卷帙浩繁的司马迁《史记》，自始至终，鲜有脱误。因为缺乏索引的工作，学者得一切仰赖记忆的积累。实际容易揭明出处的知识在任何百科全书中可能找到者，常被轻视，而优秀学者是不需要任何百科全书的，吾们固有许多鲜皮活肉的活动百科全书。临到探本溯源欲有所引证时，在昔时长闲的生活中，固满不在乎出于一时之记忆，抑或费全日工夫始寻获者。英国贵族常费其终日以纵犬猎狐，乐此不厌；而中国学者之兴奋失望于钻研考究，其情绪几与之相同。用此孜孜不倦的精神，巨大著作常由一人单独完成。如马端临的《文献通考》、郑樵的《通志》、朱骏声的《说文通训定声》、段玉裁的《说文解字注》。清初，一代大师顾炎武，当其考究文化地理之时，常载书籍三车，随以周游四方，随时寻获与向说不符之实质证据，或从父老口中获得矛盾相反之故事——它的论据材料即多自此辈父老口中收集者——他将马上在书上加以校正。

这样的知识之探索，在精神上无异于欧美科学家的工作。中国学术中有某些范围适于艰苦工作与有条理训练的研究。这些学业可以下述数种为例，如中国文字之进化（说文），中国声韵之历史，古籍之校正，散佚古书之整理，古代仪礼、习俗、建筑装饰之研究，经籍中所见鸟兽鱼虫名目之分类，铜器石刻甲骨文之研究，元史中异族名字之考究。其他依个别的癖爱，研究古代非儒家诸子哲学、元剧易经、宋儒哲学（理学）、中国绘画史、古泉币、回蒙语言等。大体盖依赖其所受业之业师与当代专门研究风尚定。清朝中叶，值中国考据学艺达全盛期，收集于《皇清经解》与《续皇清经解》之著述达四百种，凡一千余册，包括各种极度专门化之学术论文，在本质与精神上极类似现代大学之博士论文。不过其学术较为成熟，而著述经过时期较为长久。据著者所知，其中有一部著作，经过三十年之著述期。

四　学府制度

但是真有价值的科学家，为数至为稀少，其情形恐为中国与欧美彼此相同也。不过吾们有许许多多士大夫阶级的文人如举人进士之类，为数之多，不亚于美国哲学博士。此辈在名利场中争取头衔，一以为衣食计，一以抬高社会上之身份地位。或许中国的举人，比之美国的哲学博士，蠹害社会，为祸尤深。他们都得经过一度严格考试，故须赖其平庸之智力，下一番苦功。他们都想猎取一种目的，纯粹商业性的目的，他们所受的那种专应考试程式的教育，全部无所适用于任何工作，只有挟着书本子贩卖其常识而已。

中国的哲学博士相公们，都挟有显明的官僚资格。其中也有真实才干的人才，他们的撷拾功名除了兴会与易取以外，无其他尘世上的理由可言，他们常能攀登很高的名位直到考试最后阶段的殿试而成为进士或翰林，此辈或外放为知县或留京为京官。不过士子的大多数常沉滞于初级考试阶段或中级考试阶段，称为秀才（约等于B.A.）或举人（约等于M.A.），更大多数的连秀才资格还赶不上则称为诸生，即为生员之意。全国有许许多多这样的生员受地方官府的廪食，成为群集四乡的变相游民。

秀才、举人，以及那些名落孙山的读书人，其较优之行业为充当教席，恶劣者即为"土豪地棍"。他们是客串式的律师而以代人包揽诉讼为职业者。他们恒与衙门中科员之辈互相勾结，上下其手。或则承包捐税，则与当地富商互相勾结，他们对于学术修养一无所知，但能出于强记地背诵四书五经而已，大多数且能同时背诵朱熹的注解。朱熹的注解称为监本，是给他们习诵的唯一经籍解释本。他们既不能写好诗，所受专应科举考试的训练，范围至为狭隘，而他们所学习的八股文又那么因袭老套，致使他们不能依事实写一篇清楚正确的新闻报告，或写一张简单商业便条，开列普通商品名目，倒是有经验的小伙计，写来比他高明。可是他们的势力却是不可轻侮，他们有一种阶级自觉，一种阶级组织，也有一种阶级的理想。顾炎武曾有一篇专论此辈生员的文字，题为《生员论》，兹摘录其一节如下：

> 合天下之生员，县以三百计，不下五十万人。而所以教之者，仅场屋之文；然求其成文者，数十人不得一，通经知古今，可为天子用者，数千人不得一也。而嚣讼逋顽，以病有司者，比比而是。……一得为此，则免于编氓之役，不受侵于里胥，齿于衣冠，得以礼见官长，而无笞捶之辱。故今之愿为生

员者,非必其慕功名也,保身家而已,以十分之七计,则保身家之生员,殆有三十五万人。此与设科之初意悖,而非国家之益也。……今天下之出入公门,以挠官府之政者,生员也;倚势以武断于乡里者,生员也;与胥吏为缘,甚有自身为胥吏者,生员也;官府一拂其意,则群起而哄,生员也;把持官府之阴事,得与之为市者,生员也。前者噪,后者和;前者奔,后者随;上之人欲治之而不可治也,欲锄之而不可锄也。小有所加,则曰:是杀士也,是坑儒也。……天下之患,莫大乎聚五方不相识之人而教之,使为朋党。生员之在天下,近或数百千里,远或万里,语言不同,姓名不通,而一登科第,……朋比胶固,牢不可解。书牍交于道路,请托遍于官曹。其小者,足以蠹政害民,而其大者,至于立党倾轧,取人主太阿之柄而倒持之,皆此之由也……

顾炎武写这篇文章的时期,定当此种罪恶严重的时期。而此秀才或上等游民寄生虫的本质,直至今日,根本上未有变更,不过他的名目,换上了"大学毕业生"。

当然不是全体都是恶棍,各城镇各乡村也有自好谦让、节俭而知足的读书人,他们是属于被压迫阶级而非属于压迫阶级的,因为他们自甘安贫而不争。市镇上偶尔也有一两个高尚的学者,他们不愿踏进科场,而终身献身学术。有价值的著作,仅能期之于此辈学者,否则应期之才具较高的士大夫阶级文人。

话虽如此,从大体上讲,老学究比之现代大学毕业生还是来得高明。他的世界地理的知识或许不甚可靠,不过他的德行与礼义的训练实较为透彻。旧式和新式的教育制度,大家都上了一个愚昧信仰的大当,盖他们误信知识才学的高低可以用赓续的考试方法来测量的。考试制度由其本质的性能，不能不是机械式的，不能不集中注意于知识量的蓄藏，而忽略判断的智质之发展。因为鉴识力是不容易分等级的，也不是容易用分数品评的，至于出一个罗马迦太基战争日期的问题，则其答案可以用分数来评分了。任何大学考试，都是同一性质，学生总能接到通知后一星期内预备之，否则大家都得不及格了。任何知识，凡能在一星期内预备速成强记者，其遗忘之速亦如是，防免应急速成的考试方法，至今尚未发明，而受其欺的可怜虫，只是那些大学教授，他们真会相信他们的学生确实明了所学的科目。

旧式的学府制度，不论乡村的学塾或书院（高级的学府）显然较优越于现代学校，事实极简单，即是他的学业进修，不是依赖学程分数为手段的，至于科举考试，那是例外。旧时学府，是一个师传监护制度，教师很明了学生读过什么书，未读过什么书，教师与学生之间，有着很密切的关系。没有人升级，也没有人毕业，也没有人为了文凭奖状而求学，因为没有这种设备。总之，没有人必须依照规定时期而前进，只须守候最驽驰分子赶上标准限度。没有人被动地每星期三上午必须读三页经济学而停止于第二节。倘若高兴，他可以一口气读完这么一章，其实读书时倘真感兴趣，是应该如此的。总说一句，无人能相信，亦不能使人相信，谓把心理学、宗教、推销术、英国宪法史这样叠床架铺地累积起来，可以培养出一个有学问的人。没有人相信，也不能相信，谓试验一个人对于莎士比亚乐府体会程度，可用下述的方法：解释莎翁名著的一节，或出一个问题，问他《奥赛罗》（Othello）的著作日期，或叫他回答伊丽莎白（Elizabeth）时代的惯用语。大学教育唯一所能施于人者，为使他引起嫌恶伊丽莎白的惯用语，嫌恶伦注解的心理，致使他其余的半世不欲一读莎翁著作有如逃避毒药。

五　散文

中国的古典文学中，优美之散文很少，这一个批评或许显得不甚公平而需要相当之说明。不差，确有许多声调铿锵的文章、作风高尚而具美艺的价值，也有不少散文诗式的散文，由他们的用字的声调看来，显然是可歌的。实实在在，正常的诵读文章的方法，不论在学校或在家庭，确是在歌唱它们。这种诵读文章的方法，在英文中找不到一个适当的字眼来形容它。这里所谓唱，乃系逐行高声朗读，用一种有规律、夸张的发声，不是依照每个字的特殊发音，却是依照通篇融和调子所估量的音节徐疾度，有些相像于基督教会主教之宣读训词，不过远较为拉长而已。

此种散文诗式的散文风格至五六世纪骈俪文而大坏，此骈俪文的格调，直自赋衍化而来，大体用于朝廷的颂赞，其不自然仿佛宫体诗，拙劣无殊俄罗斯舞曲。骈俪文以四字句六字句骈偶而交织，故称为四六文，亦称骈体。此种骈体文的写作，只有用矫揉造作的字句，完全与当时现实的生活相脱离。无论是骈俪文、散文诗式的散文、赋，都不是优良的散文。它们的被称为优良，只有当用不正确的文学标准评判的时候。所谓优良的散文，著者的意见乃系指一种散文具有甜畅的围炉闲话的风致，像大小说家笛福（Defoe）、斯威夫特（Swift）或鲍斯威尔（Boswell）的笔墨然者。那很明白，这样的散文，必须用现行的活的语言，才能写得出来，而不是矫揉造作的语言所能胜任。特殊优美的散文可从用白话写的非古典文字的小说中见之。但吾人现在先讲古典文辞。

使用文言，虽以其特殊劲健之风格，不能写成优美的散文。第一，好散文一定要能够烘托现实生活的日常的事实，这一种工作，旧体的文言文是不配的。第二，好散文必须要具有容纳充分发挥才能的篇幅与轮廓，而古典文学的传统倾向于文字的绝端简约，它专信仰简练专注的笔法。好散文不应该太文雅，而古典派的散文之唯一目的，却在乎文雅。好散文的进展必须用天然的大脚步跨过去，而古典派散文的行动扭扭捏捏有似缠足的女人，每一步的姿态都是造作的。好散文殆将需用一万至三万字以充分描写一个主要人物，例如利顿·斯特雷奇（Lytton Strachey）或加马列尔·布雷德福（Gamaliel Bradford）的描写笔墨。而中国的传记文常徘徊于两百字至五百字的篇幅。好散文必不能有太平衡的结构，而骈体文却是显明的过分平衡的。

总之，好散文一定要条畅通晓而娓娓动人，并有些拟人的。而中国的文学艺术包藏于含蓄的手法，掩盖作者的真情而剥夺文章的灵性。吾人大概将巴望着侯朝宗细细腻腻地把他的情人李香君描写一下，能给我们一篇至少长五千字的传记。谁知他的《李香君传》恰恰只有三百五十字，好像他在替隔壁人家的老太太写了一篇褒扬懿德的哀启。缘于此种传统，欲研究过去人物的生活资料将永远摸索于三四百字的描写之内，呈现一些极简括素朴的事实大概。

实在的情形是文言文乃完全不适用于细论与传记的，这就是为什么写小说者必须乞灵于土语方言的理由。《左传》为公元前三世纪的作品，仍为记述战争文字的权威。司马迁（约前145或前135—？）为中国散文第一大师，他的著作与当时的白话保持着密切接近的关系，甚至胆敢编入被后世讥为粗俗的字句，然他的笔墨仍能保留雄视千古的豪伟气魄，实非后代任何古典派文言文作者所能企及。王充（27—约97）写的散文也很好，因为他能够想到什么写什么，而且反对装饰过甚的文体。可是从此以后，好散文几成绝响。文言文所注重的简洁精练的风格，可拿陶渊明（365 或 372 或 376—427）的《五柳先生传》来做代表，这一篇文字，后人信为他自己的写照，通篇文字恰恰只一百二十五个字，常被一般文人视为文学模范。

> 先生不知何许人也，亦不详其姓字。宅边有五柳树，因以为号焉。闲静少言，不慕荣利；好读书，不求甚解；每有会意，便欣然忘食。性嗜酒，家贫不能常得。亲旧知其如此，或置酒而招之，造饮辄尽，期在必醉。既醉而退，曾不吝情去留。环诸萧然，不蔽风日；短褐穿结，箪瓢屡空，晏如也。常著文章自娱，颇示己意，忘怀得失，以此自终。

这是一篇雅洁的散文，但是照我们的定义，它不是一篇好散文。同时，是一个独一无二的证据，它的语言是死的。假定人们被迫只有读读如此体裁的文字，它的表白如此含糊，事实如此浅薄，叙述如此乏味——其对于吾人智力的内容，将生何等影响呢？

这使人想到中国散文的智力内容之更重要的考虑，当你翻开任何文人的文集，使你起一种迷失于杂乱短文的荒漠茫然不知所措的感觉，它包括论述、记事、传记、序跋、碑铭和一些最驳杂的简短笔记，有历史的，有文学的，也有神怪的，而这些文集，充满了中国图书馆与书坊的桁架，真是汗牛充栋。这些文集的显著特性为每个集子都包含十分之五的诗，是以每个文人都兼为诗人。所宜知者，有几位作家另有长篇专著，故所谓文集，自始即具有什锦的性能。从另一方面考虑，此等短论、记事，包含着许多作家的文学精粹，它们被当做中国文学的代表作品。中国学童学习文言作文时，须选读许多此等论说记事，作为文学范本。

作进一步的考虑，这些文集是代表文学倾向极盛的民族之各代学者的巨量文字作品的主要部分，则使人觉得灰心而失望。吾们或许用了太现代化的定则去批判它们，这定则根本与它们陌生的。它们也存含有人类的素质、欢乐与悲愁；在此等作品的背景中，也常有人物，他的个人生活与社会环境为吾人所欲知者。但既生存于现代，吾人不得不用现代之定则以批判之。当吾人读归有光之《先慈行状》，盖为当时第一流作家的作品，作者又为当时文学运动的领袖，吾人不由想起这是一生勤勉学问的最高产物；而吾人但发现他不过是纯粹工匠式的模古语言，表被于这样的内容之上，其内容则为特性的缺乏事实的空虚，与情感之浅薄。吾人之感失望，谁曰不宜。

中国古典文学中也有好的散文，但是你得用新的估量标准去搜寻它。或为思想与情感的自由活跃，或为体裁、风格之自由豪放，你要寻这样作品，得求之于一般略为非正统派的作者，带一些左道旁门的色彩。他们既富有充实的才力，势不能不有轻视体裁骸壳的天然倾向。这样的作者，随意举几个为例，即苏东坡、袁中郎、袁枚、李笠翁、龚自珍，他们都是知识的革命者，而他们的作品，往往受当时朝廷的苛评，或被禁止，或受贬斥。他们有具个性的作风和思想，为正统派学者视为过激思想而危及道德的。

六　文学与政治

那是天然因果，即语言的束缚产生思想的束缚。文言是死的，致不能正确恰当地表明一种思想。他常茫然自失于暧昧模糊的通性里，培育长大于这种通性而根本缺乏逻辑理论的训练，中国文人常显出论辩的极端稚态来。思想与文学之悬殊，致掀起一种环境，那里思想与文学被视为彼此无关系的东西。

这使吾人想起文学与政治的关系。要明了中国政治,你必须先明了中国文学。或许这里吾们应该避免用文学二字,而说"文章"以代之。这样狂热地崇拜文章,在国内已变成一种真实的精神病。这在现代宣言中表示得最明显,不论是学生团体、商业机关、政党,当草拟宣言或类此文件时,第一个想象,是怎样使它音节嘹亮可诵,怎样铺排得字面美观,而一个读报者的第一个想象,亦为此等宣言之美丽可诵与否。这样的宣言,差不多都是说不出一些事实而却篇篇说得很美丽。一个明显的谎言倘用了优美的形式说出来,也可以受到赞美。

这样,产生一种文章,当其译成英文,便觉得十分可笑。在一次最近的某一重要政党所发表的宣言中有云:"凡损害吾国主权,侵犯吾国疆土者,吾人将逐出之!凡危及世界和平者,吾人将制止之!吾人已下决心。……吾人决出全力以赴之。……吾人必须团结一致。……"一个现代的社会,殆将拒绝接受如此一篇宣言。他们需要当前外交内政环境的更准确恰当的分析,他们需要知道用以抗拒侵略并制止破坏国际和平之方法与手段的更详细的说明。此种文学的恶癖有时导致极端的无聊。有如一个宣传丝袜的广告,用五百字以上的论文的形式,开端写起"慨自东省失陷……"云云。

这并不就说中国人脑筋的简单,他们的文学充满了共通性,但却不是简单。非但不简单,此等庸俗的通性,不着边际,说来奇怪,会发展成很优美的辞令。中国人娴熟于此种文学训练,习知怎样探求言外之意,却不是异国人所能有的本领。由于外国人的不能探求言外之意,或为低劣翻译者之过失,疏漏了此言外之意,致令外国记者骂中国人又骂自己,为了弄清楚此等用字聪明而无损于人的宣言的头脑。

因为中国人曾经会发达一种文字矫饰的艺术——大致缘于文言的单音节的特性，前面已经说过——而吾们又极崇拜文字。吾们甚至赖文字而生活着，文字又可决定政治的立法的斗争之胜负。中国的内战常以通电的形式先开一场笔战。平民大众乃大可专心致志地诵读此等谩骂而斯文地互讦文电之往来，其内容或至为无耻的谎语。当读者辨味其文学体裁之孰为优美时，脑筋上固已体会出不祥之战云已弥漫于天际。这在中文中叫做"先礼让而后兵"。凡政党将发动革命，则指责中央政府为腐败卖国，而中央政府则比较圆滑地请求革命党"合作以维和平"，又说什么"为了国家之团结"，"因为吾人生当国难时期"云云。而同时双方军队愈开愈近地接触火线，而双方的壕沟也愈掘愈深。革命党方面抓握住喊得响亮的口实，在大众眼里获得了胜利了。死的语言乃变成欺人的语言，只要你用反面名字称呼它，什么事情都是可以原谅的。

中国人善用文学的巧猾手腕，可举下述为例。当一省政府正欲着手鸦片公卖，它想出极端巧妙的四字句口号，叫做"寓禁于征"。现在吾们发现只有这条标语才能顺利推行这个政策，没有别的可生同等效力。当中国中央政府从南京迁都洛阳，发现另一口号，叫做"长期抗战"。四川省有几位军阀仁兄，强迫农民种植鸦片，竟异想天开，发明"懒税"，此种捐税乃课于一般懒惰不肯种植鸦片的农民。后来四川省又发明了一种新税叫做"利益税"，这就是一种特税，加于许多捐税之上，而其原来的税额本已三十倍于正常田赋。这种捐税欲在人民与兵士之间产生一种好意，盖将此税支付给兵士，则欠饷的兵士不致再劳自己动手以谋经济出路了。这就是为什么吾们谈论间常笑外国人之头脑简单。

此等文学上的妖孽，只有在一个信仰伪妄的文学标准的民族才会发现，而实际上即为初级小学中用差误方法教授作文的结果。现代中国人，鉴于这种文学悲剧的演出，他们只有两个办法，而于此二者之间择一而从。第一，他们可以依从历来传统的文学观念而柔顺地把它当做美文学，美文学固无须乎与事实相联系——事实为著作所欲传达者——并需辨别言外之意而读之，否则他必须要求字面与思想的更密切的接近，和一个新的文学标准，须用一种语言更能表达一人的生活与思想者。换言之，他应把那些冗长宣言的流行视为源于文学的恶行，而非政治根性的恶行。但是他同时必须信仰除非这种的文学恶行根本肃清，则政治恶行亦将继续不辍。

七　文学革命

文学革命为事实上之需要，卒于一九一七年发动了。这个文学革命运动是由胡适与陈独秀所领导，他们主张用白话文为文学工具。在这一次运动之前，古时亦曾有过革命。唐朝韩愈的反抗五六世纪之骈体文，主张使用简明之体裁，导文学归于比较健全的标准而给予吾人稍为可读之散文。但韩愈的革命运动却是复古运动，是更遥远的返于周代的文学形式。这在观点上仍不脱为经典的，他仅想努力仿古。可是这件工作大不容易。自经韩愈倡导之后，文学时尚逡巡于模仿周文与秦汉文之间，及韩愈本人成为古代人物，唐代文章亦为后代竞相模仿。宋人模仿唐文，明清作者模仿唐宋，文学风尚乃成为模仿竞争。

直到十六世纪末期，忽然崛起一位人物，他说："现代的人，应该用现代语言写作。"这个主张，垂示给吾人一个健全的历史眼光。这位人物就是袁中郎和他两位兄弟。袁氏胆敢将通常社会惯用语，甚至土谚俗语写入他的文章。而有一时期，他的作风曾成为盛行的文学时，尚拥有相当信徒，自成一派，世称公安派（公安为袁中郎出身的地名）。他首先主张解放文章形式的束缚。他又说，写文章的方法，只消信手写来。他又主张个性独立的文体，坚信文学只为性灵之表观，性灵不应加以压迫。

但日常语与俗谚的使用马上给正统派作者怒目而视，施以苛酷的批评。而结果，袁中郎所收的报酬是在文学史中一束轻视的头衔，如"轻佻琐细""粗俗不雅""非正统"。直至一九三四年，这位性灵文学的始创者始从几被全部埋没的厄运中翻转身来。但袁中郎亦未有胆略或见识以主张白话的应用。倒还是一般通俗小说的作者，他们盖已放弃了一切博取文名的野心，而他们为求大众的了解起见，不得不用白话来写，这一来奠下了用活的现代语的文学之基石。而当胡适博士提倡采用白话为文学工具的时候，他曾屡屡申述这种基本工作已经前人替他彻底准备，历一千年之久，凡欲用此新文学工具写作者，尽有现成的第一流模范作品放在面前。因是而三四年间，白话文运动收空前迅速之成效。

紧接文学革命之后，有两大重要变迁。第一为尚性灵的浅近文体的写作的培养，以周氏兄弟为代表，即周作人、周树人（鲁迅）。所堪注意者，为周作人氏受公安派之影响甚深。第二个变迁即所谓中文之欧化，包括造句和词汇。西洋名词之介绍，实为自然的趋势，因为旧有名词已不足以表现现代的概念。在一八九〇年前后，为梁启超氏所始创，但一九一七年之后，此风益炽。鉴于一切时尚之醉心西洋事物，此文体之欧化，诚微不足道；但所介绍的文体既与中国固有语言如是格格不入，故亦不能持久。这情形在翻译外国著作时尤为恶劣，它们对于中国通常读者，其不合理与不可解，固为常事。

实在此等困难乃为翻译者之罪，其理无他，即为他们的对于外国语言的通晓练达之不够，使他们不得不一字一字地翻译，而缺乏全句概念之体会。试想那些把冗长英文关系句接连前行词翻成中文之畸形，此关系句（中文中无此结构）乃易成一长串的形容句，在说出所要形容的一词以前，可延长至数行之文句。某几种变迁显然是进步，如宽散句法之介绍是。又似把"假设"句段放于主句之后向为不可能者，现已可能有这样写法的了，这使散文大为柔和而具伸缩性。

中国散文还有光明的未来，假以时日，它可以匹敌任何国家的文学，无论在其力的方面或美的方面。最好的现代英国散文乃以善描摹的具体文字，来自土著的英语，与来自拉丁派遗传的具有确切意义与文学意味的文字的健全融和著称的。一种书写的语言倘把下述种种词句，如"新闻之嗅觉""知识之蛛网""语言之追逐""跨于胜利潮流之上""利奥德·乔治（Lioyd George）向保守党的卖弄风情"，当做好的标准英语，将仍保留为刚健的文学工具。一个不正确的文学标准，它将抽去这些字眼像"嗅""蛛网""追逐""潮流"等，而代以像"玩味""累积""倾向""前进"等字眼，则将立刻失去其刚健的活力。两种组织要素，具体字与抽象字，很丰富地含存于中国语言中。它的基本结构始终是具体的，像盎格鲁－撒克逊文字，而古典文学的文学传统遗给我们一部词汇，意义很精细而又新颖，相等于英文中的拉丁词汇。特此两大元素经文学大匠之手加以融和，必有最大的力与美的散文出现。

八　诗

如谓中国诗之透入人生机构较西洋为深，宜若非为过誉，亦不容视为供人愉悦的琐屑物,这在西方社会是普通的。前面说过,中国文人,人人都是诗人,或为假充诗人,而文人文集的十分之五都包含诗。中国的科举制度自唐代以来,即常以诗为主要考试科目之一。甚至做父母的欲将其多才爱女许配与人,或女儿本人的意志,常想拣选一位能写一手好诗的乘龙快婿,阶下囚常能重获自由,或蒙破格礼遇,倘他有能力写两三首诗呈给当权者,因为诗被视为最高文学成就,亦为试验一人文才的最有把握的简捷方法。中国的绘画亦与诗有密切的关系,绘画的精神与技巧,倘非根本与诗相同,至少是很接近的。

吾觉得中国的诗在中国代替了宗教的任务,盖宗教的意义为人类性灵的发抒,为宇宙的微妙与美的感觉,为对于人类与生物的仁爱与悲悯。宗教无非是一种灵感,或活跃的情愫。中国人在他们的宗教里头未曾寻获此灵感或活跃的情愫,宗教对于他们不过为装饰点缀物,用以遮盖人生之里面者,大体上与疾病死亡发生密切关系而已。可是中国人却在诗里头寻获了这灵感与活跃的情愫。

诗又曾教导中国人以一种人生观,这人生观经由俗谚和诗卷的影响力,已深深渗透一般社会而给予他们一种慈悲的意识,一种丰富的爱好自然和忍受人生的艺术家风度。经由它的对自然之感觉,常能医疗一些心灵上的创痕,复经由它的享乐简单生活的教训,它替中国文化保持了圣洁的理想。有时它引动了浪漫主义的情绪,而给予人们终日劳苦无味的世界以一种宽慰,有时它迎合着悲愁、消极、抑制的情感,用反映忧郁的艺术手腕以澄清心境。它教训人们愉悦地静听雨打芭蕉,轻快地欣赏茅舍炊烟与晚云相接而笼罩山腰,留恋村径闲览那岛梦白合,静听杜鹃啼,令游子思母,它给予人们以一种易动怜惜的情感,对于采茶摘桑的姑娘们,对于被遗弃的爱人,对于亲子随军远征的母亲和对于战祸蹂躏的劫后灾难。总之,它教导中国人一种泛神论与自然相融合：春则清醒而怡悦；夏则小睡而听蝉声喈喈，似觉光阴之飞驰而过若可见者然；秋则睹落叶而兴悲；冬则踏雪寻诗。在这样的意境中，诗很可称为中国人的宗教。吾几将不信，中国人倘没有他们的诗——生活习惯的诗和文字的诗一样——还能生存迄于今日否？

然倘令没有特殊适合于诗的发展的条件，则中国的诗不致在人民生活上造成这样重要的地位。第一，中国人的艺术和文学天才，系设想于情感的具象的描写而尤卓越于环境景象的渲染，乃特殊适宜于诗的写作。中国人特性的写作天才，长于约言、暗示、联想、凝练和专注，这是不配散文的写作的，在古典文学限度以内为尤然，而却是使诗的写作天然的流利。倘如罗素所说的"在艺术，他们志于精致；在生活，他们志于情理"，那中国人自然将卓越于诗。中国的诗，以雅洁胜，从不冗长，也从无十分豪放的魄力。但她优越地适宜于产生宝石样的情趣，又适宜用简单的笔法，描绘出神妙的情景，气韵生动，神隽明达。

中国思想的枢要，似也在鼓励诗的写作，她认为诗是文艺中至高无上的冠冕。中国教育重在培育万能的人才，而中国学术重在知识之调和。十分专门的科学，像考古学，是极少的，而便是中国的考古学家，也还是很广达人情，他们还能照顾家务，弄弄庭前的花草。诗恰巧是这样形式的创作，她需要普通的综合的才能，易辞以言之，她需要人们全盘地观念人生。凡失于分析者，辄成就于综合。

还有一个重要理由，诗完全是思想染上情感的色彩，而中国人常以情感来思考，鲜用分析的理论的。中国之把肚皮视作包藏一切学问知识的所在，如非偶然，盖可见之于下述常用语中，如"满腹文章"或"满腹经纶"。现在西洋心理学家已证明人的腹部为蓄藏情感的位置，因为没有人的思维能完全脱离情感。著者很相信我们的思考，用肚皮一似用头脑,思考的范型愈富于情感,则内脏所负思想的责任愈多。邓肯女士说女子的思想,谓系起自下腹部,沿内脏而上升,男子的思虑则其自头脑而下降。这样的说法,真是说的中国人,很对。这确证了著者的中国人思想之女性型的学理(见第一部第三章)。又以吾们在英语中说,当一个人作文时竭力搜求意思之际,叫做"搜索脑筋"以求文思,而中国语叫做"搜索枯肠"。诗人苏东坡曾有一次饭后,问他的三位爱妾:我腹中何所有?那最黠慧的一位叫做朝云的却回答说他是满腹不合时宜的思想。中国人之所以能写好诗,就因为他们用肚肠来思想。

此外则中国人的语言与诗亦有关系。诗宜于活泼清明,而中国语言是活泼清明的。诗宜于含蓄暗示,而中国语言全是简约的语旨,它所说的意义常超过于字面上的意义。诗的表白意思宜于具象的描写,而中国语言固常耽溺于"字面的描摹"。最后,中国语言以其清楚之音节而缺乏尾声的子音,具有一种明朗可歌唱的美质,非任何无音调的语言所可匹敌。中国的诗是奠基于它的音调价值的平衡的,而如英文诗则基于重音的音节。中国文字分平、上、去、入四声,四声复归为二组,其一为软音(平声)音调拖长,发声的原则上为平衡的,实际则为高低音发声的。第二组为硬音(仄声),包括上、去、入三种发声,最后之入声以 p,t,k 音殿者,在现行"国语"中已经消失。中国人的耳官,被训练成长于辨别平仄之韵律与变换的。此声调的韵节虽在散文佳作中亦可见之,不啻说明中国的散文,实际上亦可唱的。因为任何具完备耳官的人,总能容易地在罗斯金(Ruskin)或沃尔特·彼得(Walter Peter)的散文中体会出声调与韵节的。

在盛唐诗中,平仄音节的变换是相当复杂的,例如下面的正规格式:

一、平平仄仄仄平平(韵)

二、仄仄平平仄仄平（韵）

三、仄仄平平平仄仄

四、平平仄仄仄平平（韵）

五、平平仄仄平平仄

六、仄仄平平仄仄平（韵）

七、仄仄平平平仄仄

八、平平仄仄仄平平（韵）

每一句的第四音以下有一顿挫，每两句自成一联，中间的两联必须完全对偶，就是每句的字必须与另一句同地位的字在声韵与字义方面，都得互相均衡。最容易的方法欲了解此协调的意义，即为想象两个对话者对读，每人更迭地各读一句，把每句首四字与后面三字各成一小组，而用两个英文字代入，一字代表一组，则其结果可成为如下一个轮廓的款式：

(A) Ah, yes?

(B) But, no?

(A) But, yes?

(B) Ah, no!

(A) Ah, yes?

(B) But, no?

(A) But, yes!

(B) Ah, no!

注意第二个对话者常想对抗第一个，而第一个在第一组中常连续第二个语气的线索。但在第二组中，则变换起来。感叹符号与询问符号乃表示有两种语气不同的"是"与"否"。注意除了第一联的第二组,其他各组在声调方面都是正式对偶的。

但是吾们对于中国诗的内在技术与精神,所感兴趣甚于韵节的排列式。用了什么内在的技巧,才能使她至于如此神妙的境界?她怎样用寥寥数字在平庸的景色上,撒布迷人的面幕,描绘出一幅实景的画图,益以诗人的灵感?诗人怎样选择并整理其材料,又怎样用他自己的心灵报道出来而使她充溢着韵律的活力?中国的诗与中国的绘画何以为一而二、二而一?更为什么中国的画家即诗人,诗人即画家?

中国诗之令人惊叹之处,为其塑形的拟想并其与绘画在技巧上的同系关系,这在远近配景的绘画笔法上尤为明显。这里中国诗与绘画的雷同,几已无可驳议。且让吾人先从配景法说起,试读李白(701—762)诗便可见之:

山从人面起,云傍马头生。

这么两句,不啻是一幅绘画,呈现于吾们的面前,它是一幅何等雄劲的轮廓画,画着一个远游的大汉,跨着一匹马,疾进于崇高的山径中。它的字面,是简短却又犀利,骤视之似无甚意义,倘加以片刻之沉思,可以觉察它给予吾人一幅绘画,恰好画家所欲描绘于画幅者。更隐藏一种写景的妙法,利用几种前景中的实物(人面和马头)以抵消远景的描写。假若离开诗意,谓一个人在山中登得如此之高,人当能想出这景色由诗人看来,只当它绘在一幅平面上的绘画。读者于是将明了,一似他果真看一幅绘画或一张风景照,山顶真好像从人面上升,而云气积聚远处,形成一线,却为马首所冲破。这很明显,倘诗人不坐于马上,而云不卧于远处较低的平面就写不出来。充其极,读者得自行想象他自己跨于马背上而迈行于山径之中,并从诗人所处的同一地点,以同一印象观看四面的景色。

用这样的写法,确实系引用写景的妙法,此等"文字的绘画"显出一浮雕之轮廓,迥非别种任何手法所可奏效。这不能说中国诗人自己觉察此种技术之学理,但无论如何,他们确已发现了这技巧本身。这样的范例,可举者数以百计。王维(701?—761),中国最伟大的一位写景诗人,使用这方法写着:

山中一夜雨,树梢百重泉。

当然,设想树梢的重泉,需要相当费一下力。但适因这样的写景法是那么稀少,而且只能当高山峡谷,经过隔宵一夜的下雨,在远处形成一连串小瀑布,显现于前景的几枝树的外廓时,读者才能获得此配景的印象,否则不可能。恰如前面所举李白的例句,其技巧系赖在前景中选择一实物以抵消远处的景物,像云、瀑布、山顶和银河,乃聚而图绘之于一平面。刘禹锡(772—842)这样写着:

清光门外一渠水,秋色墙头数点山。

这种描写技巧是完美的,隔墙头而望山巅,确乎有似数点探出于墙头的上面,给人以一种从远处望山的突立实体的印象。在这种意识中,吾们乃能明了李笠翁(十七世纪)在一部戏曲里这样写:

已观山上画,再看画中山。

诗人的目光即为画家的目光,而绘画与诗乃合而为一。

绘画与诗之密切关系，当吾人不仅考虑其技巧之相同性，更考虑及它们的题材时，更觉自然而明显，而实际上一幅绘画的题旨，往往即为采自诗之一节一句。又似画家绘事既竟，往往在画幅顶部空隙处题一首诗上去，也足为中国画的另一特色。关于这些详情，下面吾们论述绘画时，当再加以详论。但这样的密切关系，引起中国诗的另一特点，即其印象主义倾向的技巧。这是一种微妙的技巧，它给予人以一连串印象，活跃而深刻，留萦着一种余韵，一种不确定的感觉，它提醒了读者的意识，但不足以充分使读者悟解。中国诗之凝练暗示的艺术和艺术的含蓄乃臻于完美圆熟之境的。诗人不欲尽量言所欲言，他的工作却是用敏捷、简括而清楚的几笔，呼出一幅图画来。

于是兴起一种田园诗派，一时很为发达。它的特长是善于写景和使用印象派的表现法。田园诗派诗人的大师为陶渊明、谢灵运（385—433）、王维和韦应物（约737—791）。不过作诗技巧在大体上跟别派诗人是融和的。王维（王摩诘）的技巧据说是诗中有画，画中有诗，因为他同时又为大画家。他的《辋川集》所收的殆全是一些田园的写景诗。一首像下面的诗，只有深体中国绘画神髓者，才能写得出：

飒飒秋雨中，浅浅石流泻。
跳波自相溅，白鹭惊复下。
——《栾家濑》

这里吾们又逢到暗示问题。有几位现代西洋画家曾努力尝试一种不可实现的尝试工作，他们想绘画出日光上楼时的音响。但这种艺术表现的被限制问题却给中国画家部分地解决了，他们用联想表现的方法,这方法实在是脱胎于诗的艺术的。一个人真可以描绘出音响和香气来,只要用联想表现的方法。中国画家会画出寺院敲钟的声浪,在画面上根本没有钟的形象,却仅仅在深林中露出寺院屋顶的一角,而钟可能地表现于人的面部上。有趣的是中国诗人的手法,在以联想的暗示一种嗅觉,实即为画面上的笔法。如是,一个中国诗人形容旷野的香气,他将这样写:

踏花归去马蹄香

如把这句诗用作画题,则没有别的表现香气方法比画一群蝴蝶回翔于马蹄之后更容易显出,这样的画法,足证中国画之与诗的相通,而宋时固曾有这样一幅名画。用此同样联想表现的技巧,诗人刘禹锡描写一位宫女的芳香:

新妆宜面下朱楼,深锁春光一院愁。
行到中庭数花朵,蜻蜓飞上玉搔头。

这寥寥数行,同时双关地提示给读者玉簪的香美与宫女本身的香美,美和香诱惑了蜻蜓。

从这样的印象派联想的表现技巧,又发展一种表现思想与情感的方法,这吾人称为象征的思考。诗人之烘托思想,非用冗长的文句,却唤起一种共鸣的情绪,使读者接受诗人的思想。这样的意思,不可名状,而其诗景之呈现于读者则又清楚而活跃。因是用以引起某种意想,一似某几种弦乐在西洋歌剧中常用以提示某种角色之入场。逻辑地讲,物景与人的内心思想当无多大联系。但是象征的与情感的方面,二者确实有联系。这做法叫"兴",即唤起作用,在古代之《诗经》中即用之。例如在唐诗中,盛朝遗迹,亦用象征的方法,千变万化地歌颂着,却不说出作者思想的本身。如是,韦庄的歌颂金陵逝去的繁华,有一首《金陵图》,你看他怎样写法:

> 江雨霏霏江草齐,六朝如梦鸟空啼。
> 无情最是台城柳,依旧烟笼十里堤。

延袤十里的柳堤,已够引起同时人的回忆,那过去的陈后主盛时的繁华景象,如重现于目前,而其"无情最是台城柳"一句,烘托出人世间的浮沉变迁与自然界的宁静的对比。用此同样技巧,元稹(779—831)描摹其对于唐明皇、杨贵妃过去的繁荣的悲郁,却仅写出白发老宫女在残宫颓址边的闲谈,当然不写出其对话的详情的:

> 寥落古行宫,宫花寂寞红。
> 白头宫女在,闲坐说玄宗。

刘禹锡的描述乌衣巷残颓的惨愁景象,也用同样的笔法。乌衣巷盖曾为六朝贵显王谢官邸的所在:

> 朱雀桥边野草花,乌衣巷口夕阳斜。
> 旧时王谢堂前燕,飞入寻常百姓家!

最后而最重要的一点,为赋予自然景物以拟人的动作、品性和情感,并不直接用人性化的方法,却用巧妙的隐喻法,如"闲花""悲风""朱雀",诸如此类。隐喻本身并无多大意义,诗,包含于诗人的分布其情感于此景物,而用诗人自己的情感之力,迫使之生动而与自己共分忧乐，这在上面的例子中可以看得很清楚。那首诗中，那蜿蜒十里长的烟笼着的杨柳，被称为"无情"，因为它们未能记忆着实在应该记忆的陈后主，因而分受了诗人的痛切的伤感。

有一次，著者跟一位能诗友人旅行，吾们的长途汽车行过一个僻静的小山脚，悄悄兀立着一座茅舍，门户全都掩着，一株孤寂的桃树，带着盛放的满树花朵，呆呆地立在前面。这样的鲜花，处于这样的环境，分明枉废了它的芳香。于是吾友人在日记簿上题了一首诗，吾还记得他的绝句中的两句：

相影联翩下紫陌，桃花悱恻倚柴扉。（系依英文意译）

她的妙处是在替桃花设想的一种诗意的感想，假想它是有感觉的，甚至有"惨愁欲绝"之慨，这感想已邻近于泛神论。同样的技巧——不如说态度——在一切中国佳构诗句中所在都有。既似李白在他的大作里头有过这样两句：

暮从碧山下，山月随人归。

又似他的那首脍炙人口的名作《月下独酌》便是这样写法：

花间一壶酒，独酌无相亲。
举杯邀明月，对影成三人。
月既不解饮，影徒随我身。
暂伴月将影，行乐须及春。
我歌月徘徊，我舞影零乱。
醒时同交欢，醉后各分散。

>   永结无情游，相期邈云汉！

这样的写法，已比较暗譬更进一步，她是一种诗意的与自然合调的信仰，这使生命随着人类情感的波动而波动。

此种泛神论的或引自然为同类的感想语法，以杜甫的绝句《漫兴》一诗，所见尤为明显。它表现接续地将自然物体人格化，用一种慈悲的深情，悯怜它的不幸，一种纯清的愉悦与之接触，最后完全与之融合。此诗之首四句为：

>   眼看客愁愁不醒，无赖春色到江亭。
>   即遣花开深造次，便觉莺语太叮咛。

这些字面像"无赖""叮咛""莺语"间接地赋予春及莺鸟以人的品格，接着又推出对于昨夜暴风的抱怨，盖欺凌了它庭前的桃李：

>   手种桃李非无主，野老墙低还似家。
>   恰似春风相欺得，夜来吹折数枝花。

此对于花木的慈惠的深情又反复申述于末四句：

>   隔户杨柳弱袅袅，恰如十五女儿腰。
>   谁谓朝来不作意？狂风折断最长条。

又来一次，杨柳柔美地飘舞于风中，指为癫狂；而桃花不经意地漂浮水面，乃被比于轻薄的女儿。这就是第五节的四句：

> 肠断江春欲尽头，杖藜徐步立芳洲。
> 癫狂柳絮随风舞，轻薄桃花逐水流。

这种泛神论的眼界有时消失于纯清的愉快情感中，当在与虫类小生物接触的时候，似见之于上面杜诗的第三节第四句者。但是吾们又可以从宋诗中找出一个例子来，这是叶采的一首《暮春即事》：

> 双双瓦雀行书案，点点杨花入砚池。
> 闲坐小窗读周易，不知春去几多时。

此种眼界的主观性，辅以慈爱鸟兽的无限深情，才使杜甫写得出"沙头宿鹭联拳静，船尾跳鱼拨剌鸣"那样活现当时情景的句子。此地吾们认识了中国诗的最有趣的一点——内心感应。用一个拳字来代替白鹭的爪，乃不仅为文学的暗譬，因为诗人已把自己与它们同化，他或许自身感觉到握拳的感觉，很愿意读者也跟他一同分有此内在的情感。这儿吾们看不到条分缕析的精细态度，却只是诗人的明敏的感觉，乃出于真性情，其感觉之敏慧犀利一似"爱人的眼"；切实而正确，一似母亲之直觉。此与宇宙共有人类感情的理想，此天生景物之诗的转化，使薛苔能攀登阶石，草色能走入窗帘。此诗的幻觉因其为幻觉，却映入人的思维如是直觉而固定。它好像构成了中国诗的基本本质。比喻不复为比喻，在诗中化为真实，不过这是诗意的真实。一个人写出下面几句咏莲花诗，总得多少将自己的性情融化于自然——使人想起海涅（Heine）的诗：

> 水清莲媚两相向，镜里见愁愁更红。
> 秋罗拂水碎光动，露重花多香不销。

取作诗笔法的两面,即它的对于景与情的处理而熟参之,使吾人明了中国诗的精神,和它的对于民族国家的教化价值。此教化价值是双重的,相称于中国诗的两大分类:其一为豪放诗,即为浪漫的、放纵的、无忧无虑、放任于情感的生活,对社会的束缚呐喊出反抗的呼声,而宣扬博爱自然的精神的诗。其二为文学诗,即为遵守艺术条件,慈祥退让,忧郁而不怨,教导人以知足爱群,尤悲悯那些贫苦被压迫的阶级,更传播一种非战思想的诗。

在第一类中,可以包括屈原(约前340—约前278)、田园诗人陶渊明、谢灵运、王维、孟浩然(689—740)和疯僧寒山(约691—793)。至相近于杜甫的文学诗人的为杜牧(803—853)、白居易(772—846)、元稹和中国第一女诗人李清照(1084—约1151)。严格地分类当然是不可能的,而且也还有第三类的热情诗人像李贺(李长吉,790—816)、李商隐(约813—约858)和温庭筠(?—866),陈后主(553—604)和纳兰性德(清代旗人,1655—1685)都是以炽热的抒情诗著称的。

第一类豪放诗人,莫如以李白为代表,他的性格,杜甫有一首诗写着:

> 李白斗酒诗百篇,长安市上酒家眠。
> 天子呼来不上船,自称臣是酒中仙。

李白是中国浪漫诗坛的盟主,他的酣歌纵酒,他的无心仕官,他的与月为伴,他的酷爱山水和他的不可一世的气概:

> 手中电曳倚天剑,直斩长鲸海水开。

而他的死也死得浪漫。有一次他在船上喝醉了酒，伸手去捞水中的月影，站不住一个翻身，结束了一切。这样的死法，才是再好没有的死法。谁想得到沉着寡情的中国人，有时也会向水中捞月影，而死了这么一个富含诗意的死！

中国人具有特殊爱好自然的性情，赋予诗以继续不断的生命。这种情绪充溢于心灵而流露于文学。他教导中国人爱悦花鸟，此种情绪比其他民族的一般民众都来得普遍流行。著者尝有一次亲睹一群下流社会的伙伴，正要动手打架，因为看见了关在樊笼中的一头可怜的小鸟，深受了刺激，使他们归复于和悦，发现了天良，使他们感觉到自身的放浪不检而无责任的感觉，因而分散了他们的敌对心理，这性情只有当双方遇见了共同的爱悦对象时始能引起。崇拜田园生活的心理，也渲染着中国整个文化，至今官僚者讲到"归田"生活，颇有表示最风雅最美悦最熟悉世故生活志趣之意。它的流行势力真不可轻侮，就是政治舞台上最穷凶极恶的恶棍，亦往往佯示其性情上具有若干李白型的浪漫风雅的本质。实际据管见所及，就是此辈败类也未始不会真有此等感觉，因为到底他也是中国人。盖中国人者，他知道人生的宝贵。而每当夜中隔窗闲眺天际星光，髫龄时代所熟读了的一首小诗，往往浮现于他的脑际：

终日昏昏醉梦间，忽闻春尽强登山。
因过竹院逢僧话，又得浮生半日闲。

对于这样的人，这首诗是一种祈祷。

第二类诗人，莫如以杜甫为代表，用他的悄静宽拓的性情，他的谨饬，他的对于贫苦被压迫者的悲悯、慈爱、同情和他的随时随地的厌战思想的流露,完成其完全不同于浪漫诗人的另一典型。

中国也还有诗人像杜甫、白居易辈,他们用艺术的美描绘出吾们的忧郁,在我们的血胤中传殖一种人类同情的意识。杜甫生当大混乱的时代,充满着政治的荒败景象,土匪横行,兵燹饥馑相续,真像我们今日,是以他感慨地写:

> 朱门酒肉臭,路有冻死骨。

同样的悲悯,又可见之于谢枋得的《蚕妇吟》:

> 子规啼彻四更时,起视蚕稠怕叶稀。
> 不信楼头杨柳月,玉人歌舞未曾归。

注意中国诗的特殊的结束法,它在诗句上不将社会思想引归题旨,而用写景的方法留无穷之韵味。就以这首诗,在当时看来,已觉其含有过分的改革气味了。通常的调子乃为一种悲郁而容忍的调子,似许多杜甫的诗,描写战争的残酷后果,便是这种调子,可举一首《石壕吏》以示一斑:

> 暮投石壕村,有吏夜捉人。老翁逾墙走,老妇出门看。
> 吏呼一何怒,妇啼一何苦!听妇前致词:"三男邺城戍。
> 一男附书至,二男新战死。存者且偷生,死者长已矣!
> 室内更无人,唯有乳下孙。有孙母未去,出入无完裙。
> 老妪力虽衰,请从吏夜归。急应河阳役,犹得备晨炊。"
> 夜久语声绝,如闻泣幽咽。天明登前途,独与老翁别。

这就是中国诗中容忍的艺术和忧郁感觉的特性。它所描绘出的一幅图画，发表一种伤感，而留给其余的一切于读者，让读者自己去体会。

九　戏剧

戏剧文学之在中国，介乎正统文学与比较接近于西洋意识的所谓意象的文学二者之间，占着一个低微的地位。后者所谓接近西洋意识的意象文学包括戏剧与小说，这二者都是用白话或方言来写的，因为受正统派文学标准的束缚最轻微，故能获得自由活泼的优越性，而不断生长发育。因为中国戏剧作品恰巧大部分是诗，因能被认为文学，而其地位较高于小说，几可与唐代的短歌相提并论。以学者身份而写戏曲，似比之写小说觉得冠冕一些，不致怯生生怕人知道。总之，戏曲的作者不致掩匿其原来的姓名，亦不致成为批评家的众矢之的，若写小说者然。

下面吾们讲述此意象文学的主要部分何以能不断生长发育其美的技巧，而渐臻于重要地位，以至恃其本身的真价值，强有力地获取现代之承认，并施展其影响力于一般人民，正统文学盖从未能收此同样伟大的成效。

中国戏剧之间杂的特性，乃为其特殊做法与伟大的普遍影响力之根源。中国戏剧为白话方言和诗歌的组合；语体文字为一般普通民众所容易了解者，而诗歌可以讴唱，且常富含高尚的诗情的美质。它的本质是以大异于传统的英国戏剧。歌词插入于短距离间隔，其地位的重要超过于说白。自然，喜剧多用对话，而悲剧及人世间悲欢离合的恋爱剧则多发为诗歌。实实在在，在中国，一般上戏园子的人们，其心理上还是为了听戏的目的大，而看戏剧的表演次之。北方人都说去听戏，不说去看戏，是以把中国文字中这个"戏"字做英语"drama"一字，意义未免错误，正确一些地说，不如译作"中国的歌剧"（Chinese Opera）来得妥当。

先明了中国的所谓戏，乃为一种歌剧的形式，然后它的所以能迎合一般民众心理和其戏剧文学之特殊性才能真正被了解。因为戏剧之用——尤其是现代英国戏剧——大部分是激发人类悟性的共鸣作用，而歌剧则为运用声色环境与情感的联合作用。戏剧之表演手段赖乎对白，而歌剧之手段赖乎音乐与歌唱。上戏院子的人们，他们的临观一戏剧，巴望领会一件故事，这故事足以使他喜悦，由于剧中人物的错综交互的关系和表演的新奇而引人入胜。而一个去看歌剧的人，乃准备花费这一个晚上的工夫，其间他的理智接受麻痹样的享受，他的感觉接受音乐色彩歌唱的媚惑。

这就是使得戏剧的表演，大多数不值得第二遭复看，而人们观看同一歌剧重复至十四五次之多，仍觉其精彩不减。这可以说明中国戏院子的内容。中国之所谓京戏，其常见的普通戏且不过百余出，常反复上演，演之又演，总不致失却号召力。而每当京调唱至好处，观众辄复一致拍掌，彩声雷动，盖此种京调，富含微妙的音乐趣味。声乐是以为中国戏剧之灵魂，而演剧仅不过为歌唱的辅助物，本质上滞留于与欧美歌剧同等水平线之地位。

中国观剧的人是以在两种范畴下赞美伶人，在他的"唱"和他的"做"。但是这所谓"做"，常常是纯粹机械式的而包含某种传统的表演方法——欧美戏剧里头在东方人看来认为怪现状的，为故意地增高贵妇人式的乳峰，使之作刺眼的突出。而在东方戏剧里头使欧美人看了发笑的是用长袖揩拭无泪的眼眶。倘使演剧的伶人，其体态美丽可爱，歌喉清越悦耳，则此小有才的演技已够使观众感到满足了。要是演来真有精彩的话，则每一个身段、每一种姿态都能使人起一种美感，而每一个模样儿，都可说是出色的画面。依乎此理，梅兰芳之所以深受美国人士的热烈欢迎，根本上是对的，虽说他的歌唱，究有若干值得被赞美的艺术价值，犹成问题。人们惊慕他的美丽的模样儿，他的玉葱样的雪白的指尖儿，他的颀长而乌黑的眉毛，他的女性型的婀娜的步态，他的卖弄风情的眼波和他全部伪饰女性美的装束——这些条件就是迎合全国无数戏迷心理的骨子。当这样的演技出自如一位伟大的艺术家，他的迎合观众心理是混同全世界的，是超国界的，因为他用姿态来表白了语言。姿态是国际性的，一似音乐舞蹈之无国界隔别。至以现代意识来论戏剧演技，则梅兰芳怕还需要跟璐玛·希拉（Norma Shearer）、鲁斯·查特顿（Ruth Chatterton）学学初步演剧术才是。当他捏了马鞭而装作上马的姿势，或当他摆着划桨假做摇船的模样，那他的演技恰恰跟著者的一个五岁小女儿所做的不相上下，吾的女儿的骑马法则用竹竿夹于两腿之间而拖曳之也。

倘吾们研究元剧及其以后的戏曲，吾们将发现其结构常如西洋歌剧一般，总不脱浅薄脆弱之特性，对话不被重视而歌曲成为剧之中心。实际表演时又常选其中最盛行最精彩的几段歌剧，而不演全部戏剧，恰如西洋音乐会中的歌剧选唱。观众对于所观的戏剧，其情节大率都先已很熟悉于胸中，而剧中的角色，则由其传统规定的脸谱和服装而辨识，不在乎对话之内容而表明。初期的元剧见之于现存的大名剧家作品者，全剧都包括四折，很少有例外者。每折中的歌曲是依照著名的大套乐曲，采取其中一调，然后依其声调拍子谱成歌词，对话不居重要位置，许多古本戏曲中，对话且多被节删，这是大概因为对话部分，大多系台上表演时临时说出的。

在所谓北曲中，每一折中的曲词，乃自始至终由一个人单独歌唱，虽有许多角色在剧中表演和讲对话，但不担任歌唱的任务——

大概因为歌唱人才的缺乏。南曲中则演剧技术上的限制不若北曲之严,故具有较大之自由伸缩性。南曲系由北曲繁衍而来,全剧不限四出,故为较长之剧本,这种南曲盛于明代,称为传奇(一出剧情之长度,约等于英国戏剧的一幕)。北曲每折一调一韵到底,传奇则一出不限一调,且可换韵,故其腔调抑扬有致,不同于北曲(一折即一出)。

北曲可以《西厢记》《汉宫秋》(描写昭君出塞和番故事)为代表作,南曲可以《拜月亭》《琵琶记》为代表作。《西厢记》全剧十出,然依其进行顺序的性质而区分之,可分为五本,每本仍为四出。

中国歌剧与西洋歌剧,二者有一重要不同之处。在欧美,歌剧为上流人士的专利品,此辈上流人士之上歌剧院,大多为社交上之吸引力,非真有欣赏音乐之诚心;至于中国歌剧则为贫苦阶级的知识食粮,戏曲之深入人心,比之其他任何文学与艺术为深刻。试想一个民族,它的群众而熟习唐豪叟(Tanhhauser)、崔斯坦与伊索德(Tristah and Isolde)和萍奈福(Pinafore)的歌曲,还能优游风趣地讴歌哼唱于市井街头,或当其失意之际,也来唱它几句,泄泄晦气,那你就获得中国戏曲与中国人民所具何等关系之印象。中国有种嗜好戏剧成癖的看客,叫做戏迷,这是中国所特有的人物,其性质非欧美所知。你往往可以看见下流社会的戏迷,头发蓬松,衣衫褴褛,却大唱其《空城计》。在古老的北京城市街中,且常有摆手作势,大演其诸葛亮之工架者。

异国人之观光中国戏院者,常吃不消锣鼓的嘈杂嚣噪声浪,每当武戏上场,简直要使他大吃一惊。与锣鼓声同样刺激神经的为男伶强做高音的尖锐声,而中国人显然非此不乐。大体上这情形应归因于中国人的神经本质,无异于美国人的欣赏萨克斯风

（Saxophone）及爵士音乐，这些可使任何一位中国大爷搅得头痛。真是无独有偶！一切的一切不过是顺应环境的问题。中国戏院子里头锣鼓的起源和矫饰尖锐声之创始，只有明白了中国剧场的环境以后，才能理会得。

中国剧场的流行式样，大多用木板布篷架搭于旷场之上，形如伊丽莎白时代的戏院。大概情形，戏台系用临时木架搭成，台面离地甚高，而又露天，有时则适搭于大道上面，盖演唱完毕，便于撤卸。剧场既属露天，伶人的声浪得与合场小贩的嘈杂叫卖声竞争——卖饴糖的小锣声，理发匠轧刀声，男女小孩的呼喊号哭声，以至犬的叫吠声。处乎这样喧哗哄闹声上面，只有逼紧声带，提高喉咙，才能勉强传达其歌唱声于观众。这样情形，人人都可以去实地体验。锣鼓的作用，也在所以吸引注意力，它们都是演剧前先行敲击，所谓闹场，其声浪可远传之一里以外，这就代替了影戏广告之街头招贴。但既已有了现代化的戏院建筑，还须沿用此等声响，未免可怪。不过中国人好像已习惯于此，好像美国人的习熟于爵士音乐。时代将抹去这些残迹，中国的戏剧最后总会静雅而文明化起来，只要把剧院建筑现代化。

从纯粹的文学观点上观察，中国的戏曲，包括一种诗的形式，其势力与美质远超于唐代的诗，著者深信，唐诗无论怎样可爱，吾们还得从戏曲与小调中寻找最伟大的诗。因为正统派的诗，其思想格调总摆脱不了传统的固定范型。它具有修养的精美技巧，但缺乏豪迈的魄力与富丽的情调。一个人先读了正统派诗然后再读戏曲中的歌词（中国戏曲，前面已经指出，可认为诗歌的集合），他所得到的感觉，恰如先看了插在花瓶中的美丽花枝，然后踱到开旷的花园里，那里其繁锦富丽另是一番景象，迥非单调的一枝花可比了。

中国的诗歌是雅致洁美的，但总不能很长，也从不具阔大闳深的魄力。由于文体之简净的特性，其描写叙述势非深受限制不可。至于戏曲中的歌词，则其眼界与体裁大异，它所用的字眼，大半要被正统派诗人嗤之以鼻，认为俚俗不堪的。因为有剧中的形象之出现，戏剧场面的托出，需要范围较广之文学魄力，他当然不能就范于正统派的诗歌界域之内。人的情感达到一种高度，非短短八行的精雅律诗体所能适应了。所写的语言的本身，即所谓白话，已解脱了古典文学的羁绊，获得天然而自由的雄壮的美质，迥非前代所能梦想得到。那是一种从人们口角直接取下来的语言，没有经过人工的矫揉修饰而形成天真美丽的文字，从那些不受古典文学束缚的作家笔下写出来。他们完全依仗自己的声调与音乐艺术的灵感。几位曲大作家，就把土语写进去，保存它固有的不可模拟的美，它简直不可翻译，也不能翻译成现代中文；不可翻译，也不能翻译成别国语言。比如像下面马致远所作的《黄粱梦》中的一节，欲将其译为外国语言，只能勉强略显其相近的意思而已：

> 我这里稳丕丕土坑上迷颩没腾的坐，
> 那婆婆将粗剌剌陈米来喜收希和，
> 的播那塞驴儿柳阴下舒着足，乞留恶滥的卧，
> 那汉子脖项上婆娑，没索的摸。
> 你早则醒来了也么哥！
> 你早则醒来了也么哥！
> 可正是窗前弹指时光过。

戏剧歌词之作者，得适应剧情之需要，故其字句较长，并得插入格外的字眼，韵律亦较宽而适宜于剧曲所用的白话文，宋词韵律比较自由的特长，导源于歌行，现以之应用于曲调中，故长短行之韵律，

早经现成的准备成熟,这种韵律乃所以适应白话而非所以适应文言者。在戏曲里头,韵律来得更为宽松。下面所摘的《西厢记》——这是中国文学的第一流作品——中的一节,为不规则韵律的一示例。这一节是描写女主角莺莺的美丽的:

未语人前先腼腆,樱桃红绽,玉粳白露,半晌恰方言。

当她转身见其侧形的时候,她的美艳的姿容像下面的描写着:

我见他宜嗔宜喜春风面,偏宜贴翠花钿。
宫样眉儿新月偃,斜侵入鬓云边。

当她轻移莲步,又这样地描写:

行一步可人怜,解舞腰肢娇又软,
千般袅娜,万般旖旎,似垂柳晚风前。

戏剧既挟有广大的普遍势力,它在中国民族生活上所占的地位,很相近于它在理想界所处的逻辑的地位。除了教导人的对于音乐的挚爱,它教导中国人民(百分之九十为非知识阶级)以历史知识,惊人动魄,深入人心。逸史野乘和完全历史的文学传说,对于剧中人物的传统观念,控制普通男女的心和理想。这样,任何老媪都能认识历史上的英雄像关羽、刘备、曹操、薛仁贵、杨贵妃,其具体概念较优于著者,盖她们都从戏台上瞧得烂熟。至于著者童年时代,因为受的教会教育,观剧很受拘束,只能从冷冷清清的历史书本,一桩一桩零星片段地读着。未到二十岁,我知道了许多西洋故事,知道了约书亚

（Joshua）的喇叭吹倒耶利哥（Jericho）的城墙。可是直到近三十岁，才知道孟姜女哭夫哭倒万里长城的故事，像这样的浅陋无知在非知识阶级中倒不容易找得出。

戏剧除了普遍广布历史与音乐于民间，也具有同等重要的教育功用，供给人们以一切分解善恶的道德意识，实际上一切标准的中国意识，忠臣孝子，义仆勇将，节妇烈女，活泼黠诡之婢女，幽静痴情之小姐，现均表演之于戏剧中。用故事的形式来扮演各个人物，人物成为戏剧的中心，孰为他们所憎，孰为他们所爱，他们深深地感受着道德意识的激动。曹操的奸诈，闵子骞的孝顺，卓文君的私奔，崔莺莺的多情，杨贵妃的骄奢，秦桧的卖国，严嵩的贪暴，诸葛亮的权谋，张飞的暴躁，以及目莲的宗教的圣洁——他们都于一般中国人很熟悉，以他们的伦理的传统意识，构成他们判别善恶行为的具体概念。

下记的一段《琵琶记》故事，乃所以显示戏剧广被于中国民众的道德势力的一种。《琵琶记》那样的故事，对于家庭的节孝，直接激发一种赞美心理，此种节孝心理已普遍地控制着民众的理想。《琵琶记》的长处，不在乎现代意识中所称的戏剧的一贯性，它的全剧分至四十一出，剧情演进时期延长至数年之久；也不在乎意象之美雅，《牡丹亭》在这方面远胜于它；也不在乎美丽的诗的辞藻，这方面，《西厢记》远胜于它；也不在乎热情的浓郁，这方面，应较《长生殿》为逊色；但是《琵琶记》终不失其崇高之声望，纯因其表扬家庭间孝与爱的动人。此等美德，常在中国人心上抓握住温热的情愫。它的影响尤为真实而典型的。

东汉之季，有蔡邕者，沈酣六籍，贯串百家，抱经济之奇才，当文明之盛世。本取功名如拾芥，奈以白发双亲，未尽孝养，倒不如聊承菽水之欢，暂罢青云之想。新娶妻赵氏五娘，才方两月，仪容俊雅，德行幽闲，正是夫妻和顺，父母康宁。是年适值大比之年，郡中有吏譬如蔡邕。惟路途遥远，旅程羁延，深恐经年累月，尽忠则不能尽孝，尽孝则不能尽忠。卒以严父之命，入京应试。自是膝下承欢唯五娘是赖。

殿试发榜之日，邕以首甲状元登科，朝为田舍郎，暮登天子堂。时丞相牛公，膝下单生一女，美而慧，颇属意于邕，邕虽不愿弃糟糠之妻，然逼于权势，竟入赘牛府。成礼之日，虽备极荣贵，邕悒悒寡欢，心未尝一刻不思五娘也。牛小姐侦知其情，颇有意玉成邕志，乃白于父，请许新夫妇回乡一度省亲。丞相殊不悦，因未能成行。

是时邕家中景况日非，五娘赖纤纤十指，略事女红，支撑全家生活，已自艰难，哪堪复遭饥荒。所幸当地有义仓开赈，五娘亦领得施米一份，弱息可欺，归途中动歹徒之觊觎，尽劫其所有以去。五娘悲不欲生，将就道旁露井而跃入。继念家中二老，侍养须人，义不容死，因欲跃又止。无奈，诣邕友张老处借得白米一把，归奉二老，而五娘暗中自食糠秕。不久，邕母谢世，其老父又卧病甚剧。五娘独侍汤药，夜不交睫。旋蔡翁亦继之去世。五娘戄其断发而葬之。承张老之助，五娘为翁姑手筑茔墓，疲极而晕，倒卧于墓旁。梦土地神怜其境遇，遣二鬼役助之工作。及醒，则坟墓已完成。五娘惊喜，以之告张老。

张老因劝五娘入京寻访丈夫。五娘以为然，乃就记忆所及，手自描一丈夫之画像，易尼姑装，抱琵琶沿途行乞至洛阳。适是时洛阳佛会甚盛，五娘至庙中张挂其丈夫画像于热闹处。是日，邕诣庙会行香，睹之，取此画像而归。次日，五娘踪至相府，尽为尼姑求施舍者。事为牛小姐所闻，亲迎入府，且谋戏试其丈夫之真情,终得双妻团圆,受天子之荣典。

这样的情节,便是一出戏剧获在中国著名而流行的要素。故事既具有此高贵的素质,使它受中国人之吸引之欢迎一似社会动态受英国报纸读者的同情。故事中有科举考试,这在中国故事中有关各人的命运变动,故为重要关键。吸引力之尤大者为叙述一节义的妻子和恳挚的女儿;一对年老的父母需要扶养;一个患难中的忠实朋友;一位模范的夫人,她不妒忌情敌;最后一个高官,权势煊赫,得意忘形。这是中国戏剧的几种本质,一般民众之知识食粮即赖以供给。此同样的性质,使《赖婚》(Way Bound East)、《慈母泪》(Over the Hill)两张影片在中国大大地出了风头。这样的情形,也可以显示中国人为唯一易为感情所动的民族,具有多愁善感的弱点。

十 小说

中国小说家常有一种特殊心理,他们自以为小说之写作,有谬于儒教,卑不足道,且惧为时贤所斥,每隐其名而不宣。举一比较晚近的例子,像十八世纪夏二铭写的《野叟曝言》。他写得一手高论卓识的好古文和美丽的诗词,也有不少游记传记,其笔墨固无异于一般正统派文学家传统的典型,现均收集于《夏懋修全集》。但是他又写了《野叟曝言》,可是《野叟曝言》不具撰著人姓名。他的为《野叟曝言》的撰著人是明确的,可从他自己的诗文集里头的文字来证明。然而直到一八九〇年秋,他的孝忠的曾孙替他重印《夏懋修全集》,俾传夏君之名于不朽,无论这位曾孙是不敢还是不愿意,总之他没有把这部小说收入集子里头,其实这部小说倒是夏君的不容争辩的最佳文学作品。又似《红楼梦》，直到了一九一七年，始由胡适博士的考证，确定其著作人为曹雪芹，他无疑是中国最伟大的散文作家之一，也可以说是空前绝后的唯一散文大师（就白话文而言）。吾人至今还不甚明了《金瓶梅》的著者究为谁何。吾们又至今未能决定施耐庵、罗贯中二人之间，究属谁是《水浒传》的真正作者。

《红楼梦》的开场和结尾便是此种对待小说态度的特征。你且看他怎样说法：

> 却说女娲氏炼石补天之时，于大荒山无稽崖炼成高十二丈宽二十四丈的顽石三万六千五百零一块，那娲皇只用了三万六千五百块，单单剩下一块未用，弃在青埂峰下。此石后经一僧一道携向红尘走了一遭，又经过了不知几世几劫，因有个空空道人访道求仙，从这大荒山无稽崖青埂峰下经过，忽见一块大石，上面字迹分明，编述历历；上面叙着堕落之乡，投胎之处，以及家庭琐事，闺阁闲情。空空道人看了一回，晓得这石头有些来历，从头到尾，抄写回来，问世传奇。后因曹雪芹于悼红轩中披阅十载，增删五次，纂成目录，分出章回，并题一绝，即此便是《石头记》的缘起。诗云：
> 满纸荒唐言，一把辛酸泪。
> 都云作者痴，谁解其中味。

这故事的结束，正当此深刻的人间活剧演到最悲惨紧张的一刻，那时主角贾宝玉削发出家，他那多情善感的灵性已回复了女娲氏所炼的顽石的原形，那个先前的空空道人又从青埂峰下经过，他瞧见那补天未用之石仍在那里，上面字迹，于后面偈文后，又历叙了多少收缘结果的话头，因再抄录一番，袖了转辗寻到悼红轩来，递示给曹雪芹先生。曹雪芹笑道："既是假语村言，但无背谬矛盾之处，乐得与二三同志，酒余饭饱，雨夕灯窗之下，同消寂寞，又不必大人先生品题传世。似你这样寻根究底，便是刻舟求剑，胶柱鼓瑟了。"那空空道人听了，仰天大笑，掷下抄本，飘然而去。一面走着，口中说道："果然是敷衍荒唐，不但作者不知，抄者不知，并阅者亦不知。不过游戏笔墨，陶情适性而已。"又据说后人见了这本传奇，亦曾题过四句诗，为作者缘起之言：

说到辛酸处，荒唐愈可悲。
由来同一梦，休笑世人痴。

这虽是些荒唐无稽之谈，却是说来很悲郁，很动人，倒也十分佳妙。因为这些文章是随兴之所至，为了自寻快乐而倾泻出来。他的创作，完全出于真诚的创作动机，不是为了爱金钱与名誉。又因为它是正统文学界中驱逐出来的劣子，反因而逃避了一切古典派传统的陈腐势力。小说的著作人非但绝不能获得金钱与名誉的报酬，且有因著作小说而危及生命安全的。

江阴乃《水浒传》作者施耐庵的故乡，至今仍流传一种传说，述及施耐庵逃脱生命危险的故事。据说施耐庵真不愧为一位具有先见之明的智士。原来他当初不欲服仕于新建的明朝，写了这部小说，度着隐居的生活。有一天，明太祖跟刘伯温游幸江阴，刘伯温为施耐庵的同学，那时因为赞襄皇业有功，朝廷倚为柱石，施耐庵所著的那部《水浒传》的稿本，放在桌子上，这一次恰给刘伯温瞧见，他马上认识施耐庵的天赋奇才，不由因妒生妒，起了谋害之意。当是时，朝廷新建，大局未臻稳定，对于人民思想多所顾忌。乃施耐庵的说部其内容处处鼓吹"四海之内，皆兄弟也"的平民思想，连强盗也包括在内，未免含有危险因素。刘伯温根据这个理由，有一次乃上奏圣天子请旨宣召施耐庵入京受鞫讯。及圣旨抵达，施耐庵发现《水浒传》稿本被窃，私计此番入京，凶多吉少，因向友人处张罗得白银五百两，用以贿赂舟子，叫他尽量延缓航程。因得在赴南京途中赶快写完了一部幻想的神怪的小说《封神榜》，叫皇帝读了相信他患了神经病，在此假疯癫遮掩之下，他得以保全了性命。

自是以后，小说在不公开的环境下滋长发育起来，有如野草闲花对踽踽独行的游客作斜睇，无非尽力以期取悦而已，像野草闲花之生长于硗瘠不毛之地，小说之滋兴，全无培育浆液之优容环境。它的出世，非有所望于报酬，纯粹出于内在的创作动机。有时这种野生植物隔个二十多年才开放一次鲜葩，可是这难得开放的鲜葩不开则已，开放出来的花朵真是说不尽的绮丽光辉！这样的鲜花不是轻易取得生存的，它洒过生命的血始得鲜艳地盛放一回，卒又萎谢而消逝。这就可以比喻一切优美的小说和一切优美小说的本源。塞万提斯（Cervantes）这样写法，薄伽丘（Boccaccio）也是这样写法，他们纯粹出于创作的兴趣，金钱毫无关涉于其间。即在现时代有了版税版权的保障，金钱仍为非预期的目的。无论多少金钱决不能使无创作天才的人写出好的作品来，安逸的生活可以使创作天才者从事写作为可能，但安逸生活从不直接生产什么。金钱可以把狄更斯（Charles Dickens）送上美洲的旅途，但不能产生《块肉余生录》（*David Copperfield*，《大卫·科波菲尔》）。吾们的大作家，像笛福，像菲尔丁（Fielding），像曹雪芹、施耐庵，他们的所以写作，因为他们心上有一桩故事，非将它发表不可，而他们是天生的讲故事者。天好像有意把曹雪芹处于荒淫奢华的家庭环境中，卒因浪费无度，资产荡析，然后一旦豁悟，看穿了人生的一切空虚，及其晚年，已成穷儒，度其余生于朽败之第舍中，不时追忆过去之陈迹，宛若幻梦初醒，此梦境乃时而活现于幻想中，常使他觉得心头有一桩心事,以一吐为快,于是笔之于书,吾们便称之为文学。

依著者之评价,《红楼梦》诚不愧为世界伟大作品之一。她的人物描写,她的深切而丰富的人情,她的完美的体裁与故事,足使之当此推崇而无愧色。她的人物是生动的,比之吾们自己的生存的朋友还要来得跟吾们接近熟悉而恳挚,而每一个人物,只消吾们听了他的说话的腔调,吾们也很能熟识他是谁了。总之她给了吾们一桩值得称为伟大的故事。

瑶台琼馆,一座瑰丽谲皇的大观园,富贵荣华,一个世代簪缨的大宦族,那儿姊妹四人和一个哥儿,又来了几个姿容美艳的表姊妹,彼此年岁相若,一块儿耳鬓厮磨地长大起来,过着揄揶戏谑的快乐生活;几十个绝顶聪明而怪迷人的婢女,有的性情温文而阴密,有的脾气躁急而直爽,也有几个跟主子发生了恋爱;也有几个不忠实的佣仆老婆闹了一些吃醋丑闻的穿插。一位老太爷常年在外服官,居家日少,一切家常琐务,委于二、三媳妇之手,倒也处理得井井有条,那个最能干、最聪明、最饶舌、最泼辣、最可爱的媳妇,便是凤姐儿,却是个根本不识字的娘儿。主角贾宝玉,是一个正当春情发动期的哥儿,有着伶俐聪明的性情,端的爱厮混在脂粉堆里,照书上的说法,他是给仙界遣送下凡来历劫,叫他参透情缘便是魔障的幻境。宝玉的生活,跟中国许多大家族中的独嗣子一样,受着过分的保护,尤其是他的老祖母的溺爱,那位祖母老太太是家族至高的权威者。但宝玉也有一个见了怕的人,便是他的父亲,宝玉一见了父亲便吓得不敢动弹。大观园中的姊妹们,个个喜欢宝玉,而宝玉的饮食起居,都是让几个婢女来照顾着,她们服侍他洗浴,以至通夜守护着他的睡觉。他钟情林黛玉,黛玉是一个没了父母而寄居于贾家的小姑娘,却是宝玉的表姊妹,她是一个多愁善病的姑娘,她患着消化不良症,喝着燕窝汤过日子,可是她的美丽和诗才都胜过她的姊妹们,她的爱宝玉完全出于纯洁的真挚的处女的心。宝玉的另一个表姊妹是薛宝钗,她也爱着宝玉,不过她的热情是含蓄而不露的,她的性情则比较的切实,从老辈看来,她比之黛玉是较为适宜的妻子。最后乃由几位老太太做主,瞒过了宝玉和黛玉,定下了娶宝钗的亲事。黛玉直等到宝玉和宝钗即将成婚的时候,才得到这个消息,这使她歇斯底里地狂笑了一阵子,一缕香魂脱离这个尘世,而宝玉一直不知道这个消息,直等到成婚的一夜,宝玉觉察了自己的父母亲的诡局,变成痴呆呆的呆子,好像失去了魂魄,最后,他出了家。

这样详详细细都是描写一个大家族的兴衰。其家族的不幸环境之渐次演进,至故事之末段令人丧气;它的欢乐的全盛时期过去了,倾家荡产的险象笼罩着每个人的眉头,无复中秋月下的盛宴,但听得空寂庭院的鬼哭神号;美丽的姑娘长大起来了,各个以不同的命运嫁到个别的家庭去了;宝玉的贴身侍女被遣送而嫁掉了,而最不幸的晴雯保持着贞洁与真情而香消玉殒了。一切幻影消灭了。

假使像有些批评所说,《红楼梦》足以毁灭一个国家,那它应该老早就把中国毁灭掉了。黛玉和宝玉,已成为全民族的情人,不在话下,凤姐的泼辣,妙玉的灵慧,一个有一个的性格,一个有一个的可爱处,每个各代表一种特殊的典型。欲探测一个中国人的脾气,其最容易的方法,莫如问他欢喜黛玉还是欢喜宝钗,假如他喜欢黛玉,那他是一个理想主义者;假使他赞成宝钗,那他是一个现实主义者。有的喜欢晴雯,那他也许是未来的大作家;有的喜欢史湘云,他应该同样爱好李白的诗。而著者本人则欢喜探春,她具有黛玉和宝钗二人品性糅合的美质,后来她幸福地结了婚,做一个典型的好妻子。宝玉的个性分明是软弱的,一点没有英雄的气概,不值得青年崇拜。但不问气概如何,中国青年男女都把这部小说反复读过七八遍,还成立了一门专门学问叫做"红学",其地位之尊崇与研究著作的卷帙之浩繁,不亚于莎士比亚与歌德著作的评注书。

《红楼梦》殆足以代表中国小说写作艺术的水准高度,同时它也代表一种小说的典型。概括地说,中国小说根据它们的内容,可以区分为下述数种典型。它们的最著名的代表作兹罗列于下:

一、侠义小说——《水浒传》
二、神怪小说——《西游记》
三、历史小说——《三国演义》
四、爱情小说——《红楼梦》
五、淫荡小说——《金瓶梅》
六、社会讽刺小说——《儒林外史》
七、理想小说——《镜花缘》
八、社会写实小说——《二十年目睹之怪现状》

严格地分类,当然是不容易的。例如《金瓶梅》虽其五分之四系属猥亵文字,却也可算为一部最好的社会写实小说,它用无情而灵活的笔调,描写普通平民,下流伙党,土豪劣绅,尤其是明代妇女在中国的地位。这些小说的正规部类上面,倘从广义的说法,吾人还得加上故事笔记,这些故事都是经过很悠久的传说,这样的故事笔记,莫如拿《聊斋志异》和《今古奇观》来做代表。《今古奇观》为古代流行故事中最优良作品的选集,大多系经过数代流传的故事。

著者曾把许多中国小说依其流行势力的高下加以分级,倘把街市上流行的一般小说编一目录,则将显出冒险小说,中国人称为侠义小说者,允居编目之首。这是一个奇怪的现象,因为侠义和勇敢的行为,时常受到父母教师的训斥摧抑,这种心理不是难于解释的。在中国，侠义的儿子容易与巡警或县官冲突，致连累及整个家族，这班儿孙常被逐出家庭而流入下流社会；而仗义行侠的人民，因为太富热情，太关怀公众，致常干涉别人事务，替贫苦抱不平，这般人民常被社会逐出而流入绿林。因为假使父母不忍与他们割绝，他们或许会破碎整个家庭——中国是没有宪政制度的保障的。一个人倘常替贫苦被压迫者抱不平，在没有宪法保障的社会里一定是一个挺硬的硬汉。很明显那些剩留在家庭里头和那些剩留在体面社会里头的人是不堪挫折的人，这些中国社会里的安分良民是以欢迎绿林豪侠有如一个纤弱妇人之欢迎面目黧黑、胸毛蓬蓬、络腮胡子的彪形大汉。当一个人闲卧被褥中而披读《水浒传》，其安适而兴奋，不可言喻，读到李逵之闯暴勇敢的行径，其情绪之亢激舒畅更将何如？——记着，中国小说常常系在床卧读着。

神怪小说记载着妖魔与神仙的斗法，实网罗着大部分民间流传之故事，这些故事是很贴近中国人的心坎的，本书第三章《中国人的心灵》中，曾指出中国人的心理，其超自然的神的观念，常常是跟现实相混淆的，《西游记》，理查兹博士（Dr.Timothy Richards）曾把它摘译成英文，称为《天国求经记》（*A Mission to Heaven*），系叙述玄奘和尚的印度求经的冒险壮举，可是他的此番壮举却是跟三个极端可爱的半人形动物做伙伴。那三个伙伴是猴子孙悟空、猪猡猪八戒和一个沙和尚。这部小说不是原始的创作，而是根据于宗教的民间传说的。其中最可爱最受欢迎的角色，当然是孙悟空，他代表人类的顽皮心理，永久在尝试着不可能的事业。他吃了天宫中的禁果，一颗蟠桃，有如夏娃（Eve）吃了伊甸乐园中的禁果，一颗苹果，乃被铁链锁禁于岩石之下受五百年的长期处罚，有如盗了天火而被锁禁的普罗米修斯（Prometheus），适值刑期届满，由玄奘来开脱了锁链而释放了他，于是他便投拜玄奘为师，担任伴护西行的职务，一路上跟无数妖魔鬼怪奋力厮打战斗，以图立功赎罪，但其恶作剧的根性终是存留着，是以他的行为的现行表象一种刁悍难驭的人性与圣哲行为的斗争。他的头上戴着一顶金箍帽，无论什么时候只要当他兽性发作，犯了规，他的师父玄奘便念一首经咒，立刻使他头上的金箍愈逼愈紧，直到他的脑袋痛得真和爆裂一样，于是他不敢发作了。同时猪八戒表象一种人类兽欲的根性，这兽欲根性后来经宗教的感化而慢慢地涤除。这样奇异的人物作此奇异的长征，一路上欲望与诱惑的抵牾纷争不断出现，构成一串有趣的环境和令人兴奋的战斗，显神通，施魔力，大斗法宝，孙悟空在耳朵里插一根小棒，这根小棒却可以变化到任何长度。不但如此，他还有一种本领，在腿上拔下毫毛，可以变成许许多多小猴子助他攻击敌人，而他自身也能变化，变成各色各样的动物器具，他曾变成鹭鸶，变成麻雀，变成鱼，或变成一座庙宇，眼眶做了窗，口做了门，舌头做了泥菩萨；妖魔一不留神，跨进这座庙宇的门槛，准给他把嘴巴一合，吞下肚去。孙悟空跟妖魔的战斗尤为神妙，大家互相追逐，都会驾雾腾空，入地无阻，入水不溺，这样的打仗，怎么会不令小弟弟听来津津有味？就是长大了的青年，只要他还没有到漠视米老鼠的程度，总是很感兴趣的。

爱谈神怪的习气，不只限于神怪说部，它间入各式各样的小说，甚至像第一流作品《野叟曝言》亦不免受此习气之累，因而减色。《野叟曝言》为侠义兼伦理说教的小说。爱谈神怪的习气又使中国侦探故事小说如《包公案》为之减色，致使其不能发展为完备的侦探小说，媲美欧美杰作。它的原因盖缘于缺乏科学的伦理观念和中国人生命的轻贱。因为一个中国人死了，普通的结论就只是他死了也就罢了。包公可算是中国历史上的一个大侦探家，本人又为裁判官，他的解决一切隐秘暗杀案件乃常赖梦境中的指示，而不用福尔摩斯那样论理分析的头脑。

中国小说结构松懈，颇似劳伦斯（D.H.Lawrence）的作品，而其冗长颇似俄罗斯小说中之托尔斯泰（Tolstoy）和陀思妥耶夫斯基（Dostoivsky）的作品。中国小说之和俄罗斯小说的相像是很明显的。大家都具备极端写实主义的技术，大家都沉溺于详尽，大家都单纯地自足于讲述故事，而缺欧美小说的主观的特性。也有精细的心理描写，但终为作者心理学识所限，故事还是硬生生地照原来的故事讲。邪恶社会的逼真的描写，《金瓶梅》丝毫不让于《卡拉马佐夫兄弟》（*The Brothers Karamazov*）。爱情小说一类的作品，其结构通常是最佳的，社会小说虽在过去六十年中盛行一时，其结构往往游移而散漫，形成一连串短篇奇闻逸事的杂锦。正式的短篇小说则直到最近二十年以前，未有完美之作品出世。现代新作家正竭力想写出一些跟他们所读过的西洋文学一样的作品，不论是翻译的还是创作的。

大体上中国小说之进展速度很可以反映出人民生活的进展速度，它的形象是庞大而驳杂的，可是其进展从来是不取敏捷的态度的。小说的产生，既明言是为了消磨时间，当尽有空闲时间可供消磨，而读者亦无须乎急急去赶火车，真不必急急乎巴望结束。中国小说宜于缓读，还得好好耐着性儿。路旁既有闲花草，谁管行人闲摘花？

十一　西洋文学之影响

当两种不同的文化接触，那较丰富的一种将向外灌输而较贫弱的一种将接受之，这是自然而合乎逻辑的。但事实似有使人难以置信者，便是文化的向外灌输，其蒙受幸福却是胜于承受外来文化者。中国在最近三十年间，文学与思想方面分明进步了不少，这应该说是全部仰赖于西洋文化的输入。此种承认西洋文学内容丰富之一般的优越，在自号"文学国家"的中国人听来，未免为之大吃一惊。五十年前，中国人对于西洋的印象只是炮舰；三十年前，又多了西洋政治制度的印象；到了二十年前，他们发觉西洋甚至也有很优美的文学；而现在，人们方徐徐发觉西洋甚且有较优越的社会意识与礼俗风尚。

这对于一个老大而自傲的国家实在是过大而吞不下咽的一口东西，但以中国之大，或许竟能吞得下去。无论怎样，文学的变动终于临头了。中国文学势不得不在内容方面，在体裁方面，遭逢广大的变迁，为过去两千年间所未经见者。直接受了外来的影响，口说的白话轮到被作为文学的手段；语言的解放，从一个深染西洋思想的人提倡起来。它的词汇大大地增富起来，那即是新的概念的增加，科学的、艺术的、文学的，大概总之比之吾们固有思想的故旧材料远较为恰当而确定。赖有此思想原料的新补充，体裁上乃发生新变迁，这体裁的现代化，跟固有的完全换了一个面目。致老学究们无力追随此新的规范——倘叫他写一篇在内容上在体裁上赶得上现代标准的杂志文字，将使他茫然不知所措。不但体裁上发生了变迁，形式上又产生了许多新的文学形式，于是吾们也有了自由诗、散文诗、短篇小说和现代戏剧剧本，而写小说的技巧，尤其大大地修改过。总之，老的批判标准业已废弃，所谓老的批判标准，很近似法国新经典派之阻碍欧洲认识莎士比亚至百五十年之久。吾们现在有较新颖较丰富较宽广的文学理想来代替陈旧的批判眼光，结果使文学与人生获得较接近的和谐，思想获得较完美的正确和生命获得较大的真实性。

当然文化输出的民族是比较友皇的民族，而接触外来文化的民族，由于环境的剧变，总不免引起纷乱。进步是有味的，但进步也是痛苦的。更不止此，进步还是险恶的。青年中国的心田上，掀起了广博的精神风浪，吾们丧失了思想的重心，吾们丧失了欣愉的共通意识。调整守旧与革新间的工作，往往非是常人所能胜任，而现代中国思想界尤具有思维不成熟、性情轻躁、理想浅薄的特性。了解旧的文化固甚困难，而明了新的亦非容易。新的文化含有一些浪漫主义的又有一些自由主义的思想，缺乏批判和理智的重心，极端不能容忍任何旧式的和中国式的一切，无批判地接受每年外来的思想新范型，不断地广泛地搜寻最新作家，从南斯拉夫搜寻诗人，从保加利亚搜寻小说家。对于外人之揭发任何中国的旧有范型，极度敏感，这仅足证其缺乏自信，一个十八世纪的唯理主义，间歇的忧郁与过分的热心，一年一年地追逐新的口号，有似自噬其尾——此等特性，显露于现代中国的作品。

吾们丧失了坚定的和全盘的人生观立场。今日，文学受着政治阴影的笼罩，而作家分成两大营垒，一方面捧出法西斯主义，一方面捧出共产主义，两方面都想把自家的信仰当做医治一切社会病态的万应药膏，虽有明显的思想解放之呼声，可是那排斥异端的旧的心理作用仍然存在，不过穿了一件现代名词的外褂。因为骨子里，中国人的爱好自由，有如爱悦一个外国荡妇，没有真挚的爱情可言。这些是文化变迁过渡期的恶劣一面的形象，但他们到了政治组织上了轨道，灵魂上减少灵智的污点时候，会自然涤荡消灭的。

这些变迁，一切都是由欧洲文学的影响而传来的。这影响自然不限于文学，因为中国在一个收割期收获了所有西洋学术的果实，无论在哲学方面、心理学方面、科学方面、工艺学方面、经济学方面和其他一切包括于现代精密法则的文化者。甚至小孩子的游戏、歌唱、舞蹈，现在也都输入了进来。文学进步的真正结果，已概述于《文学革命》的一节中，此影响为翻译欧洲作品之直接结果。试一观此等翻译的内容与种类，将显示此影响之形式与程度。

一九三四年的《中国图书年鉴》载有一罗列最近二十三年来翻译的诗歌、短篇小说、长篇说部的书篇名单，原作之国籍达二十六国。这一张表未见得是完全的，但很够供给我们眼前的参考。倘将原作者国籍依作原著者人数之多寡顺次排列，则英国四十七人，法国三十八人，俄国三十六人，德国三十人，日本三十人，美国十八人，意大利七人，挪威六人，波兰五人，西班牙四人，匈牙利三人，希腊三人，阿非利加二人，犹太二人，其余则瑞典、比利时、芬兰、捷克、奥国、拉脱维亚、保加利亚、南斯拉夫、波斯、印度、暹罗、叙利亚各得一人。

先查考从英国翻译的作品，则主要小说作家为：艾略特（Eliot）、费尔亭、笛福（《摩尔·弗兰德斯》亦经译出）、金丝莱（Kingsley）、斯威夫特、高尔史密斯（Goldsmith）、勃朗特姊妹（Bronte，《洛雪小姐游学记》和《狭路冤家》）、斯科特（Scott）、康拉特（Conrad）、加斯刻尔夫人（Gaskell）、狄更斯（《老古玩店》《大卫·科波菲尔》《雾都孤儿》《董贝父子》《尼古拉斯·尼克尔贝》《双城记》《圣诞颂歌》《艰难时世》）、哈葛特（Haggard）的笔墨经过林纾译笔的渲染，获得的声誉还远过于原作的地位。诗人的主要者为：斯宾塞（Spenser）、布朗宁（Browning）、彭斯（Burns）、拜伦（Byron）、雪莱（Shelley）、华兹华斯（Wordsworth）、道生（Dowson）。五种莎士比亚戏剧（《威尼斯商人》《皆大欢喜》《第十二夜》《亨利第六遗事》《罗密欧与朱丽叶》）亦经几位译者译出。戏剧的主要作者为：高尔斯华绥（七种剧本）、比内罗（Pinero）、琼斯（Jones）、谢立丹（Sheridan，《造谣学校》）和萧伯纳（Shaw，《华伦大人之职业》《英雄与美人》《人与超人》《卖花女》《鳏夫的房产》《好逑者》等）。爱尔兰作家可以约翰沁孤（Synge）、邓萨奈（Dunsany）为代表。论文作家主要者为：兰姆（Lamb）、木涅特（Bennett）、马克斯·贝尔鲍（Max Beerbohm）。巴莱（Barrie）和王尔德（Wilde）引起了中国文艺界的广大注意，《少奶奶的扇子》有两种译本，《莎乐美》有三种译本，《道连·格雷的画像》和《狱中记》亦经译出。威尔斯（H.G.Wells）的《世界史纲》一书最为出名，其余的作品为《时间机器》《月球上的第一批人》。哈代（Hardy）则仅以其短篇小说及诗著称于中国，虽哈代之名传遍一时。曼斯菲尔德（Mansfield）经故徐志摩之推荐，亦甚著名。这一张名单包括那些作者的文学作品经译成中文而有单行本印行的，但当然并不包括别种著作的作者像罗素，他的影响力是非常之大的。

在法国方面，较重要的作家为：巴尔扎克（Balzac）、莫里哀（Moliere）、莫泊桑（Maupassant，全部作品）、法朗士（France九种著作已经译出，《黛丝》有两种译本）、纪德（Gide）、伏尔泰（Voltaire，《甘地传》）、卢梭（Rousseau，《忏悔录》《爱弥儿》）、左拉（Zola）、福楼拜（Flaubert，《包法利夫人》三种译本，《萨郎波》及《坦白》）、大仲马小仲马父子，固已久著盛名，特别是《茶花女》一书几已成为中国人的共同爱物。雨果（Hugo）的代表作为：《海上劳工》《悲剧世界》《巴黎圣母院》《九三年》《艾那尼》《吕克兰斯·鲍夏》《吕布拉》。早期浪漫主义作家以夏多布里昂（Chateaubriand）和圣皮尔（Bernardine de Saint-Pierre）为代表。都德（Daudet）的《萨福》和普兰伏（Prevest）的《漫郎摄实戈》当然是人人爱读的作品。波德莱尔（Baudelaire）享名甚盛，罗丹斯（Rostand）的《西哈诺》亦为一般所爱读。巴比塞（Barbusse）的小说《炮火和光明》各有两种译本，就如罗曼·罗兰（Rolland）的冗长的《约翰·克利斯朵夫》也有了中文译本，他还有《白利与露茜》《孟德斯榜夫人》《爱与死之角逐》等几种的译本。

德国的正统文学，自然推歌德（Goethe）为代表，在他的作品中,《浮士德》《少年维特之烦恼》（两种译本）、《艾格蒙特》《克拉维戈》等都被译成中文。席勒（Schiller）被译出的代表作品有《瓦伦斯坦》《强盗》《奥尔良的姑娘》《威廉退尔》。其余重要作家为：莱森（Lessing,《英雄儿女》）、弗莱塔格（Freytag,《新闻记者》）、海涅（Heine,《哈尔茨山游记》），福沟（Fougue）的《涡堤孩》和施笃姆（Storm）的《茵梦湖》（三种译本）为极端风行的作品。豪普特曼（Hauptmann）以其《火焰》《獭皮》《织工》《寂寞的人们》和新近出版的小说《异端》著称，而他的《池钟》一剧名曾经一度被用为一种杂志的名称。其余为：苏德曼（Sudermann）的《忧愁夫人》以及较为晚出的卫德耿（Wedekind）的《春醒》和弗兰克（Leonhard Frank）的《灵肉的冲突》。

除了几种译本像霍桑（Hawthorne）、斯陀夫人（Mrs.Stowe）、欧文（Irving）、马克·吐温（Mark Twain）和杰克·伦敦（Jack London）寥寥几位的作品以外，一般对于美国文学之注意力，集中于比较现代的作品。其中最享盛名的是辛克莱（Sinclaire），他的盛名乃随着苏联共产主义文学狂潮的勃兴而共来。他的作品之译成中文者，已有十三种之多。而在这一张名单上，似不可忽略果尔德（Michael Gold）的短篇小说和他的说部《无钱的犹太人》。刘易士（Lewis）的作品之较著的译本只有《大街》一种，德莱塞（Dreiser）则为短篇小说集，其实上述二人都是很著名的。奥尼尔（O'Neill）的戏剧有两种（《比利加斯之月》及《天水》）曾经译出。赛珍珠女士（Pearl S.Buck）的《大地》有两种中文译本，其余她的短篇小说及《儿子们》等亦有经译出者。

在短短的两年中（1928—1929），差不多有一百多种苏联文学作品，长篇和短篇，狂热而迅速地蜂拥上中国的出版界，致促起当局之严重注意。这些出版物包括下列诸人的作品：Lunacharsky, Libediensky, Michels, Fadeev, Gladhov, Kollontay, Shishkov, Romanov, Pilniak,

Ognoyov, Sosnovsky, Shaginian, Yakovlev, A.Tolstoy, Deminov, Erenburg, Arosev, Babel, Kasathin, Ivanov, Iva.Luuts Sannikoff, Seyfollina, Bakhmetev, Fedin, A.Serafimovitch, Prishvin, Semenov, Sholokhov, NVNV, Vessely, Zoschenko, Tretiakev, Sobole, Kolosov, Formanov, Figner。这里，吾们不用说未提出革命以前的俄罗斯作家，像普希金、契诃夫、托尔斯泰和屠格涅夫，这几位作家在这个时期以前，已经是很熟悉于中国文坛了。契诃夫的全部著作都经译出，托尔斯泰的作品，译出者计二十种，包括冗长的《战争与和平》（只译出了一部）、《复活》及《安娜小史》。陀思妥耶夫斯基为一般所爱读的作家，他的作品译出者计七种，包括《罪与罚》。屠格涅夫早就出了名，他的作品经译出者有二十一种之多。高尔基横跨两大时代，不用说，是一代的宠儿。安特列夫和阿志巴绥夫，爱罗先珂因为列宁的影响也很受人欢迎。一百零几种后乎革命的苏联作品，其中有二十三种同时有两种译本出版，且有四种作品至有三种译本者。举其享名较盛之作品，则为柯伦泰夫人的《恋爱之路》（两种译本）、革拉特珂夫的《士敏士》（三种译本）、奥古郁夫的《共产党校童日记》（三种译本）、阿志巴绥夫的《沙宁》（三种译本）、绥拉菲靡维奇的许多作品（包括《铁流》）和披里涅克的许多作品。戏剧方面有希什科夫和伊凡诺夫的作品。批评方面有卢那察尔斯基的作品。

  这样大量的产品，好像使幼弱的青年中国一时难于吞咽，中国而倘有消化不良之患，似非可加以谴责者。霍桑和法朗士已不可挽救地过时了，是毫无疑义的。当局对于文艺事业现正瞩视而思有所作为。他们所能施行的方法如何，其后果如何，无人能预料之。检查制度是容易施行的，最近已见之实施。所困难者，在眼前的环境中将拿什么来满足人民。这里有三个方法。第一是谋些好差缺给那班作家，这个方法有时是很有效的，已有例可援。第二为禁止他们表示不满意，这个方法当然是下策。第三为真实地谋民族的福利而使一般感到满足，这光光是检查制度是不行的。中国人民现在可分为乐观主义者与悲观主义者两派，而后者实居大多数。除非是积极进行建设工作，用公直的态度考虑一切，但凭标语口号，华而不实的多言，不会赋予中国以新的生命，不论是共产主义抑或是法西斯主义。上一辈，他们想把中国倒推进古旧的礼教思想的轨道，包括妇女的遮掩生活，寡妇的守节制度的崇拜，结果决不能使青年中国同情。同时，那些共产主义理想者，胁下挟了大部马克思著作，蓄长了乱蓬蓬的头发，口吸苏俄卷烟，不断地攻击这个那个，也不会救得中国的困难。文学这样东西，依著者鄙见，还是文人学士茶余酒后的消遣品，古派也好，新派也好。

第八章
艺术家生活

一 艺术家

就著者所见,中国文明范畴的一切状态中,只有艺术可予世界文化以不朽的贡献。这论点,我想无须乎严重的争辩。至论到中国的科学,无论怎样,未见有可为引以自负者,虽中国的无学理根据的医药学,可贡献给世界,予以丰富的研究与发明之园地。中国的哲学,不会在西方留不朽的印象,因为中国哲学以其中庸、谨饬、和平的特性,永远不会适合欧美人的气质的。这种中国哲学的特性,完全系体力减退的结果,而欧美人的气质则充溢着进取的活力。

为了同一理由,中国的社会组织,也将永不会适合欧美的社会。孔子思想太拘守于事实,道家思想的态度太冷漠,而佛教思想过于消极,不适于西洋积极的人生观。欧美的人民怎样的活动着，他们天天在遣送人员探险北极，在征服太空或打破速度纪录，一定不会变成纯良的佛教徒。著者曾经遇见过几个欧洲和尚，可以借重来作为全体欧洲和尚的标本，他们的说话是那样的洪亮而热切，到底也掩不住他们心底的骚攘的情绪。特殊像吾有一次见过的一个和尚，在他的有力的痛斥欧洲社会的时候，他很想叱咤风云，呼风唤雨，从天宫召硫黄烈焰，一把火把整个欧洲烧个干净。当西洋人披上袈裟，竭力想显出平静消极的态度，只觉得颇堪引人发笑耳。

进而言之，倘把中国看做一个没有艺术理解力的国家是不公平的，中国人某种深深隐藏的心曲，只有从他的艺术的反映中被了解，因为，相貌丑而心灵美的西哈诺·德·贝热拉克（Cyrano de Bergerac），中国精神的最锐敏最精细的感性，是隐藏于那些不甚引人爱悦的表面后面。中国人的呆板无情的容貌底下，隐蓄着一种热烈的深情；沉郁规矩的仪态背后，含存有活泼豪爽的内心。那些粗鲁的黄色手指会塑造出愉快而和谐的形象，而高颧骨的上面，从杏形的眼睛里闪出温和的光线，很愉快地凝集于细腻的姿容上面。上自祠天的圣殿，下至文人信笺及其他工艺品，中国艺术显示出一种纤巧和谐的情调，判别出人类性灵最优美的技巧的产物。

中国艺术的特性，可由平静与和谐判别出来，而平静和谐出自中国艺术家的心底。中国艺术家是这么一种典型的人，他们的天性安静和平，不受社会的桎梏，不受黄金的引诱，他们的精神深深地沉浸于山水和其他自然的现象之间。总之，他们的胸怀澄清而不怀卑劣的心意。因为一位优越的艺术家，吾们相信一定是个好人，他必须首先要坚贞其心志，旷达其胸襟，达到这种目的的重要方法为游历，或为沉静的内省。这是中国画家所应经过的严格训练，这样的训练极易举出任何一个中国画家来做例证。文征明曾言：人品不高者画品便见卑下。中国的艺术家，必先有优越的修养与渊博的学问，董其昌为一代大师，其言曰："读万卷书，行千里路，胸中脱去尘浊，自然丘壑内营，立成鄞鄂，随手写出，皆为山水传神。"是以中国艺术家的学习绘画，不是走进画室，叫一个姑娘把衣裤剥个精光，然后细细地审察她的肉体的每一部分，描绘它的轮廓与线条；也不模拟古代希腊罗马的石膏像——欧美有些守旧的美术学校使用这个方法训练绘画的。中国的艺术乃纵情于山水之间，注重游历，安徽的黄山、四川的峨眉山都是很好的去处。

中国画家的隐逸山林生活，有几种理由是很关重要的。第一，艺术家须贯注全神于自然界的千变万化的形象以摄取其印象，同时观摹其栖息附着的草虫树木烟云瀑布，欲将此等形象灵活地收之腕底，必先出以真情的爱好，使其精神与之融会贯通；他必先熟习它们自然的条理，他得稔悉树林早晚阴影色彩之变换，他得亲历岫云的盘峰岩、绕林树的情景。但较之冷静冲淡之观察尤为重要者，为其全部精神的受自然之洗礼。明李日华（1565—1635）尝这样描写大画家的精神修养：

> 黄子久终日只在荒山乱石丛木深筱中坐，意态忽忽，人不测其为何。又每往泖中通海处，看激流轰浪，虽风雨骤至，水怪悲诧而不顾。噫，此大痴之笔，所以沉郁变化，几与造物争神奇哉！

第二，中国绘画科目有所谓山水画者，常描绘山峦烟树，尤多峥嵘古怪之峰岩，其形状非曾经亲历其境者，几不敢置信，是以栖隐山林，实即为一种对于自然的壮丽之追求。中国画家倘到了美国，他的题材上的第一个目标，将拣选大峡谷（Grand Canyon）或班夫（Banff）附近的山林。到了这种伟大的环境里面，天然他获得精神上的兴奋，同样也获得体力上的兴奋。说来稀奇，这个世界上精神的兴奋往往是伴随着体力的兴奋而发展的，而生命的观念，居于五千英尺高度者与地面上又自不同。欢喜骑马的人时常对人说，当一个人跨上马背，他对于这个世界，另有一种看法。我相信是千真万确的。栖隐山林的意义是以亦在提高道德修养，这殆为一般画家从事游历的最重要最终极的理由。这样，那些画家栖居于飘飘欲仙的高处，用其舒泰的精神，俯瞰世界，而这种精神就灌注到绘画里去。及思虑既经澄清，意志既经贞洁然后重返城市生活，以其所获，施舍于那些不得享清福的人们。他的题材可以变更，他的山林的恬静精神永久存留。当他感觉自己这种精神消磨已罄，则他将重事游历，重受山林清逸之洗礼。

就是此恬静和谐精神，山林清逸之气又沾染一些隐士的风度，表征着一切中国绘画的特性。结果，它的特性不是超越自然，而与自然相融和。

二 中国书法

一切艺术的闷葫芦，都是气韵问题，是以欲期了解中国艺术，必自中国人所讲究的气韵或艺术灵感之源泉始。假定气韵是有世界的通性的，而中国人也未尝独占自然气韵的专利权，唯很可能地寻索出东西两方的感情强度的差异。上面论述理想中的女性时，已经指出，西洋艺术家一贯地把女性人体当做完美韵律的最高理想的客体看待；而中国艺术家及艺术爱好者常以极端愉快的态度玩赏一只蜻蜓、一只青蛙、一只蚱蜢或一块峥嵘的怪石。是以依著者所见，西洋艺术的精神，好像是较为肉体的，较为含热情，更较为充盈于艺术家的自我意识的；而中国艺术的精神则较为清雅，较为谨饬，又较为与自然相调和。吾们可以引用尼采（Nietzechean）的说法而说中国艺术是爱美之神爱普罗的艺术，而西洋艺术乃为暴君狄俄尼索斯（Dionysius）的艺术，这样重大的差别，只有经由不同的理解力和韵律欣赏而来。一切艺术问题都是气韵问题，吾们可以说任何国家都是一样，也可以说直到目前，西洋艺术中的气韵还未能取得主宰之地位，而中国绘画则常能充分运用气韵的妙处。

所可异者此气韵的崇拜非起于绘画，而乃起于中国书法的成为一种艺术。这是一种不易理解的脾气，中国人往往以其愉悦之神态，欣赏一块寥寥数笔勾成的顽石，悬之壁际，早以观摩，夕以流览，欣赏之而不厌。——此种奇异的愉悦情绪，迨欧美人明了了中国书法的艺术原则，便是容易了解的。是以中国书法的地位，很占重要，它是训练抽象的气韵与轮廓的基本艺术，吾们还可以说它供给中国人民以基本的审美观念，而中国人的学得线条美与轮廓美的基本意识，也是从书法而来。故谈论中国艺术而不懂书法及其艺术的灵感是不可能的。举例来说，中国建筑物的任何一种形式，不问其为牌楼，为庭园台榭，为庙宇，没有一种形式，它的和谐的意味与轮廓不是直接摄取自书法的某种形态的。

中国书法的地位是以在世界艺术史上确实无足与之匹敌者。因为中国书法所使用的工具为毛笔，而毛笔比之钢笔来得潇洒而机敏易感，故书法的艺术水准，足以并肩于绘画。中国人把"书画"并称，亦即充分认识此点，而以姊妹艺术视之。然则二者之间，其迎合人民所好之力孰为广溥，则无疑为书法之力。书法因是成为一种艺术，使有些人费绘画同样之精力，同等之热情，下功夫磨炼，其被重视而认为值得传续，亦不亚于绘画。书法艺术家的身份，不是轻易所能取得，而大名家所成就的程度，其高深迥非常人所能企及，一如其他学术大师之造诣。中国大画家像董其昌、赵孟頫同时又为大书法家，无足为异。赵孟頫（1254—1322）为中国最著名书画家之一，他讲他自己的绘画山石，有如写书法中之"飞白"，而其绘画树木，有如书法中之篆体。绘画的笔法，其基本且肇端于书法的"永"字八法。苟能明乎此，则可知书法与绘画之秘籍，系出同源。

据我看来，书法艺术表示出气韵结构的最纯粹的原则，其与绘画之关系，亦如数学工程学天文学之关系。欣赏中国书法，意义存在于忘言之境，它的笔画、它的结构只有在不可言传的意境中体会其真味。在这种纯粹线条美与结构美的魔力的教养领悟中，中国人可有绝对自由贯注全神于形式美而毋庸顾及其内容。一幅绘画还得传达一个对象的物体，而精美的书法只传达它自身的结构与线条美。在这片绝对自由的园地上，各式各样的韵律的变化，与各种不同的结构形态都经尝试而有新的发现。中国之毛笔，具有传达韵律变动形式之特殊效能，而中国的字体，学理上是均衡的方形，但却用最奇特不整的笔姿组合起来，是以千变万化的结构布置，留待书家自己去决定创造。如是，中国文人从书法修炼中渐习的认识线条上之美质，像笔力、笔趣、蕴蓄、精密、遒劲、简洁、厚重、波磔、谨严、洒脱；又认识结体上之美质，如长短错综，左右相让，疏密相间，计白当黑，条畅茂密，矫变飞动，有时甚至可由特意的委颓与不整齐的姿态中显出美质。因是，书法艺术齐备了全部完美观念的条件，吾们可以认作中国人审美的基础意识。

书法艺术已具有两千年的历史，而每一个作家都想尽力创造独具的结体与气韵上的新姿态。是在书法中，我们可以看出中国艺术精神的最精美之点。有几种姿态崇拜不规则的美，或不绝的取逆势却能保持平衡，他们的慧黠的手法使欧美人士惊异不止。此种形式在中国艺术别的园地上不易轻见，故尤觉别致。

书法不独替中国艺术奠下审美基础，它又代表所谓"性灵"的原理。这个原理倘能充分了解而加以适当处理与应用，很容易收得有效的成果。上面说过，中国书法发现了一切气韵结体的可能的姿态，而它的发现系从自然界摄取的艺术的灵感，特殊是从树木鸟兽方面——一枝梅花，一条附有几片残叶的葡萄藤，一只跳跃的斑豹，猛虎的巨爪，麋鹿的捷足，骏马的劲力，熊罴的丛毛，白鹤的纤细，松枝的纠棱盘结，没有一种自然界的气韵形态未经中国画家收入笔底，形成一种特殊的风格者。中国文人能从一枝枯藤看出某种美的素质，因为一枝枯藤具有自在不经修饰的雅逸的风致，具有一种含弹性的劲力。它的尖端蜷曲而上绕，还点缀着疏落的几片残叶，毫无人工的雕琢的痕迹，却是位置再适当没有，中国文人接触了这样的景物，他把这种神韵融会于自己的书法中。他又可以从一棵松树看出美的素质，它的躯干劲挺而枝杈转折下弯，显出一种不屈不挠的气派，于是他把这种气派融会于他的书法风格中。吾们是以在书法里面有所谓"枯藤"、所谓"劲松倒折"等名目喻书体者。

有一个著名的高僧曾苦练书法，久而无所成就，有一次闲步于山径之间，适有两条大蛇，互相争斗，各自尽力紧挣其颈项，这股劲势显出一种外观似觉柔和纤缓而内面紧张的力。这位高僧看了这两条蛇的争斗，猛然而有所感悟，从一点灵悟上，他练成一种独有的书体，叫做"斗蛇"，乃系模拟蛇颈的紧张纠曲的波动的。是以书法大师王羲之（321—379）作《笔势论》，亦引用自然界之物象以喻书法之笔势：

划如列阵排云，挠如劲弩折节，点如高峰坠石，直如万岁枯藤，撇如足行趋骤，捺如崩浪雷奔，侧钩如百钧弩发。

一个人只有清醒而明察各种动物肢体的天生韵律与形态，才能懂得中国书法。每一种动物的躯体，都有其固有的和谐与美质。这和谐是直接产生自其行动的机能。一匹拖重载之马，它的丛毛的腿和其硕大的躯干，同样具有美的轮廓，不亚于赛马场中一匹洁净的赛马的轮廓。这种和谐存在于敏捷纵跳的灵猎犬的轮廓，也存在于卷毛茏茸的爱尔兰狻犬的轮廓。这种狻犬，它的头部和足端差不多形成方的构形——这样的形态奇异地呈现于中国书法中之钝角的隶书体（此体流行汉代，经清世邓石如之表扬而益见重于艺林）。

这些树木动物之所以为美，因为它们有一种对于波动的提示。试想一枝梅花的姿态，它是何等自在，何等天然的美丽，又何等艺术的不规律！清楚而艺术地懂得这一枝梅花的美即为懂得中国艺术的性灵说的原理。这一枝梅花就令剥落了枝上的花朵，还是美丽的，因为它具有生气，它表现一种生长的活力。每一棵树的轮廓，表现一种发于有机的行动的气韵，这种有机行动包含着求生的欲望，意求生长则向日光伸展，抵抗风的凌暴则维持干体均衡的推动力。任何树木都含有美感，因为它提示这些推动力，特殊是准对一个方向的行动或准对一个物体的伸展。它从未有意地欲求美观，它不过欲求生活。但其结果却是完美的和谐与广大的满足。

就是自然也未曾故意地在其官能作用以外赋予猎犬以任何抽象的美质：那高而弓形的狻犬的躯体，它的连接躯体与后腿的线条，是以敏捷为目的而构造的，它们是美的，因为它们提示敏捷性，而且从此和谐的机能功用现出和谐的形体。猫的行动之柔软，产生柔和的外观。甚至哈巴狗蹲踞的轮廓，有一种纯粹固有的力的美。这说明自然界典型的无限之丰富，这样泛型常常是和谐，常常充溢着饱满的气韵而千变万化，永远不会罄尽它的形态，易辞以言之，自然界的美，是一种动力的美，不是静止的美。

此种动力的美,方为中国书法的秘奥关键。中国书法的美是动的,不是静止的,因为它表现生动的美,它具有生气,同时也千变万化无止境。一笔敏捷而稳定的一画之所以可爱,因其敏捷而有力地一笔写成,因而具有行动之一贯性,不可模仿,不可修改,因为任何修改,立刻可以看出其修改的痕迹,因其缺乏和谐。这是为什么书法这一种艺术是那么艰难。

把中国书法的美归诸性灵说的原理,并非著者私人的理想,可以从中国通常的譬喻来证明。他们把笔画用"骨、肉、筋"这些字眼来形容,虽其哲理的含意迄未自觉地公开,直到一个人想起要设法使欧美人明了书法的时候。晋时有位女书家,世称卫夫人,王羲之尝师事之,她在论述书法时这样说:

> 善笔力者多骨,不善笔力者多肉。多骨微肉者谓之筋书,多肉微骨者谓之墨猪。多力丰筋者圣,无力无筋者病。

波动的动力原理,结果产生结构上的一种原理,为了解中国书法所不可不知者。仅仅平行与匀称的美,从未被视为最高之风格。中国书法有一个原则,即一个四方形不宜为完全的四方形,却要此一面较他一面略高,左右相济,而两个平均的部分,其位置与大小也不宜恰恰相同。这个原则叫做"笔势",它代表动力的美。其结果在这种艺术的最高典型中,吾们获得一种组织上的特殊形体,他的外表看似不平衡而却互相调剂,维持着平衡。这种动力的美,与静止的仅仅匀称的美,二者之间的差异,等于一张是相片一个人或立或坐取一个休息的姿态,与另一个速写的镜头,照着一个人正挥着他的高尔夫球棒,或照着一个足球健将,刚正把足球一脚踢出去的比较。又恰像一个镜头摄取一个姑娘自然地仰昂着脸蛋儿较胜于把脸蛋儿保持平衡的正面。是以中国书体,其顶头向一面斜倾者较之平顶者为可爱。这样结构形式的最好模范为魏碑《张猛龙碑》,它的字体常有鸾凤腾空之势,但还是保持着平衡。如此风格,求之当代书家中,当推监察院长于右任的书品为最好模范。于院长的获有今日之地位,也半赖其书法的盛名。

现代的艺术为寻求韵律而试创结构上新的形体,然至今尚无所获。它只能给予吾人一种印象,觉得他们是在力图逃遁现实。其最明显之特性为它的成效不足以慰藉我们的性灵,却适足以震扰我们的神经。职是之故,试先审察中国书法及其性灵说的原理,并赖此性灵说原理或气韵的活力,进而精细研习自然界之韵律,便有很大可能性。那些直线、平面、圆锥形的厚薄的应用,仅够刺激吾们,从未能赋予美的生气。可是此等平面、圆锥、直线及波浪形,好像已竭尽了现代艺术家的才智。何以不重返于自然?吾想几位西洋艺术家还得用一番苦功,创始用毛笔来写英文字,苦苦练他十年,然后,假使他的天才不差,或能真实明了性灵的原理,他将有能力写写泰晤士大街上的招牌字,而其线条与形态,值得称为艺术了。

中国书法之为中国人审美观念的基础之详细意义,将见之于下节论述中国绘画及建筑中。在中国绘画之笔触及章法中,及在建筑之形式与构造中,吾们将认识其原则系自书法发展而来。此等气韵、形式、笔势的基本概念,赋予中国各项艺术如诗、绘画、建筑、瓷器及房屋装饰以基本的一贯精神。

三 绘画

绘画殆为中国文化之花。它完全具有独立的精神气韵,纯然与西洋画不同。中国画之异于西洋画,犹如中国诗之不同于西洋诗。这种差异是难于了解亦难于言宣的。绘画有某种情调与气韵,西洋画中亦可见之,但根本上两方是不同的,而且用不同的方法表现出来。中国画显出其材料的经济,可注意其许多空白的地位,一种调和组织的意象,用它自己的和谐来构成,而显著有某种神韵的灵活的特征,更有一种笔触上的豪迈与活泼的情态。这使观者印着深刻不可磨灭的印象。陈设在吾们面前的绘画,它是曾经作者性灵的内在行进的转化的。作者把题材削除它的不对题、不恰当、不和谐的成分,而递予我们只是一个完善的整体,这样真实的表现生命却又这样同于生命。意匠更为显明,材料之整理更为严峻,相对点与集中点较易于案索,吾们可以坚决地觉察艺术作家一定曾经干涉过材料本身的现实而呈现给我们仅以现实所表现于他意匠中的形象而不失其基本的逼真,亦不致丧失别人的可能理解性。它是主观的,但没有西洋画家的强烈的"自我"主张,也没有西洋画之非普通人所能了解之弊。它所构成的主观的物体外观,不致有所歪曲。它并不将一切意匠绘之于画面,却剩下一部分须待观者的拟想,但也不把现实的形体改成令人迷茫的几何形体。有时对于某一直觉对象之专注意味那样浓厚,致整幅画面只画一条梅枝的梢头,就算工作圆满。可是虽经将材料的现实加以主观的处理,其效果不是作家自我的困扰的固执,却为与自然完全的融和。这样的效果何由得之?此特殊的传统法式如何生长起来?

这种艺术的传统法式非出于兴致,亦非出于偶尔无意的发现。它的特性,我想最好用"抒情性"一词来统括起来。而此抒情性乃来自人类精神及文化的某种典型的。吾们必须注意,中国画之精神与技巧紧密地与书法并与诗相关联。书法赋予它以技巧,原始的一曲即决定它后来的发展,而中国的诗,假之以神韵,因为诗书画在中国为关系很密切的艺术。欲期懂得中国绘画艺术的最好途径，为研究此构成特殊传统法式的各种势力。

简言之，此特殊传统法式吾人所称为抒情性者为两种改革的成果，这种改革现代西洋画正正在行进的过程中，而中国绘画史上在第八世纪已经出现了。这种改革便是反对作家的被奴役于所勾描的物体，反对将题材现实作照相式的重映。中国书法帮助它解决第一难题，中国的诗帮助它解决第二个难题。将此等改革及此传统法式之起源一加研究，使吾人得以明了中国绘画何由演成今日之特性。

中国画的第一个问题亦即为一切绘画的问题：不论在帆布上绘油画抑在绢本上绘水墨画，第一须问作家将何以善用其线条或涂抹。此问题纯粹为技术问题即"笔触问题"。没有一个画家可以避免笔触的应用，而笔触将决定他的作品的全般风格。倘此线条机械地模拟所绘对象物体的线条，不能获得具个性的豪放精神，吾人不久终将厌弃之。

这种改革是吾人今日所见于现代艺术之同样的革新，这个改革在中国系由吴道子（约680—759）创导，吴道子以其善于运用毛笔而完成了这个改革。他的特色为其笔触之豪放自然，非但不掩省线条，且从而尽量发挥之（吾人在中国建筑中将见此同样原理）。顾恺之（约345—409）的死的沉闷的线条，宛如用铁锥所画者，今由吴道子的活泼线条代之而兴，这种笔姿世人喻之于"莼菜条"，曲折粗细变化无穷，笔意所至，无不暗合自然之韵律。他的门人张旭实脱胎于吴氏的笔触而始创惊雷激电，雄视千古的狂草。王维更纵其天才，益精练其笔致以从事绘画，时而改进前人模拟轮廓的方法，结果创造了南派画宗。他所远被的影响，吾人在下面即将见之。

第二个问题为作家的个性将怎样映入作品中而使此作品值得称为艺术，超越无意义的写真，但不牺牲物体的真性及和谐？反对单纯的物理上的正确性，亦为现代艺术倾向的骨子，此种倾向可视为逃遁物质的现实而寻求灌注作家自我意识于作品中的方法。这样的革新在中国艺术史上发生于第八世纪，当时有新作风的树立。人们感觉到不满于照相型的物质现实的重映。

另一同样悠久的问题为作家怎样始能将其自我的情愫或反映输入作品中而不致流为怪诞的游戏画？这个问题在中国诗中早已解决。其改革为反对无意义的正确与琐细匠人式的手艺。新作风与旧作风的对峙，有一有趣的故事，李思训（651—716）与吴道子同为盛唐名画家，玄宗时奉命图绘四川嘉陵江风景于大同殿壁上，李思训为北派大师，设色敷彩，金碧辉煌，一月而蒇事；吴道子泼水墨图嘉陵江三百余里山水一日而竟。玄宗因因说："李思训一月而竣，吴道子一日而成，各尽其妙。"

当此反对琐细手艺之革新发生的时代，产生了一位天才大作家王维，他是一位第一流山水画家，他将中国诗的精神与技巧灌注入书画中，他用诗的印象主义、抒情、气韵的崇拜，与山川万物皆为灵秀所钟的观念来作画。如是，此具有艺术真价值而享盛名的"南派画宗"的开山大师，乃为一中国诗的精神所养成的人物。

就年代顺序言，其发展情形可概如下述。大概中国人的艺术天才之初次自觉的注意，约当第四至第六世纪，彼时艺术批评与文学批评相当发达。王羲之以望族世家而擅长书法，有"书圣"之目。继乎第六世纪之后，佛教势力颇形发达，遗传给我们以著名之大同石刻与龙门碑志，其书体发展而盛行于北魏者，至今有碑拓存留，为人所珍视，立下很高的书法艺术法则。据著者所见，魏碑实为书法艺术史中最光辉的作品。魏碑之风格至为伟大，它不独为美，而为美、力、工一致融和的结晶。在这个时期，谢赫第一个表彰六法论，树立了"气韵生动"的原则。一千四百年来，凡绘画的创作与批评，未尝越过他的范围。

其后继之以伟大的第八世纪,这一个时期为中国历史上创造最丰富的时代,在绘画,在诗,在散文上都有新的伟大的创造。其缘由至少一部分是因为前一世纪战乱时代新血胤之混入,李白和王维都出生于西北,那里种族的混合最为活跃,不过吾们对此仍缺乏更适宜的系统论据耳。无论怎样,人类性灵在这个时期变成活泼而富创造力。这个时代传给吾们以李白、杜甫及其他第一流诗家,李思训、吴道子、王维的绘画,张旭的草书,颜鲁公的正楷,韩愈的古文。王维生于六九九年,吴道子之出生约当七〇〇年,李白七〇一年,颜鲁公七〇八年,杜甫七一二年,韩愈七六八年,白居易七七二年,柳宗元七七三年,都是中国历史上第一流人物。又适当这个时期,出了个绝代美人杨贵妃以伴天子,而奇才李白以增辉朝廷。惜乎好景不常,这个时代终究也不获久享太平。

无论北派之盛如何,南派终于应运产生。而吾们对于中国绘画所感之兴趣实亦集中于南派。因其为纯粹中国所特有之作风,这一派后世称之为"士大夫画"。到了十一世纪,在宋代学者像苏东坡(1037—1101)、米芾(1052—1108)及其子米友仁(1074—1153)辈创导之下,技巧更趋简单而主观化。此派称为"文人画"。苏东坡尝作墨竹,从地起一直至顶,观众不解,问其何不逐节分。苏东坡答曰"竹生时何尝逐节生",运思清拔类如此。苏东坡又为书家及大诗人,长于画竹,是以极爱竹。尝云宁可食无肉,不可居无竹。他的画竹喜用水墨泼成,不施彩色,而气势变化,颇类醉书狂草。他的绘画方法亦往往先酣酒畅饮,既醉且饱,当酒酣耳热之际,受着酒性的刺激,用毛笔蘸饱水墨,乘意兴之所至,或以作书,或以作画,或以题诗,胸无定见,嬉笑怒骂,皆成文章。有一次在这样意兴之下,提起笔来在壁上题了一首诗,它的字句英气自然,不易翻释,诗云:"空肠得酒芒角出，肝肺槎牙生竹石；森然欲作不可留，写向君家雪色壁。"那个时候，绘画无复是绘画，却是像书法那样在"写"了。吴道子的绘画，也都乘着酒兴，或当观友人舞剑之后，舞剑的旋律，足资他的模拟而灌注于他的作品中。那很明白，在这样暂时兴奋下的作品，只能迅疾地寥寥数笔挥成，过了这个时刻，酒兴的效力怕不早就烟消云散了吗？

在此一切酒兴的背后，还有一种很优美的画学哲理。中国精研画学的学者，他们遗留给后世篇帙浩繁的艺术批评论著，很精细地分析"形"即所绘物体的物质的外貌；"理"即物象内含的条理或精神；"意"即作家自身的概念。"士大夫画"为一种反对"被役而非自主的象真"的抗议。这样为物象所奴役的手艺，自古迄今可资例证者很多。宋代文人特殊着重"理"，物体内含的精神。无意义的外形之精细正确为商业美术家的工作，绘画之值得称为艺术者，其唯一目的为把握住精神，固非是常人所见之无意义的醉态而已也。

所可注意者，此等绘画，非为专门美术家的作品，而为文人学士消闲游戏之作。此非专业的游戏三昧的特性，使作者得抒其轻淡愉快的精神从事绘画。当十一世纪之际，有所谓"士大夫画"的勃兴，这种士大夫画称为"墨戏"。这是文人学士的一种消遣方法，出于游戏性质，与作书吟诗无异，故没有一些沉滞不活泼的神态。大概那辈文人学士在书法中已把毛笔运用熟了，洞悉笔性，乃出其充溢有余的精力，发挥之于绘画，以为精神上愉快之调剂。书法与绘画，其物质的设备是一样的，同样轴子，同样毛笔，同样水墨，这四五样便是案桌上所有一切齐全的设备。米芾为"士大夫画"派的一大家，他的作画可不用毛笔，有时用卷纸渲泼，有时用甘蔗莲梗挥抹。当兴会已至，此辈文人腕下，简直有一种魔力，无不可为之事，因为他们具有把握住基本韵律的本领，此外的一切，都为气韵的附庸。就是当代画家中也有用手指作画，有一人甚且能用舌卷动舐纸而作画者。绘画是以为文人学士陶情遣性，修养身心的娱乐，虽至今犹然。

这种游戏三昧的精神，既为中国画中一种特质的来源，这个特质叫做"逸"。欲将这个逸字译为英文，取其最相近的意义，只好用 Fugitiveness 一个字（这个字在英文中的原意为浮浪性），或许这个字能同时包括"浪漫性"和"隐逸精神"两种的意义，则它的意义就该很与逸字相近了。李白诗的特点就是这种活泼无挂虑的特性。这个逸，或是浮浪，或是幽隐的特性被视为士大夫画的灵魂，而它是从游戏精神来的。仿佛道家精神，它是人类想摆脱这个劳形役性的俗世的努力，而获得心情上的解放与自由。

这种愿望是容易了解的，只要吾们明白这些士大夫精神上所受道德的政治的何等样束缚。他们只有从绘画中寻求自由的恢复。元代大画家倪云林（1301—1374）尤富于这种特性，他说："仆之所谓画者，不过逸笔，草草不求形似，聊以自娱耳。余之竹，聊以写胸中逸气耳，岂复较其似与非，叶之繁与疏，枝之斜与直哉？"

是以在南派的水墨山水和人物画中，吾人必须认识其所受书法之影响。第一，你可以看出其敏捷有力而常含高度韵律的笔触，从一枝松干的皴法你可以看出书法中旋曲线条的同样原理。董其昌云："画树之法，须专以转折为主，每一动笔，便想转折处，如写字之于转笔。"而王羲之论书法则云："每作一笔，须有三顿折。"董其昌又说："士人作画，常以草隶奇字之法为之。"你又可以从怪石的多孔而波浪形的皴法看出一种所谓"飞白"的书体，这种书体系用墨沈较为干燥的毛笔写的，每一笔的中间，露出许多白痕，又可以从斜曲的一枝枯树看出虫纽形的篆文的形体。这是赵孟頫告诉我们的秘诀。更进一步，空白地位的艺术的处置，亦为一重要书法原理，因为适宜的空白布置为书法之第一要诀,如包慎伯所说:"章法为一大事,疏处可使走马,密处不令透风,常计白以当黑。"故章法适当,不在墨守左右均齐之形式,如今日于右任之书法可以见之。中国字体的左右不平衡,无关乎宏旨,而结体章法布置失当为不可饶恕之过失,犯了这个毛病,便是充分证明他的书艺之未臻成熟。

从一幅简单的图稿,你又可以进而辨出驾驭毛笔的律动,称为"笔意"。"意"的意义为艺术家心中的概念。作中国画实不过为写出胸中的概念,故谓之"写意"。笔墨尚未着纸之先,艺术家胸中已有一确定的概念,然后着手下笔,一路画来,不过经由某些笔致写出此概念。他不能容忍不相干的笔意参入,不欲添加一枝一叶以保存有机的调和,致牺牲胸中的主意;当他已经达出了心上的基本概念,那这幅绘图的任务业已完了,他马上搁笔而完稿。由此理由,可知画面的所以能生动,因其背后的概念是灵活的。那好像读一篇优美精警的小诗,字句已经尽毕,可是韵味无穷,如缭绕于字里行间。中国艺术家形容这种技巧叫做"意存笔先,书尽意在"。因为中国人是讲究余韵的大师,他们歇手于"恰到好处"。中国人喜欢啜上好香茗,又欢喜嚼橄榄,这给予他们一种"回味"。这种回味在喝嚼当时倒辨味不出,直等到喝完了香茗,吃完了橄榄,再隔个数分钟,始使你感觉得。这种技巧在绘画中的效果是一种特质,叫做"空灵",它的意义是:极度生动而伴之以意象的经济。

中国的诗,赋予绘画以性灵,如上面讲述诗的一节中说过,诗家往往兼为画家,画家亦往往兼为诗家。这种情形在欧美便没有像中国那样普遍。诗和画出乎同一的人类性灵,那天然其精神及本质上的技巧彼此相通。吾们知道了绘画的怎样影响诗的眼界,因为诗人的眼即是画家的眼。但是吾们也可以看出画家的精神即诗人的精神;画家显出跟诗人同样的印象,同样的暗示技巧,同样的驰想于不可解释的宇宙，同样以万物皆灵的想象与自然相融和。这些物质本为诗的特色，诗的心景就是画境活现的一瞬，而艺术家的心景可以用诗的形式发表出来的，稍事研习，也可以用画面描写出来。

所谓眼界，或许在欧美人听来不甚清楚，让吾们再来解释一番，即中国的绘画是假定在很高很高的山岭写作的。你倘使在很高的高度例如从飞翔于离地面六千英尺的飞机上所获得的印象，他的眼界一定与处于寻常平面所获得的眼界不同。当然，测视点的地位越高，则符合于中心点的线条越稀。它又显见地受了中国画轴之长方形的影响，这种画轴的式样，需要离轴的前景较远的距离，以达足轴顶的天线。

无异于现代的欧美新派画家，中国画家之所欲描摹者非为外表之现实而为其自己印象中之现实，因是他们的画法是印象派的画法，不过西洋印象派画家的毛病是他们似觉过于巧黠又过于逻辑。竭尽一切的机巧，中国画家不能产生艺术的幻象足以惊骇庸俗者，他们的印象主义的基本即为前面所述"意存笔先"这一个原理。是以绘画之要领非为物质的现实而为艺术家由现实所反映之概念。他们不忘他们所绘画者，乃为贡献给人类同侪而绘画，是以他们的概念，必须为别人所能领悟者。他们受了中庸之道的约束，他们的印象主义是以为人情的印象主义。中国画家作一幅画，他们的目的是在传达统一的概念，这概念决定画面上的布局，何者宜描绘，何者宜简略，以达到空灵的美质。

因为概念是绘画的第一要义，他必须用最大之毅力使之含孕诗意的概念。当宋代中叶，政府有画院之设立，四方之能画者，得应政府之画艺考试。从此等画试的评判标准，吾们可以看出此诗意概念何等的超越其他要素而独占重要地位。凡中式的绘画，无一非为表现最优之诗的意象者，而此最优的概念又无不赖乎暗示的方法。画题的本身就已富含诗意,因为它们大都为一句或两句诗句。不过其机巧全赖乎最能用暗示的方法表达诗意者。举一两个例子便能够明了。宋徽宗时有一次考试的画题为:

竹锁桥旁卖酒家。

许多应试者,无不向酒家上着功夫,故酒店的店景占了全画面的中心部分。一善画者则但于桥头竹外挂一酒帘,帘上写一酒字,画面上但见丛竹孤桥,并无酒家之痕迹,然酒家深藏于竹林之内,意已了然,于是此人被擢魁首,以其善体题中"锁"字之意。又有一次考试,则其画题系采用韦应物的诗句:

野渡无人舟自横。

这首诗的作者,早已运用着暗示的方法,传达一种静寂荒凉的气氛,显示一条孤舟无人管理,受着流水的冲荡而漂泊着;而作画者更把这意思推进一层。那幅中魁首的画,画一只鸟栖息于一条小船上,另一只鸟则下飞做正将栖止之状。这样描写几只鸟的接近船身,暗示这条船是被遗弃着,没有人在近处,它就充分地表现了静寂荒凉的意味。

又有一幅图画,乃在描写富贵府邸的奢华景象。一位现代画家,当他描绘现实弄得烦腻了的时候,或许也想用用暗示画法。但是他的暗示或许将描绘一架萨克斯管的错杂音波,幻觉的穿越一只香槟酒杯,这只酒杯搁在一个妇人的胸膛上,这个妇人半身隐掩于汽车里面,这辆汽车正在轻轻掠过"柯奈特号"海舶的烟囱等情景。中国印象派画家画起来,背景上画一殿廓,金碧辉煌,朱门半开;一宫女露半身于户外,以箕贮果皮做掷弃状,如鸭脚、荔枝、胡桃、榧栗、榛黄之属，一一可辨，各不相同。这样很详细地依现实描写出来，其屋内的奢华盛宴不见于画面，但用这些剩余的残物倾倒于垃圾堆的情景来暗示出来。画家的概念是以万能的，技巧上的诗意的美质赖以表现。率直无含蓄的描绘是羞耻的。中国艺术家所时刻留心的是：含蓄一部分，让人去辨味。

中国绘画是否仅以善处概念而感到满足？概念乃思维之产物而非为性灵的产物，是以纯粹的放纵意象，会碰到此路不通的一日，因为艺术最主要的作用，应该迎合吾人的情感与意识，否则将退化成机械的奇形或为逻辑的图表，机械的智力技巧的概念倘它不能引起吾人情感的共鸣，从不能产生伟大艺术。这一点吾们在任何伟大作品中都能看得出来，不论是中国或欧洲的名画。是以吾们不如说心景是万能的。画两只鸟栖息于一条船上，恰恰暗示其附近没有舟子，而没有舟子这种概念倘不能同时引起吾人感觉荒凉寂寞之共鸣便了无意义。苟欲引起观者的共鸣，怎的不画一些湍流把那条船冲个横摆呢？当我们观着这幅画而有一种感触，觉得这条船倘不是被遗弃，它将不会被川流冲得这样横摆漂泊，而这种漂泊的景象引起吾人一种对于荒凉景色的回想，便深深打动吾们的心坎。这样，这幅画就是生动而有意义的了。一幅画倘但凭画着桥边一家酒店隐于竹林中，不生什么效用，直等到吾们被提示而引起回想，如见许多人民聚集于酒肆中，那儿迢迢永昼，光阴的过去似很觉迟钝，而人民的生活是那么安静闲逸，他们或许在闲坐谈天，消磨整整下午，谈些渔翁的风湿病，以至皇后娘娘年轻时的风流史。是以心景之共鸣作用不论在画中或在诗中是万能的。这使吾人重视气韵生动这个纲领，这是自从谢赫首先阐明六法论之后，千四百年来奉为中国绘画之最高理想，又为其他画家从而推敲讨论之中心。

吾人必须肯定的记取，中国绘画本不欲仅取细小部分之正确，苏东坡有言:"论画以形似,见与儿童邻;为诗必以诗,定知非诗人。诗画本一律,天工与清新。"但是除开了形似,画家还拿什么来贡献给吾们呢?绘画的目的,将是什么呢?他的答语是:艺术家须传达景物的神韵性灵而引起吾人的情感的共鸣。这是最高目的而为中国艺术的理想。吾人固犹忆中国画家常喜历访名山以澄清思虑而培养精神。他攀登最高峰峦以取得精神与道德之提高,他冒凌烈风而淋清雨,以听江海之涛声。他冥坐荒原乱石堆中,或栖息竹林丛树间数日不返以摄取自然界的灵感,他既与自然界的灵感交通,乃以其所获传送与吾人,为吾人创作一幅绘画,充盈着真性与灵感,其变幻灵活,无殊自然界本身。他将如米友仁,给我们一幅山水画,层云叠嶂,烟雾迷蒙,萦绕山树间,在这一幅画面上,一切详细物景,都沉浸于此润湿的大气中。或如倪云林,给吾们一幅秋景图,带着清凉的景色,间隔着一条露白的云气,如雾如烟,树叶是那么稀疏零落,予吾们一股荒凉凛冽的寒气的感觉。在这种气氛与韵律之下,一切细节都将忘却而只剩留中心的一点性灵。这便是中国艺术的最高理想——气韵生动。于是诗与画又复相通。

这是中国艺术的使命,它教导我们以广泛的爱好自然之精神,因为中国画的最大成功,便是描写自然的山水画。西洋风景画之最佳者,如柯罗(Corot)的作品,给我们同样的自然气氛的感觉。

所惜在人物画方面,中国艺术是十分落后的,因为人体被当做自然界物体的点缀物。女性人体美的鉴赏,不可求之于中国绘画。顾恺之、仇十洲的仕女画所给予吾人的印象,不是她们的肉体的美感,而只是线条的波动的气势。照我看来,崇拜人体尤其崇拜女性人体美是西洋艺术卓绝的特色。中西艺术最显著的差异,在两方灵感之不同,这就是东方感受自然之灵感而西洋感受女性人体美之灵感。今画一个女性人体,而命一画题曰沉思,或画一个赤裸裸的浴女，以表现所谓人体美，将使中国人见之，为之惊呼却步。至今许多中国人还是不明了西洋文化需要活的标本，所谓模特儿，剥得精光而放在眼前以供观摩，每日以两小时为度，然后开始学习基本绘画。当然也有许多欧洲人欢喜把惠斯勒（Whistler）的名画《母亲》高挂壁上，资为范本，而不敢大胆把女性人体供作观摩。今日犹有许多英美人士在房中挂了一幅法国画，歉疚自愧地对人解释：这间房间是租赁的时候早就现成布置了的。倘有友人送了一幅凡尼斯神女像的冬至礼，真叫他不知怎样安排才好呢。他们在通常谈话中绝口不把这些东西称为艺术，而这种绘画的作者一定是"疯狂的艺术家"。话虽如此，正统的西洋画，在其本质上及灵感上是狄俄尼索斯的（Dionysius）。西洋画家好像在裸体或近乎裸体的人像以外看不到什么东西。如中国绘画家的象征春，将描画一只肥硕而美丽的鹧鸪，西洋画家则象征之以舞蹈的少女，后面追随着神话中的牧神；又似中国画家颇感兴味于蝉翼的纹络或蟋蟀、蟾蜍、蚱蜢的肢骨。中国的文人雅士将此等绘画悬挂壁上，可以兴会无穷的朝夕欣赏之，至如西洋画家至少当以海恩纳（Henner）的 Liseuse 或 Madeleihe 为标准，否则不感满足。

人体的裸露，亦为今日欧洲文化传入东亚的一大势力，因为它改变了艺术灵感的源泉，改变了整个人生的观念。倘予以更精密溯源的考究，则此等势力应称为希腊文化势力。文艺复兴挟崇拜人体之灵感以俱来，并其内心之体认，肯定生命是美丽的。中国文化的大部分传统观念就有希腊文化的影响，本已很切近乎人文主义，可是所怪者"人体是美丽的"这种说法竟始终付之阙如。吾们倘睁开眼睛，一审人体的美质，恐其印象不致会轻易遗忘。这种人体美的发现和女性人体美的崇拜之所以影响最大的势力之一，因为它跟人类最强烈的本能——性有着密切的联系。由是观之，我们可以说爱普罗的艺术地位已为狄俄尼索斯的艺术所夺取；宛如今日的中国画在大多数学校中不列入课程，甚至多数美术学校亦然。他们从模特儿或从古典石膏像（希腊的或罗马的）描摹着女性人体轮廓和解剖。此种对于裸体美之崇拜，实无须托词于柏拉图的纯洁审美主义借为口实，因为只有老朽的艺术家才把这人体看做无情欲的崇拜对象，也只有老朽的艺术家才谨慎地替自己辩护。老老实实，崇拜人体是含有肉欲的意味的，他必须如此。真实的欧洲艺术家并不否认这些事实，且复公开地说明它。同样的非难不能加诸中国艺术。可是不论吾人愿意与否，这种势力已侵入了我们的艺术界，其势不可阻遏。

四　建筑

"自然"永远是美丽的，而人工的建筑往往反是。因为建筑不同于绘画，它自始无意于模拟自然。建筑的原始不过是石、砖、三合土的堆砌，所以供人遮蔽风雨。它的第一纲领，在乎效用，虽至今日，此旨不变。因是那些不调和的现代建筑：工厂、学校、戏院、邮政局、火车站和那些直线的街道，它们的丑恶、郁闷，使人往往感觉到有逃往乡村的必要。因为自然与人工之最大差别为自然的无限丰富与吾们的机巧之极端有限。最精敏的人类智力，也不能发明什么，左右不过是那些呆钝的建筑拘泥于有限的传统模型，东一所圆顶，西一所三角顶的屋子。予人印象最深刻的王陵或纪念碑尚不足与树木的意象灵巧相比拟，就是吾们大道两旁排列着的经研削而消毒的树木也不足与之比拟。你看自然是何等大胆！假令这些树木的粗粝的表皮和不规律的形态移之于建筑物，那吾们大概将这位建筑师送入疯人救济院。自然甚至胆敢将树木刷上绿色。吾们畏怕不规律，吾们甚至畏怕颜色，吾们于是发明了"灰黄色"这一词来形容吾们的生活。

为什么吾们竭尽了所有才力，仍不减少胡同、新式人行道、直线市街的郁闷，使吾们不断地想逃避都市生活而寻求避暑胜地？效用便是答语。可是效用并非是艺术。现代的工业时代使这情形更趋恶劣，尤其因为发明了钢骨混凝土以后，这是工业时代的一个信号，而且这情形将一直延续下去，直到现代的工业文明终止的时期才会转变。多数钢筋水泥建筑甚至忘却了装配屋顶，因为据建筑家告诉我们，这屋顶是根本没有用途的。有几位公然自称他们从纽约的摩天建筑物感到一种美，诚如所言，作者本人却从未看出任何美。它们的美是黄金的美，它们的所以为美，因为它们显示出千万万金元的魔力。它们表现着工业时代的精神。

但是因为吾们对于为了自己而建筑的房屋，每日都要见面，吾们的日常生活又大部消磨在它们的里头，加以恶劣的建筑会妨害吾们的生活兴趣，吾们有一个很近情理的要求，吾们要使它美观。房屋的外观很机敏地改变吾们的城镇的市容。一架房顶并非单纯为蔽御烈阳风雨的一架屋顶，却是足以影响吾们对于家庭的概念的一种东西。一扇门并非是仅仅供人出入，它却引导吾们跨入人类家庭生活之奥秘的锁钥。总之，吾们敲着一扇褐灰色的小屋门或敲着一扇装着金黄兽环的朱漆大门，二者之间是有些差别的。

所困难者吾人竟将怎样砌石钢筋之类赋具生命而说些美的语言。吾们竟将怎样赋予它们一个精灵而使它们说些东西给吾们听，好像欧洲的天主教徒常有一种精灵对他们说话，吾们能否也希望有这样的精灵说无声的语言将最伟大的美丽与宏壮告诉吾们？且让我们看中国的建筑家怎样解决这个难题。

中国建筑史的发展，可以看出，是跟西洋建筑沿着两条路线前进的。它的主要倾向是企求与自然相调和。从许多方面看，它的这种企图是成功的。它的成功，因为它能够摄取梅花嫩枝条的气韵——首先转化入书法的灵活生动的线条，然后转化入建筑的线条与形式，更补充以象征的意象。经由迷信堪舆术的流行，换入了万象皆灵的基本概念，这使人被迫地审察四周的景色。它的基本精神是和平与知足的精神，产生优越的私人居宅与庭园。它的精神不像哥特（Goth）式的尖塔，升指天空，而是覆抱着地面，且甚满足于它的形式。哥特式天主教堂显示崇高的精神，而中国式的庙宇宫殿显示宁静清朗的精神。

书法的影响竟会波及中国的建筑，好像是不可置信的。这种影响可见之于雄劲的骨架结构。像柱子屋顶之属，它憎恶挺直的死的线条，而善于处理斜倾的屋顶，又可见之于它的宫殿庙宇所予人的严密、可爱、匀称的印象。骨架结构的显露和掩藏问题，等于绘画中的笔触问题。宛如中国绘画，那简略的笔法不是单纯地用以描出物体的轮廓，却是大胆地表现作者自己的意象，因是在中国建筑中，墙壁间的柱子和屋顶下的栋梁桷椽，不是掩隐于无形，却是坦直地表露出来，成为建筑物的结构形体之一部。在中国建筑中，全部框架工程有意地显露在外表。吾们真欢喜看此等构造的线条，它指示出建筑物的基础形式，好像吾们欢喜看绘画底稿上有韵律的略图，它是代表对象物体的内容而呈现给我们的。为了这个理，木料的框架在墙壁间总是显露着的，而栋梁和椽桷在屋宅的内面和外面都是看得出的。

这是导源于书法上的一大原理，便是人人知道的"间架"。一个字的许多笔画中间，吾们通常拣选其中的一直或一画，或有时拣一个方框，作为其余笔画的中心支撑点，这一笔吾们必定使它格外有力，或格外颀长一些，使它自别于其余的笔画。这一个支撑点既经立定，则其余的笔画，或向它作求心的密集，或向它作滩心的辐射。就是在聚集的多数建筑物中间其意匠上亦存在有"轴线"的原理，好似许多中国字也都有一个轴线。北平全城的设计——它是全世界最美丽的古城之一——存在着一个暗中的轴线，南北延展至数里之长，一直从外前门通过皇城而抵煤山及后面的鼓楼。这样的轴线可显明地见之于许多中国字中，像"中""東（东）""束""柬""乘"等。

或许比之直径轴线的原则更见重要者，为弧线、波浪形、不规律的韵律线条之应用，所以与直线相调剂。这在中国建筑的屋顶上看得再清楚没有。任何中国的庙宇、宫殿或官邸等建筑物，都是以柱子的直竖线和屋顶的曲线相调剂相结合为基本原则的。屋顶的本身，包含着屋脊的直线和下面倾斜的调剂。这是因为吾们受惯了书法的训练，在书法训练中吾们被教导说：一方面吾们有了直线的主要笔画，不论是一直、一画、一撇，还得用弧线或柔软的断续线条与之相调剂。屋顶的脊背更用少许装饰意味分裂其单调。只有用了这样的调剂，那些柱子和墙壁的直线始觉可能容忍。倘能看出中国庙宇住宅的最普通的范型，便可以觉察屋顶构成比之墙壁柱子为显著的装饰点（柱子和壁大多不露于前面的）——后者较之屋顶常比例地来得细小。

官家令

官字和家字的顶部，为这两个字的主要组织成分，它表象中国房屋的屋顶。注意其中部的斜倾与屋顶所见之一往直前疾驰的气势。令字的顶部一个人字，很像屋顶的外廓线。更注意底部疾掠的姿态与上向转折的弧形。更注意中国文字所含存的建筑原理。注意官字的有力的垂直线,这是柱子,它怎样与上面屋顶的弧形和其他附着的平行线条相调剂,注意家字中央的垂直弧线有别的笔画集中于它的顶部一点,而巧妙地彼此保持平衡。

屋顶斜倾的由来,从未经正确地了解过,而它是中国建筑的最出色最显著的特性。有人想象它是跟吾们游牧时代的帐幕形式有联系。其实它的理由在书法中可以明见,任何人能透彻明了中国书法原则者无不能看出其可爱的疾掠线条的纲领。中国书法之最大困难,乃在使笔画饱含笔力,于完全直线的笔画中常尤为艰难。反之,向任何一面略作斜势,立刻可显觉紧张的气脉。只要看一看中国字部首像屋顶般优美的斜倾表,当可见这不是纯粹作者的幻想。

吾们爱好含韵律的或波浪形的或继续的线条,而憎恶呆直僵死的线条是很明显的,只要你留意我们从未误会像克利欧佩特拉方尖碑(Cleopatra's Needle)那样拙劣的东西。有几个摩登中国建筑师仿照了西式建筑搭了几座灯塔模样的东西,叫做西湖博览会纪念馆,它矗立于美丽的西湖景致中间,无异美丽的脸庞儿上留下一个疮疤,使人谛视稍久,非引起刺目之感不可。

那很容易举出几个例子,说明吾们打破直线闷郁的方法。最好的模范模本,莫如具栏杆的圆拱桥。圆拱桥的形式便能与自然相调和,因为它是弧形的,又因为它装配有栏杆。它的穹隆不及布鲁克林(Brooklyn)桥之长,它的栏杆不及布鲁克林之有用,但无人能否认它显出较少的人工机巧,却是含有天然的美丽。又可以观察塔,试想它的全部美观乃因其轮廓的单调经接续的突出檐层所打破,尤其那些弧形朝上翘的檐角,很相像书法中的一捺。再看一看北平天安门外特殊的一对大石柱,它的顶部的云形的弧线,极为触目,其意匠的大胆,就在中国艺术中也终鲜匹俦。不论它的名义是什么,总之，石柱上有了波浪形的表面，据说这些波浪形是代表云的，但这不过是艺术上的名称，所以传导神韵于石柱的表面。孔庙中也有石柱则浮雕有围绕的龙形波浪线条，因为这种龙形的波浪线条有助于打破直线的单调，吾们觉得这龙形乃有其装饰上的效用，不仅仅为一种表象而已。

随时随地吾们尽力以摄取天然的神韵，模拟它的不规律的线条。其精神存在于一切意匠的背后者仍为书法的精灵思想的精神，吾们打破窗框子直线的单调，系用竹形的绿色釉彩瓦管来装饰。吾们甚至敢用圆形的、椭圆形的以及花瓶形的门槛子以打破墙壁直线的单调。吾们的窗框子之形式，多如什锦饼干的花样，也有做芭蕉叶形的，也有做桃形的，也有做双叠西瓜形的，也有做扇形的。李笠翁是诗人、剧作家，又为享乐主义者，他为竭力提倡镶镂窗栏及女墙隔屏者。窗的骨架通常是直线的，沿着这个骨架，李笠翁介绍一种雕镂小格的镶嵌方法，使其姿态生动。这个方法也应用于隔屏、床柱及其他格子花样的用器。最后，假山的堆砌殆为吾们尽力想把自然的不规律的线条介绍入建筑术的最清楚的例子。

换一句话说，中国建筑随时随地设法模拟鸟兽草木的形态以谋补救直线单调的弊病。这种企图自然引起应用象征主义的考虑。蝙蝠常常被用作装饰的标本，因为它的弧形的翼翅可以装饰成多种不同的花样，同时又因为它的名称跟幸福的福字谐音。这种象征的用意是很幼稚的，却是很容易明了，虽妇人稚子都能通晓。

但是象征主义另有一种功用，它在几种传统的意匠中包含着民族年龄与希望的思想。它激起了我们的幻想，引导我们走入缄默无言的思想境界，好像基督的十字架与苏联的镰刀与锤。因为这种民族的思想是太伟大，非言语所能传达。一根中国式的柱子，挺直地上升，完全是一种单纯的意匠，直等到它接达顶部之际，它骤然隐失于一群纷繁的意匠中间,那儿是横支柱、檐板、短栅,吾们抬头一望,可喜瞧见了生动的意匠,瞧见了一对鸳鸯,或是一只草虫,或是一支笔、一锭墨。当我们仰望着一对鸳鸯,那是无时无刻不是成双作对的,吾们的印象遂被导至妇人的爱情;当我们仰望着文房四宝,吾们想到书斋里幽静的书生。那儿描绘着金黄青绿的色彩的有蚱蜢、有蟋蟀,也有鸳鸯,它充满了快乐,充满了尘世间所能梦想得到的快乐。有时吾们描绘着风景,有时描绘着家庭快乐图,这是中国彩描最常用的两个画题。

龙为中国所最尊崇的动物,它是象征皇帝的一个标记。皇帝当然是无往而非幸福的。它在装饰绘画上是最多被应用着的,一部分因为它的盘绕的身体包含着很完美的韵律,优美而有力。我敢说吾们也可以把蛇用入装饰意象中,倘非龙的用入装饰意象中,除了它的外形的美,它的美观的爪、角、须、鳞——那是很有用于打破单调的——它还含蓄着深奥的意义这种特点。龙又代表另一种俗世的思想,那便是上面讲过的逸的原理,它代表道家思想的一大智慧,因为它往往隐匿于云气之间,不大肯显露其全身。这样才是中国的大人物,既挟有权势,又复足智多谋,可是他宁愿隐藏而不显。它可下沉于泥淖,上腾于天空。当其隐于深山大泽,不可见其痕迹;及其际会风云,若诸葛亮者,则叱咤煊赫,震惊一世。大水灾在中国也往往委诸于龙的行动,吾们有时还可以瞧见它的上升,盖当其雷电倏闪之际,一股云气直冲天空,时则狂风大作,废屋盖,拔树根,吾们称为龙阵。然则吾们为何还不崇拜龙?它是威力与智慧的实体。

那么龙,不是纯粹为神话的或邃古的物体。由中国人的观念,山川都是神灵,而从许多盘曲的山脊,吾们看出龙背,当山脉渐次下降而没迹于平原或海,吾们看出龙尾。这是中国的泛神主义,是堪舆术的基础。堪舆术虽为不可信的迷信,它具有相当灵学上的和建筑上的价值。这种迷信是这样的,它们信仰:倘把祖先的茔墓安葬于优美的景地,从这个地点可以眺望或俯瞰那龙岭狮峰则可以延福及死者之子孙。倘令安葬的地点及其四周的风景确系卓越,例如五龙五虎聚集而归宿于此茔墓,那他的子孙间,必有一人登立帝统,至少为当国宰相。

但是这个迷信的基础是一个泛神的风景欣赏,而堪舆术使我们更锐敏地观察美景。我们乃从山岭的轮廓和一般的地形学上想按索与动物形体一样的韵律。无论向哪一方面观望,吾们觉得自然是真神灵的。它的气脉自东往西地疾驰而同归于一点。又似吾们在山川地形所观得之美,不是静止的匀称的美,而是动态的美。一个弧形的所以可取,大半因其为一个劲疾的姿势,而非因其为一个弧形,故双曲线比之一个完全的圆圈来得受人欢迎。

堪舆术的审美观念从广义上讲,是以很邻近于中国的建筑术,它迫使辨别地位与风景的优劣。著者有一个友人,他的祖墓旁边有一口池。这口池是吉利的,因为它被当做龙睛。只要等到这口池枯涸起来,这个家族的资产将遭倾覆。不过在事实上,这口池位于离墓穴不远的一面而地势略低,恰巧与墓穴的另一面保持很美观的平衡,故构成全区风景的重要分子之一。它实在很像画面上的最后一笔,画龙点睛,顿使整幅画面生动起来。虽然它是迷信,又往往引起家庭纠纷或氏族械斗,因为有人或建造了建筑物妨碍另一人的祖坟或宗祠的风水,或有人掘了沟道,致破坏了龙的颈项,打消了一家族兴旺的全部希望。——不管这一切,我不信堪舆术所贡献于吾人爱美生活的丰富性,曾不足以盖过阻碍地质学发展的罪恶。

中国建筑的最后和最重要的原则永久是保持与自然的调和。地位的选择,珍视过于拱璧。建筑物倘其本身很完美而不够与四周的风景相配,只觉令人不快,以其不和谐而粗鲁固执,吾人称之为风味不佳。最优美的建筑是以融和而混入自然风景中,成为风景之一分子,亦即属于风景而不可分离。这个原则控制所有的中国建筑,自高拱桥梁以至宝塔、庙宇、池边的凉亭。其轮廓宜柔和而不棱砾,它的屋顶幽静地挨近树荫的下面,让它的柔嫩的枝条轻拂檐际。中国式的屋顶并没有剑拔弩张的姿态,它涵养着和平的气息,谦逊地对天空作揖。它是一个人类居住处所的标志,它掩盖吾们的居宅显出相当程度的卑恭。因为吾们总是不忘把屋顶盖上吾们一切居室,不让它们无耻地裸露着仰望天空,像摩登的钢筋水泥建筑者。

最优良的建筑应该是这样,让吾们居住在里面,不会感觉到这一个处所天然景象消灭而人工机巧发端。为了这个缘故,色彩的应用至关重要,中国庙宇的赤圬墙壁很和谐地与青山紫气相糅合,而它的屋顶涂上绿色的釉彩,或是深蓝的,或是紫的,或是黄金的,与深秋的红叶、明朗的晴空相融合,给我们一个和谐的整景。吾们立于遥远的处所而眺望之,不禁击节叹曰:美哉!

第九章
生活的艺术

一 日常的娱乐

倘不知道人民日常的娱乐方法，便不能认识一个民族，好像对于个人，吾们倘非知道他怎样消遣闲暇的方法，吾们便不算熟悉了这个人。当一个人不在办理应该办理的事务，而随自己的意兴无拘束的行动时，他的个性才显露出来。当社会上的业务的压迫解除，金钱、名誉、欲望的刺激消散，他的意思随自己的所悦而行动时，吾们才认识了他的真面目。人生是残酷，政治是污浊，而商业是卑鄙的，是以依着一个人的社会生活而下批评，往往是不公正的。正因为如此，我察觉许多政治上的恶棍，倒是很可爱的人物；又察觉许多妄夸的大学校长，在家庭里才是道地的好好先生。由此引申之，我想中国人在玩耍寻乐的时候，比之干正经事情的时候远为可爱。中国人上政治舞台，荒诞不经；进了社会，稚态可掬；空闲的时候，方是最纯良的时候。他们有那么许多空闲，又有那么许多空闲的兴致。这一章谈论他们的生活的一段文字，是公开给一般想接近中国人或到中国社会里去的人的。那儿，中国人是保持着真面目的中国人，而且是最纯良愉快的时候，因为他们显露着真实的个性。

有了极度闲暇，中国人还有什么事情未曾干过呢？他们会嚼蟹，啜茗，尝醇泉，哼京调，放风筝，踢毽子，斗鸡，斗草，斗促织，搓麻将，猜谜语，浇花，种蔬菜，接果枝，下棋，养鸟，煨人参，沐浴，午睡，玩嬉小孩，饱餐，猜拳，变戏法，看戏，打锣鼓，吹笛，讲狐狸精，练书法，咀嚼鸭肾肝，捏胡桃，放鹰，喂鸽子，拈香，游庙，爬山，看赛船，斗牛，服春药，抽鸦片，街头闲荡，聚观飞机，评论政治，读佛经，练深呼吸，习静坐，相面，嗑西瓜子，赌月饼，赛灯，焚香，吃馄饨，射文虎，装盆景，送寿礼，磕头作揖，生儿子，睡觉。

因为中国人总是愉快，总是高兴，总是韵味无穷而敏慧，大多数人仍是保持他们的和蔼和兴致；虽是知识新青年常是性急和悲观，丧失了一切原来的真意味，仍有少数还时而显见其风韵和敏慧。这是很天然的，因为风韵是跟遗传性以俱来的。人们的爱美心理，不是受书本的教导，而是受社会行为之熏陶，因为他们生长于这个风韵雅致的社会里。工业时代的人们的精神是丑恶的，而中国人要废弃一切优美的社会遗传法式，疯狂样地醉心欧化，却是没有欧美遗传本质，那是更见丑恶。全上海的一切别墅，和他的无数豪富家庭，只有一个纯粹中国式的优美花园，而这个花园是一个犹太人的产业。所以中国人的花园都倾向欧洲式的设计，他们布置着网球草地，几何式的花床，整齐的篱栅，修剪成完全圆形或圆锥形的树木，把草花排成英文字母。上海不是中国，上海却是一个摩登中国趋向的不祥之预兆。它在吾们的口腔里留下恶劣气味,好像中国人用猪油焙制的西式奶油饼干。它刺激吾们的神经,有如中国乐队在送葬仪仗队中大奏其《前进!基督精兵》。遗传法式与审美趣味须经历岁月以逐渐养成。

古代中国是有审美能力的,吾们可以从美观的书本装订式,精雅的信笺、古代的瓷器、绘画名作,以及其他未受西洋影响的古玩中看出来。一个人抚弄着优美的古装画,或看见了文人的信笺,未有不能看出中国古人的精神对于色调之和谐有深切的了解者。只不过五六十年前,有一个时期,男人还穿着湖色长袍,妇女们穿着月白袄裤,那时绉纱还是纯粹中国丝织的绉纱,而上等朱红印泥还有销场,现在全部丝厂业已濒于崩溃,因为人造丝价格远为低贱,而且洗涤容易,而上等印泥价格三十二元一两者已绝迹于市场,因为人们都用了橡皮图章和紫罗兰印油。

中国古人的雅韵,愉快的情绪,可见之于一般小品文,它是中国人的性灵当其闲暇娱乐时的产品。闲暇生活的消遣是它的基本的题旨。主要的材料包括品茗的艺术,镌刻印章,考究其刻艺和石章的品质,研究盆栽花草,培植兰蕙,泛舟湖心,攀登名山,游谒古墓,月下吟诗,高山赏潮——篇篇都具有一种闲适、亲昵、柔和的风格,感情周密有如至友的炉边闲话。富含诗意而不求整律,有如隐士的衣服。一种风格令人读之但觉其味锐酷而又醇熟,有如陈年好酒。字里行间,弥漫一种活现的性灵,乐天自足的气氛,贫于财货而富于情感,鉴识卓越,老练而充满着现世的智慧;可是心地淳朴,满腹热情,却也与世无争知足无为,而具一双伶俐的冷眼,爱好朴素而纯洁的生活。这种愉快的精神最可见之于《水浒传》的序文中——这篇序文依托《水浒传》作者的名义,实际为十七世纪大批评家金圣叹的手笔。这篇序文是中国小品文的一个出色的模型,不论在其方法及材料方面,读来大似一篇闲居杂说,未识何意,作者定要把它冒充小说的序文。

中国的人们都很知道生活的艺术。一个文化较晚进的民族，或许是热衷于企求进步，文化老大的民族，天然在人生历程上长了许许多多见识，则但切心于求生活。如中国者，以其人文主义的精神——人文主义使人成为一切事物为中心，而人类幸福为一切知识的最终目的——侧重于生活的艺术，没有什么不自然。即令没有人文主义，老大文化一定有其不同的评价标准，因为只有古老的文化才知道"人生的持久快乐之道"。而所谓人生的快乐者不过为官觉、饮食、男女、庭园、友谊的问题。这就是人生本质的归宿。这就是为何历史悠久的城市像巴黎，像维也纳，吾们便有好的厨师，好的酒，美貌的女人，优美的音乐。经过了相当阶段，人们的智巧到了碰壁的一日，乃厌倦于问题的考究，走上欧玛尔·海亚姆的老路线，还是享享家园之乐吧。任何民族，倘不知道怎样享口福，又不知道尽量图人生之快乐像中国人一样者，在我们看来，便算是拙笨不文明的民族。

十七世纪李笠翁的著作中，有一重要部分，专事谈论人生的娱乐方法，叫做《闲情偶寄》，这是中国人生活艺术的指南。自从居室以至庭园，举凡内部装饰，界壁分隔，妇女的妆阁，修容首饰，脂粉点染，饮馔调治，最后谈到富人贫人的颐养方法，一年四季，怎样排遣忧虑，节制性欲，却病，疗病，结束时尤别立蹊径，把药物分成三大动人的项目，叫做"本性酷好之药""其人急需之药""一心钟爱之药"。此最后一章，尤富人生智慧，他告诉人的医药知识胜过医科大学的一个学程。这个享乐主义的剧作家又是幽默大诗人，讲了他所知道的一切。他的对于生活艺术的透彻理解，可见于下面所摘的几节文字，它充分显出中国人的基本精神。

在他的精细研究各种花卉竹木的种植和享乐方法的文字中，李笠翁便这样谈论"柳"：

柳贵乎垂，不垂则可无柳，柳条贵长，不长则无袅娜之姿，徒长无益也。此树为纳蝉之所，诸鸟亦集，长夏不寂寞，得时闻鼓吹者，是树皆有功，而高柳为最。总之，种树非止娱目，兼为悦耳。目有时而不娱，以在卧榻之上也，耳则无时不悦。鸟声之最可爱者，不在人之坐时，而偏在睡时。鸟音宜晓听，人皆知之，而其独宜于晓之故，则人未之察也。鸟之防弋，无时不然。卯辰以后，是人皆起而鸟不自安矣。虑患之念一生，虽欲鸣而不得，鸣亦必无好音，此其不宜于昼也。晓则是人未起，即有起者，数亦寥寥，无防患之心，自能毕其能事。且扪舌一夜，技痒于心，至此皆思调弄，所谓不鸣则已，一鸣惊人者是也，此其独宜于晓也。庄子非鱼，能知鱼之乐，笠翁非鸟，能识鸟之情，凡属鸣禽，皆当呼予为知己。种树之乐多端，而其不便于雅人者，亦有一节，枝叶繁冗，不漏月光，隔婵娟而不使见者，此其无心之过，不足责也。然非树木无心，人无心耳。使于种植之初，预防及此，留一线之余天，以待月轮出没，则昼夜均受其利矣。

吾们又在他的谈论妇女"衣衫"一节中，获睹他的慧心的观察：

妇人之衣，不贵精而贵洁，不贵丽而贵雅，不贵与家相称而贵与貌相宜。绮罗文绣之服，被垢蒙尘，反不若布服之鲜美，所谓贵洁不贵精也。红紫深艳之色，违时失尚，反不如浅淡之合宜，所谓贵雅不贵丽也。贵人之妇，宜披文采；寒俭之家，当衣缟素，所谓与家相称也。然人有生成之面，面有相配之衣，衣有相称之色，皆一定而不可移者。今试取鲜衣一袭，令少数妇人先后服之,定有一二中看,一二不中看者,以其面色与衣色有相称不相称之别,非衣有公私向背于其间也。使贵人之妇之面色不宜文采而宜缟素,必欲去缟素而就文采,不几与面为仇乎?故曰不贵与家相称而贵与面相宜。大约面色之最白最嫩与体态之最轻盈者,斯无往而不宜。色之浅者显其淡,色之深者愈显其淡,衣之精者形其娇,衣之粗者愈形其娇,此等即非国色,亦去夷光王嫱不远矣。然当世有几人哉?稍近中材者,即当相体裁衣,不得混施色相矣。……

记予儿时所见,女子之少者,尚银红桃红,稍长者尚月白。未几而银红桃红皆变大红,月白变蓝,再变则大红变紫,蓝变石青,迨鼎革以后,则石青与紫皆罕见,无论少长男妇,皆衣玄矣。

于是李笠翁接着大事赞扬玄色之功用,因为玄色是他所嗜爱的颜色,所以他说,"玄之为色,其妙多端,面白者衣之,其面愈白,面黑者衣之,其面亦不觉其黑;年少者衣之,其年愈少,年老者衣之,其年亦不觉甚老。贫贱者衣之,是为贫贱之本节,富贵者衣之,又觉脱去繁华之习"。又说"此色以其极深,故能藏垢而不显,使贫家衣此,可较耐穿。而富贵之家,凡有锦衣绣裳,皆可服之于内,风飘袂起,五色灿然,使一衣胜似一衣,非止不掩中藏,且莫能穷其底蕴"。娓娓动听,真是韵味无穷。

又在另一节中,他给我们讲"睡眠",这是谈论午睡艺术的最美丽的文字:

午睡之乐,倍于黄昏。三时皆所不宜而独宜于长夏,非私之也。长夏之一日,可抵残冬之二日,长夏之一夜,不敌残冬之半夜。使止息于夜而不息于昼,是以一分之逸,敌四分之劳,精力几何，其能堪此？况暑气铄金，当之未有不倦者。倦极而眠，犹饥之得食，渴之得饮，养生之计，未有善于此者。午餐之后，略逾寸晷，俟所食既消，而后徘徊近榻，又勿有心觅睡。觅睡得睡，其为睡也不甜。必先处于有事，事未毕而忽倦，睡乡之民，自来招我。桃源天台诸妙境，原非有意造之，皆莫知其然而然者。予最爱旧诗中有"手卷抛书午梦长"一句。手书而眠，意不在睡，抛书而寝，则又意不在书。所谓莫知其然而然也。睡中三昧，惟此得之。……

待人们懂得李笠翁所讲的"睡眠"的艺术，那时人们才不愧以文明自负。

二　居室与庭园

中国建筑的要领，前面"建筑"的一节中已略有所论列。至中国式的居室与庭园，示人以更奥妙的神态，值得特别加以注意。这个与自然相调和的原则，更进一步，因为在中国人的概念中，居室与庭园不当做两个分立的个体，却视为整个组织的部分。一座住宅跟一座花园倘是一座方形建筑物而围绕以平滑的网球草场，则永远不会连接成一个整体。花园的"园"这个字，并不是草场或几何形花状的含义，却是指一块土地，那里可以种蔬菜，栽果木，又可以树荫之下闲坐坐。中国人对于"家宅"的概念是指一所住宅，那里要有一口井、一片饲育家禽的场地和几株柿枣之属的树，要可以相当宽舒的互相配列着。因为要使地位宽舒，在中国古时，以及现代的农村里头，房屋的本身在全部家宅庭园的配置里，退处于比较次要的地位。

人类文明变迁得那么厉害,致使地位这样东西,不是普通人人所能有,亦非普通人人所能享。吾们的变迁已如此厉害,致一个人倘能享有一亩经整治的草地,在其中央,他得以掘一口五尺见方的小池,养数尾金鱼,还堆一座假山,它的高度让蚂蚁费了五分钟才爬到顶,则他将不胜自喜。这样一来,全部变换了吾们对于家宅的概念。从此不复有饲育家禽的场地,不复有井,也没有空隙的场地可让小孩子捉蟋蟀致高兴地弄脏了衣服。反之,吾们的家宅实质地变得像鸽棚一样,美其名曰公寓,其所有者为电铃、电键、衣橱、橡皮垫子、钥孔、电线、警铃,这些东西的混合,吾们称之为家宅。没有顶阁,没有尘埃,也没有蜘蛛网,吾们对于家宅的曲解的理想,程度真是不差,故有些欧美人方自做其所睡的床榻原来白昼是一只沙发。他们拿来夸示于亲友,于现代的工艺知识又惊又佩。现代的精神的家宅已经散裂了,因为实质的家宅已经消失,萨丕尔(Edward Sapir)盖已这样说过。人们迁入了公寓的三间一组的小房间仍不解何以总拦不住小孩子们好好住在家里。

　　通常住在乡村里的中国贫苦民众,他们所有的自己的住所比之纽约的大学教授所有者为大。可是中国人也有住在城市里的,不能人人都有宽大的花园。艺术存在于怎样尽量利用一人之所有而仍能容许人类想象力的活动以打破空洞墙壁的单调。《浮生六记》作者沈复(十八世纪中叶)在这本优美的小册子里替我们计划出怎样一个穷书生也可以想法布置一个美丽的居宅,这反映出中国文化的主要精神。从中国建筑的非规律的原理,吾们以人类奥妙的想象力发展一种隐藏奇特的原理,它可以实现于富贵人家的别墅,也可以实现于贫寒书生的居室。《浮生六记》中便有这个原理的重要记述。依照了他的计划,据这位作者所说,可以使一个寒儒的居室布置得充分美观。这个原理有一个公式可表示出来,叫做"大中见小,小中见大;虚中有实,实中有虚"。且看沈复怎样说：

> 若夫园亭楼阁，套室回廊，叠石成山，栽花取势，又在大中见小，小中见大，虚中有实，实中有虚，或藏或露，或浅或深。不仅在周围曲折四字，又不在地广石多，徒烦工费。或掘地堆土成山，间以块石，杂以花草，篱用梅编，墙以藤引，则无山而成山矣。大中见小者，散漫处植易长之竹，编易茂之梅以屏之。小中见大者，窄院之墙，宜凹凸其形，饰以绿色，引以藤蔓，嵌大石凿字作碑记形，推窗如临石壁，便觉峻峭无穷。虚中有实者，或山穷水尽处，一折而豁然开朗；或轩阁设厨处，一开而可通别院。实中有虚者，开门于不通之院，映以竹石，如有实无也；设矮栏于墙头，如上有月台而实虚也。贫士屋少人多，当仿吾乡太平船后梢之位置，再加转移其间，台级为床，前后借凑，可作三榻，间以板而裱以纸，则前后上下皆越绝。譬之如行长路，即不觉其窄矣。余夫妇寓侨扬州时，曾仿此法，房仅两椽，上下卧房，厨灶客座，皆越绝，而绰然有余。芸曾笑曰："位置虽精，终非富贵家气象也。"是诚然与！

让吾们往下读一段，看这两个天真的人物，一个是穷秀才，一个是他的聪明的爱妻，看他们怎样在贫愁的生活中享乐最后一点幸福，却尚恐为造物所妒，致不克永享此幸福。

> 余扫墓山中，检有峦纹可观之石，归与芸商曰："用油灰叠宣州石于白石盆，取色匀也。本山黄石虽古朴，亦用油灰，则黄白相间，凿痕毕露，将奈何？"芸曰："择石之顽劣者，捣末于灰痕处，乘湿掺之，干或色同也。"乃如其言，用宜兴窑长方

盆,叠起一峰,偏于左而凸于右,背作横方纹,如云林石法,巉岩凹凸,若临江石矶状。虚一角,用河泥种千瓣白萍,石上植茑萝——俗呼云松,经营数日乃成。至深秋,茑萝蔓延满山,如藤罗之垂石壁,花开正红色,白萍亦透水大放,红白相间,神游其中,如登蓬岛。置之檐下,与芸品题:此处宜设水阁,此处宜立茅亭,此处宜凿六字曰:"落花流水之间"。此可以居,此可以钓,此可以眺,胸中丘壑,若将移居者然。一夕,猫奴争食,自檐而堕,连盆与架,顷刻碎之。余叹曰:"即此小经营,尚干造物忌耶?"两人不禁泪落。

私人居宅与公共建筑物的区别,即在吾人所与之接近的感情与吾们为它所费的时间与心思。家宅的设计与室内装饰,不是吾们所能全然从建筑师购买而得,也不能从百货大公司购买而得;只有当心绪十分闲适,胸中自有温情蜜意的存在时,居家的生活,才会成为一种艺术和乐趣。沈复和李笠翁二人,大家都具有温情蜜意,不忽略生活中的细小琐节,告诉我们许多巧妙方法,怎样栽培花草,怎样装配盆景,怎样利用庭院,怎样熏陶粉泽;又告诉我们各色各样别出心裁的设计:窗棂之布置,使推窗一望,宏丽美景尽收眼底,宛如身入画中,画轴之悬挂,椅桌之陈设,务期清雅;李笠翁又发明一种暖椅之制,使下面烘以炭盆,俾在冬令保其肢体的温暖。至于内部装饰的一切详细当为篇幅所限,不容毕叙,但可总说一句,一切庭院书斋、瓶花陈设,总以简雅为基本标准。许多文人的书斋,面前总有一个清雅的小院子,它充满着幽静的气氛。在这个小院子的中央,矗立着一两块嶙峋有致的假山石,满布着波浪形的纹理;或则几块古怪的木根,形如山石,叫做木假山,旁边挤生一簇细竹,它们的线条是那么精致可爱,假设墙壁上的窗眼是开成扇形的,它的框子用瓦管做成竹竿的形式，暗示着外边是一个农村的世界。

出奇制胜主义如沈复替贫士狭隘居室所拟的画策，也可以拿来应用之富贵人家的花园设计。倘用英文的 garden 一词来译中文的"园"字，那不啻赋予以误解的意义。因为 garden 所给人的印象，是一片草地和各种各样的花，它的形式总是太呆板，太整齐，不适合中国人的趣味。中文的"园"字给人的印象，第一是一个辽广的风景，它的人工的优美，其部位的恰当，或许超过天然的风景，但仍保持着天然的面目，也有树，也有山，也有川、桥、划子、茶畦、草木和花卉。分布在这个天然景色中，有人们的建筑物，桥亭台榭，曲廊假山，那些建筑物在流线型的屋顶那样完美地融合于风景，彼此混成一体。没有平整的篱栅，没有圆形或圆锥形的树木，没有挺直的路径——没有这一切形式，这一切使凡尔赛弄成那么笨拙，叫中国人看不上眼。在中国花园里，随时随地吾们所看到的是弯曲、参差、掩藏、暗示。

没有一所中国的大住宅的建筑式样容许外边人从大门看出屋前绵长的车道，因为这样将违反掩隐的原则。对准大门，吾们或许看见一方小的庭院，或许是一座假山，一些不使人想起其内部庞大的地位，把一个人逐步逐步地引导至更新颖更宏丽的景色，不断地现出新奇而别出心裁的意匠。因为吾们要由小以见大，由大以见小。很少能一览而得一鸟瞰全景，倘一览而尽全景，便没有含蓄供人想象。中国花园的特点为其精密的错综点缀之设计，这种错综的特性才引起"莫穷底蕴"的感觉，尚令人想象他的园景大过于他的实际。

至于饱学而富裕的文人，当其计划自己的花园时，有些意境近乎宗教的热情和祠神的虔诚。祁彪佳（1602—1645）的记述很有趣地表现这个精神：

卜筑之初，仅欲三五楹而止，客有指点之者，某可亭，某可榭，予听之漠然，以为意不及此。及于徘徊数回，不觉向客之言耿耿胸次，某亭某榭果有不可无者。前役未罢，辄于胸怀所及，不觉领异拔新，迫之而出。每至路穷径险，则极虑穷思，形诸梦寐，便有别辟之境地，若为天开。以故兴愈鼓，趣亦愈浓。朝而出，暮而归；偶有家冗，皆于烛下了之。枕上望晨光乍吐，即呼奚奴驾舟，三里之遥，恨不促之于跬步，祈寒盛暑，体栗汗浃，不以为苦，虽遇大风雨，舟未尝一日不出。摸索床头金尽，略有懊丧意。及于抵山盘旋，则购石庀材，犹怪其少。以故两年以来，囊空如洗。予亦病而愈，愈而复病，此开园之痴癖也。

园尽有山之三面，其下平田十余亩，水石半之，室庐与花木半之。为堂者二，为亭者三，为廊者四，为台与阁者二，为堤者三。其他轩与斋类，而幽敞各极其致，居与庵类，而纡广不一其形；室与山房类，而高下分标其胜。与夫为桥为榭，为径为峰，参差点缀，委折波漏，大抵虚者实之，实者虚之，聚者散之，散者聚之，险者夷之，夷者险之。如良医之治病，攻补互投；如良将之用兵，奇正并用；若名手作书，不使一笔不灵；若名流作文，不使一语不韵，此开园之营构也。……

和谐、参差、新奇、掩藏、暗示——这些是中国园亭设计的几个原则，亦为别种中国艺术的一贯原则。

三　饮食

吾们所吃的是什么？时常有人提出这么一个问题。吾们将回答说,凡属地球上可吃的东西,我们都吃。我们也吃蟹,出于爱好;我们也吃树皮草根,出于必要。经济上的必要乃为吾们的新食品发明之母,吾们的人口太繁密,而饥荒太普遍,致令吾们不得不吃凡手指所能夹持的任何东西。这当然很合理,我们既积极地体验一切可吃的东西,自可不期而获得新的发现,一如多数科学上和医药上的偶然发现。有一件事情,我们发现了一种奇异的人参的滋补效力,它的效力著者愿以自身做证,证明它的确为人类所知的最能滋益精力的补剂,而它的刺激的性能尤为温和。但是除了这种医药上的或烹调上的偶然发现,吾们实在为地球上唯一无所不食的动物,只要吾们的牙齿健在,吾们将永远保持这个地位。也许有一天牙医学者会发觉吾们具有最优良的牙齿。吾们有这样天赋的健全牙齿,而受着饥荒的驱迫,吾们为什么不会在吾们的民族生命中某种特殊时期发现盐炒甲虫和油炸蜂蛹为美味精品。其唯一食品为吾人所未发现抑且不喜吃的为干酪(Cheese)。蒙古人无法劝吾们吃干酪,欧洲人也未见较大功效。

我们的食品是无益于应用逻辑的理论的,那完全是由偏私来决定的。大西洋的两岸,两种介类是很普遍的,一种是软壳蛤类(Mya arenaria),另一种是淡菜类(Mytilus edulis)。这两种软体动物的种类在大西洋两岸是一样的。在欧洲吃淡菜很通行,但不通行吃蛤子;在美洲其情形恰恰相反,这是汤森德(Townsend)博士一九二八年在科学杂志中所发表的著作里告诉吾们的。汤森德又告诉我们,鲽鱼在英格兰和波士顿是以昂价出售的,可是在纽芬兰乡村间,被视为不配吃的东西。吾们吃着淡菜像欧洲人,吃着蛤子像美国人,但是吾们不生吃牡蛎像美国的吃法。你不必相信我说蛇肉之鲜不亚于嫩鸡。我居住中国四十年,未曾一尝此异味,亦未见亲友中吃蛇肉者。谈讲吃蛇肉的故事,传播比谈吃鸡来得迅速,其实吾们吃鸡还较白人为多而且美,而吃蛇肉这种事情,跟西洋人一样是很稀罕的。

唯吾人所可为诸君告者，吾人对于滋味，全国有同嗜焉，而任何明理之论，苟从中国人食桌上取肴馔而食之，可毋庸内疚于心。命运制于饥荒，非吾们人类所能自决。当其为饥饿所严重压迫，尚有何物不可食者。非至明悉饥荒所加人类之作用，应不配施人以非难。大饥荒之际，吾们中间有烹婴孩而食者——虽如此情形，为仁慈所罕有——不过感谢上帝，吾们尚未将他生吃，像英国人吃牛肉者然。

人世间倘有任何事情值得吾人的慎重行事者，那不是宗教，也不是学问，而是"吃"。吾们曾公开宣称"吃"为人生少数乐事之一。这个态度的问题颇关重要，因为吾们倘非竭诚注重食事，吾人将永不能把"吃"和烹调演成艺术。关于食物问题的态度，在欧洲可以英法两国为代表。法国人的吃是热烈地吃，而英国人的吃是歉疚地吃，中国人就其自谋口福而论，是天禀地倾向于法国人的态度的。

不把饮食郑重行事而有退化为随便琐事的危险，可从英人的民族生活研习之。假令他们知道怎样辨别食品的风味，他们的语言文字曾表现这个意思。英国语言中没有"烹饪"一语，使干脆地叫它"烧"。他们没有适当称呼厨师的名称，但老实叫他"伙夫"。他们从不讲起菜单，只是知道一般所称的"盘碟"。他们没有美味品评家的名称，就是用催眠曲里的字叫他"贪吃星"。其实际是英国人不大理会肚皮，除非胃部有了病痛，寻常谈话中不提起肚皮。其结果当法国人谈论着他的厨师的烹调——从英国人的眼光看来——用着不知谦逊的态度，而英国人谈到他的伙夫的食品总觉得难免损及其辞令的藻饰。当其受着法国主人紧紧逼迫，他将吞吞吐吐透出一句"这布丁是非常的好"，而没有旁的话可说。至于倘布丁而好，那一定有好的理由，但英国人殊不愿于此多费脑筋，英国人所最注意者，为怎样保持其身体的结实，以抵抗感冒的侵袭，俾节省医药费。

然而除非你好好地加以辨味，或改变对待食品的意见，殊不易发展一个通国的烹调艺术。学习怎样吃法的第一个条件是先谈论它。只有在一个社会里那里的文雅人士首先考究厨子的卫生而非寒暄天气，始可发展烹饪的艺术。未吃之前，应先热切盼望着，东西端至己前，先蘸一些尝尝滋味，然后细细咀嚼；即食之后，大家批评着烹调的手法，非如此，不足以充分享受食物。教师应可在讲台上大无畏地斥责滋味恶劣的肉排，而学者应可著述专谈烹调术的论文。吾们在得到某种食品之前，老早就在想念着它，心上不住地回转着，盼望着，暗中有一种内心的愉快，怀着吾们将与一二知友分享的乐趣，因是写三张邀客便条如下："舍侄适自镇江来，以上等清醋为饷，并老尤家之真正南京板鸭一只，想其风味必佳。"或则写这样一张："转瞬六月将尽，及今而不来，将非俟明年五月，不获复尝鲥鱼美味矣。"每岁末及秋月成钩，风雅之士如李笠翁者，照他自己的所述，即将储钱以待购蟹，选择一古迹名胜地点，招二三友人在中秋月下持蟹对酌，或在菊丛中与知友谈论怎样取端方窖藏之酒，潜思冥想，有如英国人之潜思香槟票奖码者。只有这种精神才能使饮馔口福达到艺术之水准。

吾人无愧豪色于饕餮。吾们有所谓"东坡肉"，又有"江公豆腐"。在英国，"华兹华斯肉排"或"高尔斯华绥炸肉片"，将为不可思议。华兹华斯高唱简朴生活与高尚思想，但他竟疏忽了精美食品。特殊像新鲜竹笋和香蕈不失为简朴乡村生活的一乐事。中国诗人，具有较重功利主义的哲学思想，曾坦直地歌咏本乡的"鲈脍羹"。这种思想被认为富含诗意，故官吏上表乞退时常引"思吴中羹"一语以为最优雅之辞令。确实，吾们的爱恋乡土大半为儿童时代兴趣之回溯。许多美国人，当其远客异国，常追慕故乡的熏腿和甜番薯，但是他不承认这些使他兴依恋乡井之思，也不曾把感想写入诗中。我们对于吃的尊重，可从许多方面显现出来。任何人翻开《红楼梦》或其他中国

小说,将深深感动于详细的列叙菜单,何者为黛玉之早餐,何者为贾宝玉的夜点。郑板桥致其介弟的家书中,有赞扬糊粥之语:

> 天寒冰冻时,穷亲戚朋友到门,先泡一大碗炒米送手中,佐以酱姜一小碟,最是暖老温贫之具。暇日咽碎米饼,煮糊涂粥,双手捧碗,缩颈而啜之,霜晨雪早,得此周身俱暖,嗟呼,嗟呼,吾其长为农夫以没世乎!

中国人的喜爱食品一如他们喜爱女色与生命。没有英国大诗人著作家肯折节自卑,写一本烹调书,这种著作他们视为文学境域以外的东西,没有著作的价值。但是中国的伟大戏曲家李笠翁并不以为有损身份以写菇蕈烹调方法以及其他蔬菜肉食的调治艺术。另一个大诗人袁枚写了一本专书论述烹调术,此外另有许多短篇散文谈论及此。他的谈论烹调术有如亨利·詹姆士(Henry James)的论英国皇家膳司,用一种专业的知识与庄严态度而著述之。但是威尔斯(H.G.Wells)此人在英国人心目中最见有写作饮食文章的倾向,可是实际到底不能写,至于博学多识不及威尔斯氏者,将更无望了。法朗士(Anatole France)那样的作家,应该是可望其写一些优美的烹饪文字的人物了,好像炸牛肝、炒冬菇的妙法,可在他致亲密友人的私函中发现之;我却很怀疑他是否遗留给我们认为文学作品的一部。

中国烹饪别于欧洲式者有两个原则。其一,吾们的东西吃它的组织肌理,它所抵达于吾们牙齿上的松脆或弹性的感觉,并其味香色。李笠翁自称他是蟹奴,因为蟹具味香色三者之至极。组织肌理的意思,不大容易懂得,可是竹笋一物所以如此流行,即为其嫩笋所给予吾人牙齿上的精美的抵抗力。一般人之爱好竹笋可为吾人善辨滋味的典型例证,它既不油腻,却有一种不可言辞形容的肥美之质。不过其最重要者，为它倘与肉类共烹能增进肉类（尤其是猪肉）的滋味，而其本身又能摄取肉类的鲜味。这第二个原则，便是滋味的调和。中国的全部烹调艺术即依仗调和的手法。虽中国人也认为有许多东西，像鱼，应该在它本身的原汤里烹煮，大体上他们把各种滋味混合，远甚于西式烹调。例如白菜必须与鸡或肉类共烹才有好的滋味，那时鸡肉的滋味渗入白菜，白菜的滋味渗入鸡肉，从此调和原则引申，可以制造出无限的精美混合法。像芹菜，可以单独生吃。但当中国人在西餐中看见了菠菜萝卜分列烹煮都与猪肉或烧鹅放入同一盘碟而食之，未免发笑，觉得这吃法是太野蛮了。

中国人，他们的恰到好处的感觉在绘画与建筑方面是那样锐敏，可是在饮食方面而好像完全丧失了它，中国人的对于饮食，当其围桌而坐，无不尽量饱餐。凡属重大菜肴，像全鸭，往往在上了十二三道别样的菜以后，始姗姗上席，其实光是全鸭这一道菜，也就够任何人吃个饱畅。这样过于丰盛的菜肴，是出于敬客的虚假形式，也因为当一道一道上菜之际是假定客人乘着酒兴耍玩种种余兴或行酒令，或吟诗句，这天然需要时间的延长，仍容许胃肠以较充分的时间来消化。很可能，中国政府效率的所以低弱，直接导因于全体官僚大老爷个个须每晚应酬三四处的宴会。他们所餐的四分之一是在滋养他们，而四分之三乃在残杀他们。这又为富人多病的原因，像肝病和肾病，这种病症又为报纸上时常发现的名目，当政治陈情乞退，无不引为现成的借口。

虽说中国在安排宴会时，食料的适量方面应该学学西式才好，但是他们也有许多擅长而出色的烹调法来教导教导西洋人。烹调普通的菜肴像青菜和鸡肉，中国人有很丰富的秘诀可以教教西洋人，而西洋人也很可以服服帖帖学习一下。不过实际上这样的情形不会出现，直要等吾们建造了强大炮舰而国力足以吞噬欧美，那时西洋人将认识中国人为较优良的烹饪家，毫无问题。不过到了那个时期，不用再谈烹调那样的琐事了。上海租界里不知有几千几万英国人，从未踏进中国的菜馆子，而中国人又是低能的教师。吾们从未勉强那样非自动来求教的人，况且吾们也没有炮舰，就是有了也不致驶入泰晤士河或密西西比河施行炮舰政策以强制英美人的意志。

在饮料方面，吾们天生是很节省的，只有茶是例外。因为比较地缺乏酒精类饮料，吾们在街道上是很少瞧见醉汉的。至于饮茶一道，其本身亦为一种艺术。有些人竟至有崇拜的精神。吾们有专门谈论品茗的著作，有如专事谈论熏香、酿酒、假山石的著作。饮茶的通行，比之其他人类生活形态为甚，致成为全国人民日常生活的特色之一。于是各处茶寮林立，相仿于欧洲的酒吧间以适应一般人民。吾们在家庭中喝茶，又上茶馆去喝茶，或则独个儿，或则结伴而去，也有同业集会，也有吃讲茶以解决纷争的。未进早餐也喝茶，午夜三更也喝茶，捧了一把茶壶，中国人很快活地随处走动。那是到处一样的习惯，且喝茶不致有毒害的后果，除掉少数的例外，像作者的家乡，有喝茶喝破了产的，不过喝茶喝破产只因为他们喝那十分昂贵的茶叶。至于普通的茶是很低廉的，而且中国的普通茶就给王公饮饮也不致太蹩脚。最好的茶是又醇厚又和顺，喝了过一两分钟，当其发生化学作用而刺激唾腺，会有一种回味上升上来，这样优美的茶，人人喝了都感愉快。我敢说茶之为物既助消化，又能使人心气平和，所以它实延长了中国人的寿命。

茶叶和泉水的选择已为一种艺术。这里我引一段十七世纪初期的文人张岱的话以证我说。他写他评选茶叶和泉水的艺术，而在当时，他实为一位罕堪敌手的鉴识家。

周墨晨向余道闵汶水茶不置口。戊寅九月至留都，抵岸，即访闵汶水于桃叶渡。日晡，汶水他出，迟其归，乃婆娑一老。方叙语，遽起曰："杖忘某所。"又去。余曰："今日岂可空去？"迟之又久，汶水返，更定矣，睨余曰："客尚在耶，客在奚为者？"余曰："慕汶老久。今日不畅饮汶老茶，决不去！"汶水喜，自起当炉。茶旋煮，速如风雨。导至一室，明窗净几，荆溪壶，成宣窑瓷瓯十余种皆精绝。灯下视茶色，与瓦瓯无别而香气逼人。余叫绝。问汶水曰："此茶何产？"汶水曰："阆苑茶也。"余再啜之，曰："莫绐余，是阆苑制法而味不似。"汶水匿笑曰："客知是何产？"余再啜之，曰："何其似罗山介甚也！"汶水吐舌曰："奇！奇！"余问："水何水？"曰："惠泉。"余又曰："莫绐余，惠泉走千里，水劳而圭角不动何也？"汶水曰："不复敢隐。其取惠水，必淘井，静夜候新泉至，旋汲之，山石磊磊藉瓮底，舟非风则勿行，故水不生磊，即寻常惠水犹逊一头也，况他水耶！"又吐舌曰："奇！奇！"言未毕，汶水去。少顷持一壶满斟余曰："客啜此！"余曰："香扑烈，味甚浑厚，此春茶耶？向瀹者，是秋采。"汶水大笑曰："余年七十，精赏鉴者无客比。"遂定交。

此种艺术，现在几已完全消失了，除了少数老年的嗜茶鉴赏家。中国火车上很难得饮优良茶，就在头等车中也是一样，而却是立顿茶冲调牛奶和方糖而飨客，而立顿茶对于我个人是最不配口味。当立顿爵士到上海，他受款待于一位著名的中国富豪家中，他要喝一杯中国茶，竟未达到目的，他被待以立顿茶冲以牛奶方糖。

我想现在已充分讲过了中国人当其神志清明之际，透彻地知道怎样的生活法。生活的艺术对于他们是第二本能和宗教。谁说中国文明是精神文明便是撒谎。

四　人生的归宿

既将中国人的艺术及其生活予以全盘的观察，吾人才将信服中国人确为生活艺术的大家。中国人的生活，有一种集中现实的诚信，一种佳妙的风味，他们的生活比之西洋为和悦为切实而其热情相等。在中国，精神的价值还没有跟物质的价值分离，却帮助人们更热情享乐各自本分中的生活。这就是我们的愉快而幽默的原因。一个非基督徒会具一种信仰现世人生的热诚，而在一个眼界中同时包括精神的与物质的评价，这在基督徒是难于想象的。吾们同一个时间生活于感觉生活与精神生活，如觉并无不可避免的冲突。因为人类精神乃用以美饰人生，俾襄助以克服吾们的感觉界所不可避免的丑恶与痛苦，但从不想逃免这个现世的生命而寻索未来生命的意义。孔子曾回答一个门人对于死的问题这样说："未知生，焉知死？"他在这几句话中，表现其对于人生和知识问题的庸常的、非抽象的、切实的态度，这种态度构成吾们全国的生活与思想的特性。

这个见地建立了某种价值的标度。无论在知识或生活的任何方面，人生的标准即据此为基点。它说明吾们的喜悦与嫌恶心。人生的标准在吾们是一种种族的思想，无言辞可表，毋庸予以定义，亦毋庸申述理由。这个人生的标准本能地引导吾们怀疑都市文化而倡导乡村文化，并将此种理想输入艺术，生活的艺术与文化的艺术；使吾们嫌恶宗教，玩玩佛学而从不十分接受其逻辑的结论；使吾们憎厌机械天才。这种本能的信任生命，赋予吾们一种强有力的共通意识以观察人生千变万化的变迁，与知识上的盈千累万的困难问题，这些吾们粗鲁地忽略过去了。它使吾们观察人生沉着而完整，没有过大的歪曲评价，它教导吾们几种简单的智慧，如尊敬长老、爱乐家庭生活、容忍性的束缚与忧愁生活。它使吾们着重几种普通道德像忍耐、勤俭、谦恭、和平。它阻止狂想的过激学理的发展而使人类不致为思想所奴役。它给我们价值的意识而教导我们接受人生的物质与精神上的优点。它告诉我们，无论人类在思想上行为上怎样尽了力，一切知识的最终目的为人类的幸福。而吾们总想法使吾们在这个世界上的生活快乐，无论命运的变迁若何。

吾们是老大的民族。老年人的巨眼看尽了一切过去与一切现代生活的变迁，也有许多是浅薄的，也有许多对于吾们人生具有真理的意义。吾们对于进步略有些取冷笑的态度，吾们也有些懦弱，原来吾们是老苍苍的人民了。吾们不喜在球场上奔驰突骤以争逐一皮球，吾们却欢喜闲步柳堤之上与鸣鸟游鱼为伴。人生是多么不确定，吾们倘知道了什么足以满足吾们，便紧紧把握住它，有如暴风雨的黑夜，慈母之紧紧抱住她的爱子。吾们实在并无探险北极或测量喜马拉雅山的野心。当欧美人干这些事业，吾们将发问："吾们干这些事情为的是什么？是不是到南极去享快乐生活吗？"吾们上戏院或电影院，但是在吾们的心底吾们觉得一个真实小孩的笑容，跟银幕上幻想的小孩笑容一样给我们快乐。吾们把二者比较一下，于是吾们安安顿顿住在家里。吾们不信接吻自己的爱妻定然是淡而无味，而别人的妻子一定会更显娇的，好像"家主婆是别人家的好"。当吾们泛舟湖心，则不畏爬山之苦；徘徊山麓，则不知越岭之劳，吾们今朝有酒今朝醉，眼底有花莫掉头。

人生譬如一出滑稽剧。有时还是做一个旁观者，静观而微笑，胜如自身参与一分子。像一个清醒了的幻梦者，吾们的观察人生，不是戴上隔夜梦景中的幻想的色彩，而是用较清明的眼力。吾们倾向于放弃不可捉摸的未来而同时把握住少数确定的事物。吾们所知道可以给予幸福于吾人者，吾们常常返求之于自然，以自然为真善美永久幸福的源泉。丧失了进步与国力，吾们还是很悠闲自得地生活着，轩窗敞启，听金蝉曼唱，微风落叶，爱篱菊之清芳，赏秋月之高朗，吾们便很感满足。

因为吾们的民族生命真已踏进了新秋时节。在吾们的生命中，民族的和个人的，临到了一个时期，那时秋的景色已弥漫笼罩了吾们的生命，青绿混合了金黄的颜色，忧郁混合了愉快的情绪，而希望混合着回想。在吾们的生命中临到一个时期，那时春的烂漫，已成过去的回忆；夏的茂盛，已成消逝歌声的余音，只剩微弱的回响。当吾们向人生望出去，吾们的问题不是怎样生长，却是怎样切实地生活；不是怎样努力工作，而是怎样享乐此宝贵为欢乐之一瞬；不是怎样使用其精力，却是怎样保藏它以备即将来临的冬季。一种意识，似已达到了一个地点，似已决定并寻获了我们所要的。一种意识似已成功了什么，比之过去的茂盛，虽如小巫见大巫，但仍不失为一些东西，譬如秋天的林木，虽已剥落了盛夏的葱郁，然仍不失林木的本质而将永续无穷。

我爱好春，但是春太柔嫩；我爱好夏，但夏太荣夸。因是我最爱好秋，因为她的叶子带一些黄色，调子格外柔和，色彩格外浓郁，它又染上一些忧郁的神采和死的预示。它的金黄的浓郁，不是表现春的烂漫，不是表现夏的盛力，而是表现逼近老迈的圆熟与慈和的智慧。它知道人生的有限，故知足而乐天。从此"人生有限"的知识与丰富的经验，出现一种色彩的交响曲，比一切都丰富，它的青表现生命与力，它的橘黄表现金玉的内容，紫表现消极与死亡。明月辉耀于它的上面，它的颜色好像为了悲愁的回忆而苍白了，但是当落日余晖接触的时候，它仍能欣然而笑。一阵新秋的金风掠过，树叶愉快地飞舞而摇落，你真不知落叶的歌声是欢笑的歌声还是黯然销魂的歌声。这是新秋精神的歌声。平静、智慧、圆熟的精神，它微微笑着忧郁而赞美兴奋、锐敏、冷静的态度——这种秋的精神曾经辛弃疾美妙地歌咏过：

> 少年不识愁滋味，
> 爱上层楼，爱上层楼，
> 为赋新词强说愁。
> 而今识尽愁滋味，
> 欲说还休，欲说还休，
> 却道天凉好个秋。

图书在版编目（CIP）数据

吾国与吾民 / 林语堂著；黄嘉德译 . — 长沙：湖南文艺出
（2024.4 重印）
ISBN 978-7-5404-8471-2

Ⅰ.①吾… Ⅱ.①林…②黄… Ⅲ.①民族性—研究—中[
Ⅳ.① C955.2

中国版本图书馆 CIP 数据核字（2017）第 320727 号

著作权合同登记号：图字 18-2016-125

Ⓒ 中南博集天卷文化传媒有限公司。本书版权受法律保
许可，任何人不得以任何方式使用本书包括正文、插图
任何部分内容，违者将受到法律制裁。

上架建议：名家经典 · 文化

MY COUNTRY AND MY PEOPLE
By Lin Yutang
This edition arranged with Curtis Brown Group Ltd.
through Andrew Nurnberg Associates International Lin

WUGUO YU WUMIN
吾国与吾民

作　　者：	林语堂
译　　者：	黄嘉德
出 版 人：	陈新文
责任编辑：	薛　健　　刘诗哲
监　　制：	蔡明菲　　邢越超
特约策划：	王　维
特约编辑：	朱冰芝
版权支持：	辛　艳
营销支持：	李　群　　张锦涵　　姚长杰
装帧设计：	利　锐
出版发行：	湖南文艺出版社
	（长沙市雨花区东二环一段 508 号　邮编：
网　　址：	www.hnwy.net
印　　刷：	北京中科印刷有限公司
经　　销：	新华书店
开　　本：	855mm × 1180mm　1/32
字　　数：	300 千字
印　　张：	10
版　　次：	2018 年 1 月第 1 版
印　　次：	2024 年 4 月第 10 次印刷
书　　号：	ISBN 978-7-5404-8471-2
定　　价：	49.00 元

若有质量问题，请致电质量监督电话：010-59096394
团购电话：010-59320018

图书在版编目（CIP）数据

吾国与吾民 / 林语堂著；黄嘉德译 . — 长沙：湖南文艺出版社，2018.1
（2024.4 重印）
ISBN 978-7-5404-8471-2

Ⅰ.①吾… Ⅱ.①林… ②黄… Ⅲ.①民族性—研究—中国
Ⅳ.① C955.2

中国版本图书馆 CIP 数据核字（2017）第 320727 号

著作权合同登记号：图字 18-2016-125

© 中南博集天卷文化传媒有限公司。本书版权受法律保护。未经权利人许可，任何人不得以任何方式使用本书包括正文、插图、封面、版式等任何部分内容，违者将受到法律制裁。

上架建议：名家经典·文化

MY COUNTRY AND MY PEOPLE
By Lin Yutang
This edition arranged with Curtis Brown Group Ltd.
through Andrew Nurnberg Associates International Limited

WUGUO YU WUMIN

吾国与吾民

作　　者：	林语堂
译　　者：	黄嘉德
出 版 人：	陈新文
责任编辑：	薛　健　刘诗哲
监　　制：	蔡明菲　邢越超
特约策划：	王　维
特约编辑：	朱冰芝
版权支持：	辛　艳
营销支持：	李　群　张锦涵　姚长杰
装帧设计：	利　锐
出版发行：	湖南文艺出版社
	（长沙市雨花区东二环一段 508 号　邮编：410014）
网　　址：	www.hnwy.net
印　　刷：	北京中科印刷有限公司
经　　销：	新华书店
开　　本：	855mm×1180mm　1/32
字　　数：	300 千字
印　　张：	10
版　　次：	2018 年 1 月第 1 版
印　　次：	2024 年 4 月第 10 次印刷
书　　号：	ISBN 978-7-5404-8471-2
定　　价：	49.00 元

若有质量问题，请致电质量监督电话：010-59096394
团购电话：010-59320018